AMRA

GARY R. RENARD

Als *Jesus* und *Buddha* sich kannten

Bericht über zwei mächtige Weggefährten

Aus dem Amerikanischen von Ulrike Brandhorst

AMRA

Amerikanische Originalausgabe:
The Lifetimes When Jesus and Buddha Knew Each Other.
A History of Mighty Companions

2019 erstmals Deutsch im AMRA Verlag
Auf der Reitbahn 8, D-63452 Hanau
Hotline: + 49 (0) 61 81 – 18 93 92
Service: Info@AmraVerlag.de

Herausgeber	Michael Nagula
Lektorat	Jorinde Reznikoff
Einband	Guter Punkt
Layout	Birgit Letsch
Druck	CPI books GmbH

ISBN Printausgabe 978-3-95447-246-8
ISBN eBook 978-3-95447-247-5

Für Dr. Kenneth Wapnick.

Ich kann nicht du sein, doch wie du
kann ich mich an die Wahrheit halten.

INHALT

Teil II – n. Chr.

EINLEITUNG

Dieses Buch bezieht sich auf wahre Ereignisse, die zwischen Oktober 2013 und September 2016 stattgefunden haben. Mit Ausnahme meiner Rahmenerzählung und Anmerkungen sind sie in Form eines Gesprächs aufgezeichnet, an dem drei Personen beteiligt sind: Gary (das bin ich) sowie Arten und Pursah, zwei Aufgestiegene Meister, die mir in Fleisch und Blut erschienen sind. Der Rahmentext ist nur dann eigens gekennzeichnet, wenn er das Gespräch unterbricht, in diesem Fall wird er einfach als »Anmerkung« abgesetzt. Die zahlreichen kursiv geschriebenen Wörter geben die jeweilige Betonung von Seiten der Sprecher wieder.

Um aus den Informationen der folgenden Kapiteln Nutzen zu ziehen, ist es nicht sonderlich wichtig, daran zu glauben, dass mir tatsächlich Aufgestiegene Meister erschienen sind, und mir persönlich ist es egal, was Sie darüber denken. Doch kann ich mich dafür verbürgen, dass ein ungebildeter Laie wie ich ohne die Inspiration durch solche Lehrer kaum dazu in der Lage gewesen wäre, eine Schrift wie diese zu verfassen. In jedem Fall überlasse ich es Ihnen, liebe Leserinnen und Leser, sich Ihre eigenen Gedanken über den Ursprung dieses Buches zu machen.

Auch wenn es schon mein viertes Buch mit Arten und Pursah ist, ist es nicht notwendig, die ersten drei – die Trilogie *Die Illusion des Universums* – gelesen zu haben, um es zu verstehen und Freude daran zu haben. Wenn Sie mit *Ein Kurs in Wundern*®, einer der hier besprochenen Lehren, noch nicht vertraut sind, finden Sie das Grundwissen, das zu seinem Verständnis notwendig ist, in der auf diese Einleitung folgenden Anmerkung. Die dortigen Ansätze werden im Laufe der Unterhaltungen weiter ausgeführt. Sie erfahren, wie diese Lehre mit anderen klassischen Lehren zusammenhängt, und lernen, sollte es Ihnen noch nicht vertraut sein, das Konzept der Nondualität kennen.

Das vorliegende Buch sollte nicht als Teil der Trilogie *Die Illusion des Universums* betrachtet werden, in der Arten und Pursah ihre individuellen Geschichten erzählen und erklären, wie drei ihrer Lebzeiten in Vergangenheit, Gegenwart und Zukunft miteinander verbunden waren. Letztlich sind alle unsere Leben miteinander verbunden, doch meine Lehrer wählten diese drei Zeitabschnitte aus, um ihre Lehre verständlicher zu machen. Insbesondere erläuterten sie, wie sie Erleuchtung erlangten, die man genauso als Erwachen aus dem Traum bezeichnen könnte, den wir Leben nennen. Das Erwachen, und wie man es erreicht, ist auch in diesem Buch wieder eines der wichtigsten Themen.

Was diese Gespräche hier einzigartig macht und das vorliegende Buch außerhalb der Trilogie ansiedelt, ist, dass Arten und Pursah sich in diesem Fall auf zwei ihrer Freunde konzentrieren und berichten, wie sie sich kennenlernten, einander im Verlaufe der Geschichte voranbrachten und schließlich Erlösung fanden. Es war ein ganz schöner Schock für mich, als mir diese Geschichte zum ersten Mal zu Ohren kam. Auch wenn es nicht ihre wahren Namen gewesen sind, nenne ich die beiden Freunde aus der Erzählung Jesus und Buddha. Übrigens haben meine Lehrer den Namen Gautama, der manchmal mit Buddha in Zusammenhang gebracht wird, nie erwähnt.

Dieses Buch will keine tiefergehenden Erklärungen zu den in den Gesprächen erwähnten spirituellen Lehren und Traditionen liefern, sondern die Entwicklung von zwei großen Meistern nachzeichnen.

Meine Lehrer sind der Meinung, dass der schnellste – nicht der einzige, aber der schnellste – Weg zur Erleuchtung in dem bereits erwähnten metaphysischen Meisterwerk *Ein Kurs in Wundern*® zu finden ist, das im vorliegenden Buch einfach als »der Kurs« oder *EKIW*® bezeichnet wird. Doch es gibt zahlreiche Parallelen zwischen dem Kurs und jenen Lehren, die Jesus (den ich hier, wie in meinen anderen Büchern, einfach »J« nennen werde) und Buddha in ihren diversen Leben kennenlernten und praktizierten. Die Parallelen sind zum Teil so schlagend, dass außer den Kurszitaten auch Zitate aus anderen Texten in diesem Buch verwendet werden. Es ist allerdings wichtig, sich klar zu machen, dass man erst dann, wenn man diese Unterweisungen in den Kontext des später erläuterten reinen Nondualismus gesetzt hat, zurückblicken und erkennen kann, dass jeder einzelne Schritt auf dem Weg notwendig war, um zum nächsten zu führen.

Am Ende führen alle spirituellen Wege zu Gott, und es ist auf keinen Fall die Absicht des Autors dieses Buches, die spirituellen Ansätze anderer herabzusetzen oder zu entwerten. Mit seiner Kompromisslosigkeit aber, die eines der wichtigsten Merkmale von *Ein Kurs in Wundern®* darstellt, unterscheidet sich dieses Buch von anderen, sonst könnte man im Übrigen auch auf es verzichten. Hinsichtlich seiner Botschaft bin auch ich zu keinerlei Kompromiss bereit – in der festen Überzeugung, dass J und Buddha es genauso gehalten hätten.

Falls Sie im vorliegenden Buch irgendwelche Fehler finden, können Sie sicher sein, dass es sich dabei um *meine* Fehler handelt und nicht um die meiner Lehrer. Ich bin nicht vollkommen, also ist es auch dieses Buch nicht. Doch glaube ich, dass es auf die Botschaft ankommt, nicht die Details. Tatsächlich gehen viele Kursschüler mit einzelnen Sätzen so kleingeistig um, dass sie die eigentliche *Botschaft* aus dem Blick verlieren und den Wald vor lauter Bäumen nicht mehr sehen.

Letztlich geht es in diesem Buch um nichts Geringeres, als die Leiter zur Erleuchtung hinaufzuklettern; die verschiedenen Phasen, die Buddha und J auf dieser illusionären Leiter durchliefen; und wie wir aus ihren Erfahrungen lernen und uns damit Tausende von Jahren eigener spiritueller Reisen ersparen können.

Mein Dank geht an Hay House für die wunderbare Betreuung meiner Bücher, an meine großartige Webmasterin Roberta Grace für ihre wertvolle Unterstützung sowie an Cindy Lora-Renard, meine Frau und Co-Lehrerin, für die beispielhafte und freudige Art, in der sie die Lehren des Kurses umsetzt. Ohne sie wäre es sehr viel schwerer gewesen, dieses Buch zu schreiben. Auch an William Shakespeare richtet sich mein Dank, außerdem an Nicolette Salamanca Young, meine Lektorin bei Hay House, sowie meinen Korrektor Jeffrey Rubin, deren beider Mitarbeit wirklich unschätzbar hilfreich war.

Zu guter Letzt möchte ich noch meinen Freunden von der *Foundation for Inner Peace* in Mill Valley, Kalifornien, und der *Foundation for A Course in Miracles*® in Temecula, Kalifornien, für ihre jahrzehntelange wichtige Arbeit danken, die es ermöglicht hat, *Ein Kurs in Wundern*® weltweit zugänglich zu machen.

Über meinen Dank hinaus ist ihnen zweifellos jener von Millionen anderen Menschen gewiss.

– Gary R. Renard

irgendwo in der Illusion Kaliforniens
und doch nicht in der Illusion Kaliforniens

ANMERKUNG DES AUTORS ZU *Ein Kurs in Wundern®*

WAS ER LEHRT UND WELCHE BEDEUTUNG ER IN HINBLICK AUF JESUS UND BUDDHA HAT

Diese Anmerkung möchte einige Grundkonzepte von *Ein Kurs in Wundern®* sowie ihre Verknüpfung mit dem Thema Nondualismus erklären und zeigen, welche Bedeutung sie für die Erleuchtung spiritueller Meister wie Jesus und Buddha besitzen. Das wird es erfahrenen ebenso wie unerfahrenen Lesern leichter machen, die Gespräche in diesem Buch zu verstehen und zu genießen.

Das vorliegende Buch soll den Kurs nicht ersetzen. (Wie ich bereits in der Einleitung erwähnte, wird *Ein Kurs in Wundern®* üblicherweise einfach »der Kurs« oder *EKIW®* genannt). Denn selbst ein wahrhaft nondualistisches Verständnis des Kurses, das selten vorkommt, wird nicht zur Erleuchtung führen. Nur durch Übung und Anwendung der Lehren im Alltag – also in Ihren Beziehungen, Ihren Erfahrungen und sogar Ereignissen, die Sie im Fernsehen miterleben – kann es zur Erleuchtung kommen. Das sollten wir bei allem Weiteren im Hinterkopf behalten.

EKIW® wurde durch die Psychologin Dr. Helen Schucman gechannelt, welche Die Stimme Jesu hörte. Dabei erfuhr sie außerordentliche Unterstützung durch ihren Kollegen Dr. William (Bill) Thetford, der die Worte des Kurses abtippte, während sie Helen von ihrem Stenoblock vorlas. Die beiden hatten ein angespanntes Verhältnis zueinander und arbeiteten in einem Umfeld, das Helen als »deprimierend« beschrieb. Eines Tages sprach Bill Helen darauf an und meinte, er sei überzeugt davon, dass es »einen anderen Weg« geben müsse. Das sah sie genauso, und gemeinsam beschlossen sie, diesen zu finden. Ganz offensichtlich ist der Kurs das Resultat dieser Entscheidung.

Die vollständige Geschichte des *EKIW*® ist faszinierend, aber auch ziemlich lang und wurde bereits in mehreren Büchern erzählt. Für diese kurze Anmerkung genügt es zu erwähnen, dass Helen für das Channeln des Kurses sieben Jahre brauchte, dass sie aber das, was sie »die Stimme« nannte, noch mindestens fünf weitere Jahre vernahm. Helen channelte auch noch zwei ergänzende Schriften, die dem Kurs später hinzugefügt wurden. Offensichtlich hat J also nie aufgehört, mit ihr zu arbeiten. Auf Grund dieser Kontinuität ist es auch klar, dass J den Kurs vom Anfang bis zum Ende redigiert hat. Er korrigierte Helens Fehler, von denen die meisten in den ersten fünf der 31 Kapitel des *Textbuchs* vorkamen, und er zeichnet vollständig verantwortlich für die Stimmigkeit der 500.000 Wörter (neben dem Haupttext gibt es noch ein *Übungsbuch* mit 365 Lektionen und ein *Handbuch für Lehrer*). Der Leserfreundlichkeit halber und zu späteren Studienzwecken habe ich für Sie die Kurszitate vom Fließtext abgehoben und am Ende des Buches in einem Index aufgelistet.

Die drei anderen Hauptakteure in der Geschichte des Kurses waren Dr. Kenneth Wapnick, Judith Skutch Whitson, und Bob Skutch. Zusammen mit Helen und Bill gründeten die fünf schließlich die *Foundation for Inner Peace*, welche den Kurs im Jahre 1976 herausbrachte. Dr. Wapnick wurde, wie es meine Lehrer in meinem ersten Buch *Die Illusion des Universums* beteuerten, zum »größten Lehrer des Kurses«.

Die dritte Ausgabe von *Ein Kurs in Wundern*® ist die *einzige*, die sämtliche Texte enthält, welche von der Verfasserin Dr. Helen Schucman für den Druck genehmigt worden sind. Sie wurde exklusiv von der *Foundation for Inner Peace* veröffentlicht, jener Organisation, die Dr. Schucman 1975 dafür ausgewählt hatte. Dieser Sammelband enthält auch die ergänzenden Schriften zum Kurs: »Psychotherapie: Zweck, Prozess und Praxis« und »Das Lied des Gebets«. Diese Abschnitte sind Erweiterungen zu den Kursprinzipien und wurden Dr. Schucman kurz nach Fertigstellung von *Ein Kurs in Wundern®* diktiert.

EKIW® ist ein Kurs zum Selbststudium – keine Religion. Auch wenn Menschen sich zu Studiengruppen zusammenfinden und Kirchen ins Leben rufen, die, wie sie sagen, auf *EKIW®* beruhen, ist der Kurs – wie Spiritualität überhaupt – letztlich dazu gedacht, uns eine Erfahrung zu vermitteln, die nicht in dieser Welt begründet liegt, sondern in einer ganz bestimmten Art und Weise, diese Welt zu betrachten. Und diese kommt von innen her.

Vierundzwanzig Jahre lang habe ich mich als Schüler mit dem Kurs beschäftigt, nun ist es meine Aufgabe, den Kurs so zu beleuchten und zu erklären, dass Schüler ihn anwenden können. Dazu bin ich nur dank meiner Lehrer fähig. Ohne ernsthafte Hilfe würde ich *EKIW®* nicht verstehen können.

Zum Stil des Kurses gehört eine äußerst erfindungsreiche Art der Wiederholung. Es wäre unmöglich, den Kurs zu lernen, ohne immer wieder neu mit den darin enthaltenen Ideen konfrontiert zu werden und so allmählich das Denksystem zu verinnerlichen, welches die für den Kurs zentrale wahre Vergebung erst möglich macht. Auch in diesem Buch werden Sie Wiederholungen finden, ebenso wie ein paar Dinge, die ich bereits in meinen anderen Büchern erwähnt habe; das wird Ihnen helfen, wenn Sie diese zu dem dafür vorgesehenen Zweck benutzen. Wiederholungen sind beim Lehren und Lernen des Kurses nicht nur akzeptabel, sondern sogar unerlässlich. Denn der Kurs zielt darauf ab, das falsche Ich aufzulösen – das, was wir als *Ego* bezeichnen – und uns so unsere eigene Göttlichkeit erfahrbar zu machen. Bevor ich das näher erläutere, möchte ich jedoch darauf hinweisen, dass es einen Unterschied zwischen echter Spiritualität und dem gibt, was sich in den vergangenen Jahrzehnten als Spiritualität durchgesetzt hat, nämlich der Lebenshilfe-Bewegung.

Ich will diese Bewegung nicht schlechtreden. Ich bin kein ja Heuchler und habe die Lebenshilfe-Bewegung selbst erfolgreich genutzt. Nur kenne ich jetzt den Unterschied zwischen ihr und dem, worum es wirklich geht, und das haben mich meine Lehrer gelehrt.

In der Lebenshilfe-Bewegung geht es darum zu bekommen, was man will – Dinge in dieser Welt geschehen zu lassen, Dinge anzuziehen, die sich außerhalb von einem befinden, und selbstgesteckte Ziele zu erreichen. Doch dieser Ansatz fußt auf einer falschen Prämisse, die lautet: Wenn Sie bekommen, was Sie wollen, werden Sie glücklich. Die Wahrheit aber ist: Wenn Sie bekommen, was Sie wollen, werden Sie sich nur für kurze Zeit wohlfühlen und dann wieder etwas anderes wollen. Dieser Mechanismus entspricht dem Prinzip von Zuckerbrot und Peitsche und wird vom Ego gesteuert. Das Denksystem des Egos basiert auf der Idee der Trennung, der Vorstellung, dass wir uns in irgendeiner Weise sowohl von unserer Quelle – Gott – als auch voneinander getrennt haben. Und wenn Ihr Glück und Ihr innerer Frieden davon abhängen, was in dieser Welt geschieht, haben Sie ein Problem, denn das Einzige, worauf Sie sich in dieser Ego-Illusion von Welt verlassen können, ist, dass sie sich verändert. Denn das tut sie. Sie ist unbeständig und vergänglich und hat im besten Fall kurzfristige Befriedigung zu bieten.

Wie aber wäre es, wenn es unwichtig wäre, was in der Welt geschieht? Dem Ego scheint diese Vorstellung häretisch, aber was wäre, wenn das wirklich keine Rolle spielte? Wie wäre es, wenn Sie *unabhängig* davon, was in der Welt geschieht, glücklich, stark und voll inneren Friedens wären? Das wäre wahre Macht. Das wäre echte Stärke und Freiheit – und echte Spiritualität.

Ich habe überall in den USA und der Welt gelehrt, vierzehn Jahre lang, in dreißig Ländern und vierundvierzig Bundesstaaten der USA, und musste feststellen, dass mir an all diesen Orten eine Menge Fragen gestellt wurden, die ein erschreckend weitverbreitetes Gefühl des Mangels offenbarten. Die Menschen versuchen, den Mangel auf der Ebene der Form – wir könnten sagen auf der Leinwand, die wir für unser Leben halten – zu beseitigen, indem sie sich etwas beschaffen, von dem sie denken, dass es irgendwie ihr Mangelgefühl behebt, sei es etwas Materielles oder eine Beziehung. Sie suchen jedoch am falschen Ort. Der Mangel ist in uns und nicht außerhalb von uns, und der Grund für ihn ist ein anderer, als die meisten glauben. In *Ein Kurs in Wundern*® wird das so ausgedrückt: »Ein Gefühl der Trennung von GOTT ist der einzige Mangel, den du wirklich zu berichtigen brauchst.«[1]

Wie ich schon sagte, ist das Ego das falsche Ich, doch es gibt noch ein anderes Ich: das wahre Ich. Das wahre Ich hat nichts mit dieser Welt oder dem Körper zu tun. Mein Körper ist schlicht und einfach ein Symbol der Trennung. Das wahre Ich ist unsterblich, unverletzlich, unveränderlich, untrennbar und vollkommen; es ist etwas, was von nichts in dieser Welt berührt und in keiner Weise bedroht werden kann.

Genau darum geht es, wenn in der Einleitung zum Kurs steht: »Nichts Wirkliches kann bedroht werden.«[2] Damit ist das wahre Ich gemeint. Und wenn es dann weiter heißt, »Nicht Unwirkliches existiert«,[3] ist alles *andere* gemeint, alles was *nicht* dieses unsterbliche, unveränderliche, unverletzliche Selbst ist. Und deswegen ist der Kurs ein rein nondualistisches spirituelles Denksystem. Der Kurs besagt, dass von beiden Welten, der unsichtbaren Welt Gottes und der irrtümlicherweise von den Menschen wahrgenommenen Welt, nur die Welt Gottes wirklich ist, und alles andere unwirklich.

Die Welt Gottes kann – außer hin und wieder in flüchtigen Symbolen – nicht mit unseren physischen Augen erblickt werden, weil der Körper das Bewusstsein begrenzt. Doch ist die vollkommene Einheit mit der Quelle *erfahr*bar. Obwohl wir hier in unseren Körpern festzustecken scheinen, ist es uns möglich, unser wahres Ich zu erfahren. Und spirituelle Erfahrung ist enorm wichtig. Tatsächlich ist es das Einzige, was uns überhaupt glücklich macht. Worte können das nicht; meine Worte können das nicht. Oder, wie es im Kurs heißt: »Wir wollen jedoch nicht vergessen, dass Worte nur Symbole von

Symbolen sind. So sind sie zweifach von der Wirklichkeit entfernt.«[4] Und wie sollte, denken Sie mal darüber nach, das Symbol eines Symbols Sie jemals glücklich machen? Wie sollte es Ihnen je ein Gefühl von Fülle, Ganzheit, Vollkommenheit und Zufriedenheit geben? Nicht einmal eine Beschreibung der Wirklichkeit von Gottes Welt könnte das. Es wären immer noch nichts als Worte. Aber die Wirklichkeit zu *erfahren*, zu erfahren was Sie wirklich sind und wo Sie wirklich sind, wird Sie glücklich machen, denn das *ist* Fülle – ganz und vollkommen und zufriedenstellend.

Die Gnostiker haben diese direkte Gotteserfahrung *Gnosis* genannt, was Wissen bedeutet. Dabei geht es aber nicht um Verstandeswissen oder Informationen. Wenn im Kurs das Wort *Wissen* verwendet wird, wird es oft in Großbuchstaben geschrieben, denn wie das Wort *Gnosis* bezieht es sich auf die direkte Erfahrung oder das Wissen um Gott.

Wie kommt man aber zu dieser Erfahrung, die alles übersteigt, was diese Welt zu bieten hat? Nun, um das zu erreichen, muss man sein Ego auflösen. *EKIW*® bringt es auf den Punkt: »Erlösen ist Aufheben.«[5] Und das ist ein brillanter Ansatz, denn wenn Sie Ihr falsches Ich vollständig aufheben könnten, wenn Ihnen das tatsächlich gelänge, bliebe nichts anderes mehr übrig als das wahre Ich! Das wahre Ich ist schon vollkommen; es ist genau dasselbe wie seine Quelle. Um diese Vollkommenheit zu erfahren, müssen Sie das Ego aus Ihrem Unterbewusstsein entfernen – die Trennungsmauern einreißen, die Ihnen den Zugang zur Erfahrung dieser Vollkommenheit verwehren. Der Kurs aber führt Sie durch einen Prozess, im Laufe dessen Sie Ihr falsches Ich aufheben, welches irrigerweise davon ausgeht, es hätte eine individuelle, persönliche Identität, eine von Gott getrennte Existenz. Wie wir in diesem Buch sehen werden, können Sie das aber nicht alleine schaffen.

Das wirft eine weitere Frage auf: Was ist Ihre Rolle bei der Aufhebung des Egos? Sie besteht einer bestimmten Art von Vergebung, allerdings nicht jener Art Vergebung, welche den meisten Menschen in der Welt vorschwebt, wenn sie an dieses Wort denken, falls sie es überhaupt tun. Die herkömmliche Form der Vergebung verleiht der illusorischen Welt im Inneren Ihres Geistes Wirklichkeit und lässt so Welt und Ego unangetastet. Die wahre Vergebung hingegen verleiht der illusorischen Welt keine Wirklichkeit und lässt weder diese noch das Ego intakt.

Es gibt Menschen, die einem beibringen, man solle sich »mit seinem Ego anfreunden«. Doch denen muss ich leider die Nachricht überbringen, dass das Ego gar nicht mit ihnen befreundet sein will: Im Gegenteil, es will Sie umbringen. Denn wenn Sie verletzt oder umgebracht werden können, dann sind Sie ein Körper. Und wenn Sie ein Körper sind, dann ist das gesamte auf der Idee der Trennung basierende Ego-Denksystem wahr. Das Einzige, was Sie mit Ihrem Ego wirklich machen können, ist es aufzuheben. In *Ein Kurs in Wundern*® geht es um die Aufhebung des Egos oder des falschen Ichs, das sich mit dem Körper und der Trennung identifiziert. Das wahre Ich hingegen hat nichts mit dem Körper oder der Trennung zu tun. Wie im Kurs immer wieder betont wird: »Ich bin kein Körper. Ich bin frei. Denn ich bin nach wie vor, wie Gott mich schuf.«[6] Und Gott hat uns so erschaffen, dass wir genau wie Gott sind – dasselbe wie die Quelle: in einem Zustand vollständigen und ewigen Einsseins, und das für immer.

Diese scheinbar getrennte Existenz ist in Wirklichkeit ein Traum. Die Lehre, dass die Erde und das Universum eine Illusion sind, ist bereits Tausende von Jahren alt, aber der Kurs geht noch einen Schritt weiter und führt diese Lehre bis hin zu dem Gedanken, dass diese Welt ein Traum ist, aus dem wir erwachen werden. Und dieses *Erwachen* ist Erleuchtung. Das ist es auch, was Buddha meinte, als er sagte: »Ich bin wach.« Heute glauben die meisten spirituellen Schüler, Buddha habe damit gemeint, dass er geistig außerordentlich rege sei und, auf Teufel komm raus, alles Mögliche manifestieren könne; und das entspricht in der Tat genau dem, was in der heutigen Spiritualität als Erleuchtung gehandelt wird. Aber Buddha meinte nicht, dass er *in-*

nerhalb des Traumes wach sei, sondern dass er *aus* dem Traum erwacht sei. Und das ist kein geringfügiger Unterschied, sondern absolut entscheidend. Buddha erkannte, dass er nicht der Traum war, sondern der *Träumer*. Genau genommen war er überhaupt nicht *im* Traum. Der Traum ging von ihm aus – Buddha war keine Auswirkung des Traumes, sondern seine Ursache.

Deswegen ist *EKIW*® vollkommen in Einklang mit den Lehren von J und Buddha. Sie können keine Erleuchtung erlangen, wenn Sie nicht erkennen, dass Sie keine Auswirkung des Traumes sind, sondern der Träumer selbst – seine Ursache. Nur dann ist es möglich zu erwachen. Und um *das* zu erreichen, muss das Ego, dass Sie im Traumzustand der Trennung gefangen hält, verschwinden.

Doch wir können nicht ohne Hilfe von außen, das heißt von außerhalb des Systems, aus diesem Traum erwachen. Um das zu verstehen, hilft folgende Analogie: Stellen Sie sich vor, Sie haben eine drei Jahre alte Tochter, die gerade im Bett liegt und schläft. Sie schauen nach ihr und stellen fest, dass sie einen üblen Traum hat, denn sie hustet, wälzt sich herum und hat einen unglücklichen Gesichtsausdruck. Was machen Sie? Sie werden wohl kaum hingehen und sie wachrütteln wie ein Wilder, denn das würde ihr nur noch mehr Angst einjagen. Eher wird Ihnen Ihre Intuition empfehlen, sich auf ihre Bettkante zu setzen und ihr etwas zuzuflüstern. Vielleicht sagen Sie ganz sanft etwas wie: »Hei, das ist nur ein Traum. Alles ist gut. Was du siehst, ist nicht wahr. Eigentlich hast du das alles selbst geschaffen, aber dann vergessen, dass du es selbst geschaffen hast. Du siehst es nur im Geist.« Und dann fragen Sie sich vielleicht, *womit* sie den Traum sieht, denn ihre Augen sind ja geschlossen, und fahren flüsternd fort: »Alles ist in Ordnung. Ich bin bei dir und passe auf dich auf.« Schließlich passiert etwas Spannendes: Ihre Tochter kann Ihre Stimme in ihrem Traum tatsächlich hören. Die Wahrheit kann also im Traum gehört werden. Die Wahrheit ist nicht *in* dem Traum, niemals, aber sie kann im Traum *gehört* werden. Und wenn Ihre Tochter auf die richtige Stimme hört und nicht auf die Stimme, die den Traum als

Wirklichkeit ausgibt, wird sie ruhiger. Vielleicht beginnt sie zu verstehen, dass dieser Traum, der ihr so bedeutsam erschien, alles in allem keine große Sache ist. Und wenn sie dann bereit ist, ohne Angst zu erwachen, wird sie es tun. Wenn sie aber erwacht ist, stellt sie fest, dass sie ihr Bett niemals verlassen hat, sondern die ganze Zeit über dortgeblieben ist. Nicht, dass das Bett nicht da gewesen wäre, es hatte sich einfach nur außerhalb ihres *Bewusstseins* befunden.

Und wenn *wir* heute Morgen aus den Träumen erwacht sind, die wir letzte Nacht in unseren Betten geträumt haben, dann erwachen wir nur in eine andere Form des Träumens hinein. In *Ein Kurs in Wundern*® steht: »Du bist in GOTT zu Hause und träumst von der Verbannung, bist aber vollkommen in der Lage, zur Wirklichkeit zu erwachen.«[7] Und in *diesem* Traum, der ebenso wenig die Wirklichkeit ist, redet der Heilige Geist uns mit denselben Worten gut zu, die wir einer Dreijährigen zuflüstern würden, die einen schlechten Traum hat. Er sagt zu uns: »Hei, das ist nur ein Traum. Alles ist gut. Was du siehst, ist nicht wahr. Eigentlich hast du das alles selbst geschaffen, aber dann vergessen, dass du es selbst geschaffen hast. Du siehst es nur im Geist.« Im Kurs heißt es dazu, dass wir »im Geist Revue passieren lassen, was vergangen ist«.[8] Außerdem steht dort unmissverständlich: »Du verbringst deine gesamte Zeit mit Träumen.«[9]

Der Grund dafür, dass uns dieser Traum hier so viel wirklicher erscheint als die Träume, die wir nachts im Bett träumen, sind die verschiedenen Ebenen. Im Himmel gibt es keine Ebenen, dort gibt es nur vollkommenes Einssein und keinerlei Unterschiede. Aber die Welt des Egos ist voller Ebenen und Unterscheidungen. Der Trick liegt darin, dass wir glauben sollen, der eine Traum müsse die Wirklichkeit sein, weil er so viel wirklicher erscheint als unsere Träume in der Nacht. Trotzdem sagen heute sogar zahlreiche Physiker, dass das Universum eine Illusion sein muss, weil es überhaupt nicht möglich ist, dass es existiert. Manche sind sogar zu der Überzeugung gelangt, dass es nur eine Simulation sei. Aber wie Sie es auch immer nennen wollen, Fakt bleibt, dass wir träumen, wir würden geboren, träumen, wir hätten dieses seltsame Leben, träumen, wir würden sterben, träumen, es gäbe eine Phase zwischen Tod und Wiedergeburt, träumen, wir würden wiedergeboren, und so fort. Unsere Lebensläufe sind wie Traumsequenzen, in denen ein Traum nach dem anderen auftaucht, sodass wir uns stets in diesem unwirklichen Zustand befinden. Die *Form* der Träume scheint sich zu verändern, aber der *Inhalt* bleibt stets derselbe, nämlich Trennung. Der Kurs lehrt uns, dass wir uns in einem unwirklichen Zustand befinden, und in einem solchen unwirklichen, konfusen Zustand herrscht immer eine unterschwellige innere Unruhe, ob wir uns dessen bewusst sind, oder nicht. Wenn wir aber bereit sind, auf die richtige Stimme zu hören, die für die Wirklichkeit des reinen Geistes spricht, und nicht auf die Stimme des Egos, welche für die Wirklichkeit des Traums spricht, werden wir ruhiger. Vielleicht beginnen wir zu verstehen, dass dieser Traum, der uns so wichtig erschien, letztlich keine große Sache ist, sondern es vielleicht eine größere Wirklichkeit gibt, die über den Traum hinausgeht und überall zugleich ist. Es ist nicht so, als wäre sie nicht da, sie befindet sich einfach nur außerhalb unseres Bewusstseins. Aus diesem Grund zielt der Kurs darauf ab, »die Blockaden zu entfernen, die dich daran hindern, dir der Gegenwart der Liebe, die dein angestammtes Erbe ist, gewahr zu sein«.[10] Unser angestammtes Erbe ist nichts weniger als das Reich Gottes, und das müssen wir uns nicht verdienen; es wird uns von Gott geschenkt. Ein Geschenk muss man sich nicht verdienen, doch solange wir denken, wir seien hier, müssen wir für dieses Geschenk hier erwachen. Ich mag die Frage, die im Kurs gestellt wird: »Wie kannst du Freude finden an einem freudlosen Ort, außer durch die Einsicht, dass du gar nicht dort bist?«[11]

Der Kurs ist eine ungeheuer mächtige und umfassende Lehre, viel größer als die meisten Lehrer ihn darstellen. Der Heilige Geist leitet uns an, wie wir erwachen können; nicht wie wir ein besserer Mensch werden können, sondern wie wir Alles sein können – nicht weniger als Eins mit Gott. Und so etwas geschieht nicht über Nacht. Wir haben dafür einen Prozess zu durchlaufen. Der reine Geist ist eine höhere Lebensform als der Körper, und auf diese höhere Lebensform müssen wir vorbereitet sein, sonst wäre das Erwachen zu beängstigend. Genau wie ein Schmetterling sein Kokonstadium durchläuft, müssen wir diesen Prozess durchlaufen, damit wir zu dem erwachen können, was wir wirklich sind. Der Heilige Geist erleichtert uns diese Metamorphose, indem er uns eine bestimmte Form der Vergebung beibringt. Im Kurs heißt es: »Vergebung ist das zentrale Thema, das sich durch die Erlösung zieht, das alle ihre Teile in bedeutsamen Beziehungen zueinander hält, den Lauf, den sie nimmt, ausgerichtet, und ihr Ergebnis sicher hält.«[12]

Es gibt drei Grundschritte, welche die Art von Vergebung ausmachen, die der Heilige Geist lehrt. Die entschlossene Praxis dieser Schritte wird schließlich zu dem führen, was der Kurs »Schau« nennt, und dann unweigerlich zum Erwachen aus dem Traum von Gegensätzen und Dualität.

Wir können beginnen, das zu tun, wovon *Ein Kurs in Wundern*® sagt, es sei zur Erlösung der »Sohnschaft« notwendig, womit alles, jeder und jede gemeint sein kann, der, die oder das zu existieren scheint. J sagt: »Damit wird alles Denken der Welt völlig umgekehrt.«[13] Und Sie tragen dann Ihren Teil zur Erlösung bei und erfüllen damit die einzige Verantwortung, die wir in diesem ganzen Chaos haben, in dem wir uns zu befinden scheinen, wenn Sie jene einzigartige Art von Vergebung praktizieren, die der Kurs lehrt. Wir müssen nicht die Welt retten. Den Job hat der Heilige Geist. Unser Job ist es, dem Heiligen Geist zu *folgen*, statt den Boss abgeben zu müssen. Wenn Sie allerdings ein eigenes Unternehmen führen, ist es nicht ratsam, jedem *lauthals* zu verkünden, Sie seien eigentlich gar nicht der Boss hier; es genügt, dass Sie in Ihrem Inneren wissen, wer hier tatsächlich der Boss ist. Viele Menschen denken, Jesus sei der ultimative Anführer gewesen, aber in Wirklichkeit war er der ultimative Nachfolger. Im Kurs sagt er, dass er nur auf eine Stimme gehört hat. Und das ist die Stimme, die der Kurs so weise als »die Stimme für Gott«[14] bezeichnet, womit eher der Heilige Geist gemeint ist als die

Stimme Gottes. Gott interagiert nicht mit der Welt, denn Gott ist vollkommenes Einssein, und wir sollten uns glücklich schätzen, dass Gott nicht verantwortlich für diese Welt ist. Denn wäre er es, dann wäre Er genauso verrückt wie wir. Da aber Gott immer noch, wie die *Bibel* und der Kurs schreiben, vollkommene Liebe ist, haben wir ein vollkommenes Zuhause, in das wir heimkehren können.

Der Heilige Geist vermag unsere Illusionen in diesem Traum zu sehen und tut das auch, ohne jedoch an sie zu glauben. Und indem wir dem Rat des Heiligen Geistes folgen und vergeben, können auch wir lernen, wie der Heilige Geist zu denken, und so zum reinen Geist erwachen. Der erste Schritt dahin erfordert Disziplin, jene Art von Disziplin, die erforderlich ist, wenn Sie sich in einer typischen Knopfdruck-Situation für eine ungewohnte Reaktion entscheiden.

Nehmen wir ein persönliches Beispiel: Stellen Sie sich vor, ich fahre eine Schnellstraße in meinem Wohnort Los Angeles entlang, und irgendein Typ nimmt mir die Vorfahrt. Wir wissen alle, dass Autos das Beste in der männlichen Spezies zum Vorschein bringen, und in genau diesem Moment habe ich eine bewusste *Wahl* zu treffen, wie ich das, was ich sehe, interpretieren möchte. Und da gibt es zwei Möglichkeiten. Ich kann wie die meisten Menschen mit dem Ego denken, was bedeutet, dass ich die Situation beurteile und vielleicht sogar dementsprechend reagiere (ein großer Fehler). Und vielleicht habe ich ja einen schlechten Tag, rege mich furchtbar auf und zeige der Person, die mir die Vorfahrt genommen hat, den Mittelfinger. Doch das kann alle möglichen Probleme mit sich bringen. Was zum Beispiel, wenn diese Person ein Gewehr hat? Dann könnte ich jetzt tot sein. Nicht, dass daran irgendetwas falsch wäre, denn wenn der Körper stirbt und nicht mehr in Erscheinung tritt, lebt ja der Geist weiter, was bedeutet, dass wir niemals *wirklich* »tot« sind. Falls Sie in dieser Welt aber noch etwas vorhaben, gibt es durchaus noch eine andere Möglichkeit.

Statt nämlich mit dem Ego zu reagieren, kann ich mir innerlich ein Stoppschild vor die Nase halten und damit aufhören. Das ist nicht einfach, weil es allem widerspricht, was ich bisher je gelernt habe. Vor allem für Männer ist es sehr schwer, sich zu beherrschen. Männer haben dieses Problem, das man Testosteron nennt. Wenn Du mich anrempelst, remple ich zurück. Das ist systeminhärent, Männer fangen gerne Kriege an. Es scheint, als könnte die Hälfte unserer Spezies nichts Konstruktives vollbringen. Und trotzdem ist es *möglich*, eine andere Wahl zu treffen. Ich kann mich selbst dabei ertappen, wie ich beginne, mit dem Ego zu denken, und dann damit aufhören. Das ist der erste Schritt zur wahren Vergebung, und der erste Schritt ist der schwerste. Diesen ersten Schritt auf einer tragfähigen Basis zu machen, erfordert eine dauerhafte Entscheidung zur Veränderung sowie Entschlossenheit und Anstrengung, sich daran zu gewöhnen, mit dem Heiligen Geist zu denken und nicht dem Ego.

Wenn Sie erst einmal gelernt haben, nicht mehr mit dem Ego zu reagieren – was Disziplin und geistige Übung erfordert, wie es die *Übungsbuch*-Lektionen des Kurses lehren – können Sie den nächsten Schritt zu Vergebung machen. Letztlich werden alle drei Schritte zu einem einzigen verschmelzen, und zu einer Gewohnheit für Sie werden, über die Sie nicht mehr groß nachdenken müssen. Sie *wissen* dann einfach, was wahr ist, und denken dementsprechend. Das ähnelt dem Zen-Konzept vom *Wissen* als unausgesprochener Wahrheit. Doch zunächst ist es von grundlegender Bedeutung, die einzelnen Schritte zu erlernen und einzuüben, damit Sie verstehen, was Sie tun und zwischen welchen Alternativen Sie sich entscheiden. So werden die Schritte allmählich ein Teil von Ihnen. Dass diese ein Teil von Ihnen geworden sind, merken Sie daran, dass Sie die Vergebung vermissen, sobald Sie sie einmal *nicht* anwenden. Einer der Gründe dafür ist, dass Sie verstanden haben, dass tatsächlich *Sie* es sind, die von der Vergebung profitieren.

Wenn Sie aufhören können, mit dem Ego zu reagieren, können Sie den zweiten Schritt machen und mit dem Heiligen Geist zu denken beginnen. Dieser Schritt beinhaltet das, was der Kurs als »Heilige Augenblick« bezeichnet. Das ist der Moment, in dem Sie umschalten und nicht mehr mit dem Ego denken, sondern mit dem Heiligen Geist. Nun haben Sie die richtige Wahl getroffen. Und sie treffen immer eine Wahl, ob Sie es wollen oder nicht. Sie können nicht mit dem Ego und dem Heiligen Geist gleichzeitig denken, denn die beiden vertreten zwei völlig unterschiedliche und sich gegenseitig ausschließende Denksysteme. Wenn Sie eine weise Entscheidung treffen, führt das zu einer komplett anderen Art von Lebenserfahrung – und kann sogar zu einem besseren Ergebnis führen, aber das ist dann nur eine Auswirkung. Unser Fokus liegt aber auf der Ursache. Wenn Sie sich um die Ursache kümmern, sorgt die Auswirkung für sich selbst. Das Ego hat Ihnen erzählt, dass das, was Sie sehen, wirklich ist – dass der Körper wirklich ist und dass Sie ein wirkliches Problem mit wirklichen Menschen in einer wirklichen Welt haben, das Sie lösen müssen. Der Geschichte, die der Heilige Geist Ihnen erzählt, ist hingegen eine komplett andere: Was Sie sehen, ist *nicht* wirklich.

Der Kurs beschreibt die illusionäre Welt des Egos nicht nur als Traum, sondern auch als eine Projektion Ihres unbewussten Geistes. Da Sie Ihren unbewussten Geist aber nicht sehen können, können Sie auch nicht erkennen, dass die Projektion von Ihnen selbst ausgeht. Sie projizieren also Körper und Trilliarden Arten von Trennung. Aber Menschen sind keine Körper; sie sind immer noch vollkommener, reiner Geist zu Hause in Gott. Das ist einfach in Vergessenheit geraten. Im Kurs steht die Frage: »Was wäre, wenn du begreifen würdest, dass diese Welt eine Halluzination ist? Was, wenn Du wirklich verstündest, dass du sie erfunden hast? Was, wenn du merktest, dass die, die scheinbar auf ihr wandeln, um zu sündigen und zu sterben, um anzugreifen, zu morden und sich selber zu zerstören, gänzlich unwirklich sind?«[15] Letztlich wäre es Ihnen unmöglich, je wieder so auf die Welt zu reagieren, wie Sie es zuvor getan haben, und indem Sie sich für den Heiligen Geist entscheiden, hätten Sie den zweiten der drei Schritte unternommen, die zum Erwachen des reinen Geistes in Ihnen führen. Im Kurs wird gelehrt: »Der Begriff *Geist* (mind) wird benutzt, um die aktivierende Kraft des reinen Geistes (spirit) darzustellen, die dessen schöpferische Energie liefert«.[16] In dem Sie sich für den reinen Geist entscheiden, aktivieren Sie ihn in Ihrem eigenen Geist. Im Kurs wird auch gelehrt, dass Wunder »heilen, weil sie die Identifikation mit dem Körper leugnen und die Identifikation mit dem reinen Geist bejahen«.[17]

Das »Wunder« in *Ein Kurs in Wundern*® ist jene Art von Vergebung, die ich hier beschreibe: eine Art von Vergebung, die von der Ursache her kommt und nicht von der Wirkung; jene Art von Vergebung, bei der Sie aufhören, das Opfer zu sein, und die Verantwortung für Ihre eigene Projektion übernehmen. Die Ureinwohner Amerikas sagten oft: »Sieh das große Geheimnis.« In *Ein Kurs in Wundern*® steht: »Sieh die große Projektion«,[18] denn genau das ist das Raum-Zeit-Universum und nicht mehr. Wie es manche Lehransätze schon seit Tausenden von Jahren wiederholen, ist alles eine Illusion. Vielleicht können wir nicht erkennen, woher die Projektion kommt, aber wir können alle Auswirkungen dieser Projektion auf uns zunichte machen, indem wir ihr den Glauben verweigern, denn das ist es, was ihr Macht über uns gibt.

Der Traum wird nicht von jemand anderem geträumt. Es gibt niemand anderen, nur die Projektion. Wenn irgendjemand oder irgendetwas in dieser Welt die Macht hat, uns zu verletzen, dann nur, weil wir ihm diese Macht gegeben haben. Es ist nun an der Zeit, diese Macht zurückzuziehen und die Macht des Glaubens dort hinzugeben, wohin sie hingehört: zu Gott. Das verändert mit der Zeit alles. Im Kurs steht: »Wunder sind Gewohnheiten.«[19] Unser Geist lernt wieder zu vergeben, anstatt zu verurteilen.

Was Ihre Erfahrung anbelangt, können Sie soweit kommen, dass die Welt Sie nicht verletzen kann. So sagt der Kurs über die Art und Weise, auf die der Heilige Geist vergibt: »Er leugnet, dass irgendetwas, was nicht von GOTT ist, die Fähigkeit hat, dich zu berühren. Das ist die einzige richtige Anwendung der Vergebung.«[20] Wenn Sie Ursache und nicht Auswirkung sind, stellen Sie das Denken der Welt auf den Kopf. Und dann ist Vergebung gerechtfertigt. Wenn aber dies hier alles wirklich ist, dann ist Vergebung nicht gerechtfertigt. Doch es *ist* Ihre Projektion, und damit Vergebung völlig gerechtfertigt. Je mehr Sie sich daran gewöhnen, die Welt als etwas zu betrachten, was nicht *über* Sie kommt, sondern *von* Ihnen, desto unmöglicher wird es für Sie, so zu reagieren, wie Sie es bisher getan haben, und umso deutlicher erkennen Sie, dass Sie träumen.

Im Jahr 2003, kurz nachdem mein erstes Buch *Die Illusion des Universums* erschienen war, gründete ich auf Yahoo eine Studiengruppe zu meinem Buch und *Ein Kurs in Wundern*®, die zur größten Kursstudiengruppe weltweit wurde. In dieser Gruppe prägten wir den Ausdruck »Gelegenheit zur Vergebung«. Wir begannen uns gegenseitig als »JAFO« zu bezeichnen, ein Akronym für »just another forgiveness opportunity« – »nur eine weitere Gelegenheit zur Vergebung«. Dieser Satz entstand aufgrund der Tatsache, dass es immer Gelegenheiten zur Vergebung geben wird, solange wir hier zu sein scheinen. Es ist jedoch möglich, einen Punkt zu erreichen, an dem die Gelegenheiten zur Vergebung einen nicht mehr berühren können. Wenn Sie diesen Punkt auf Ihrer spirituellen Reise erreicht haben, stellen diese JAFOs keine große Herausforderung mehr für Sie dar und Ihre Vergebung wird mehr und mehr zum Automatismus, was Ihre Wahrnehmung mächtig verändern wird.

In meinen Workshops wird mir immer wieder von Neuem die Frage gestellt, was genau der Kurs bedeute, und für gewöhnlich lautet meine Antwort, dass die beste Art und Weise, die Bedeutung des Kurses zu verstehen, darin besteht, dem zu folgen, was darin geschrieben steht. Das mag offensichtlich erscheinen, aber im Kurs stehen eine Menge Sachen, die die Menschen nicht hören wollen, und um sie zu verstehen, muss man enorme psychologische Widerstände überwinden. Zum Beispiel steht dort: »Es gibt keine Welt! Das ist der zentrale Gedanke, den der Kurs zu lehren versucht.«[21] Die meisten Menschen wollen das nicht hören, sondern wollen diese Welt haben; sie begehren in ihr dieses oder jenes, weil sie sich dazu hingezogen fühlen, und hoffen dabei, dass ihnen nichts Schlimmes widerfahren möge, oder wenn doch, nichts allzu Schlimmes. Aber der Kurs sagt auch (mit der Stimme Gottes, Jesus, der in der ersten Person spricht): »Ich habe dich dereinst gebeten, alles, was du hast, zu verkaufen, es den Armen zu geben und mir nachzufolgen. Damit habe ich Folgendes gemeint: Wenn du keine Investition in irgendetwas in der Welt hast, kannst du die Armen lehren, wo ihr Schatz ist. Die Armen sind lediglich die, die falsch investiert haben, und sie sind in der Tat arm!«[22] Hier geht es um unsere psychologischen Investitionen. Die Lehren des Kurses beziehen sich immer auf die Ebene des Geistes, nicht auf die Ebene des Materiellen. Wir bereiten uns auf unsere Heimkehr vor, indem wir das Ego aufheben und dem Heiligen Geist immer mehr – und letztlich vollständig – die Führung über unseren Geist überlassen.

Die Welt, an die wir einst geglaubt haben, ist ein Traum, weiter nichts. William Shakespeare, der laut meinen Lehrern erleuchtet war, hat mit seinen Worten aus *Der Sturm* den Nagel auf den Kopf getroffen:

Mein Sohn, Ihr blickt ja auf verstörte Weise,
Als wäret Ihr bestürzt: seid gutes Muts!
Das Fest ist jetzt zu Ende; unsre Spieler,
Wie ich Euch sagte, waren Geister, und
Sind aufgelöst in Luft, in dünne Luft.
Wie dieses Scheines lockrer Bau, so werden
Die wolkenhohen Türme, die Paläste,
Die hehren Tempel, selbst der große Ball,
Ja, was daran nur Teil hat, untergehn
Und, wie dies leere Schaugepräng' erblaßt,
Spurlos verschwinden. Wir sind solches Zeug
Wie der zu Träumen, und dies kleine Leben
Umfaßt ein Schlaf.

(Übersetzung von August Wilhelm Schlegel)

Diese Worte würden wunderbar in das *Textbuch* von *EKIW*® passen. Der Kurs führt uns auf eine ganz neue Ebene luziden Träumens. Letztlich werden wir uns dessen bewusst, dass wir träumen, und jeder und jedem JAFO kann gleichermaßen vergeben werden. So beginnen wir loszulassen, und finden inneren Frieden. Und da wir klarer denken können und nun die Führung und Inspiration des Heiligen Geistes zu unserer Verfügung haben, funktionieren wir ironischerweise sogar besser innerhalb dieses Traumes.

Schauen wir uns noch einmal den ersten Schritt zur Vergebung an: Sobald Sie sich dabei ertappen, mit dem Ego zu denken, hören Sie auf damit! Das verlangt Disziplin, denn das Ego ist gerissen und wird tausend neue Möglichkeiten finden, Sie davon zu überzeugen, dass die Anderen und Sie selbst Körper sind, was die ganze Sache wahr macht. Der Heilige Geist hält jedoch, wie bereits erwähnt, eine komplett andere Identität für Sie bereit, an die Sie sich erinnern sollten: »Ich bin kein Körper. Ich bin frei. Denn ich bin nach wie vor, wie GOTT mich schuf.«[23] Das gilt auch für andere, und so geht es im zweiten Vergebungsschritt darum zu verstehen, dass das, was wir sehen, nicht wahr ist. Wir müssen umdenken – mit dem Heiligen Geist denken und nicht mit dem Ego.

Wenn Sie es so weit geschafft haben, wird der Heilige Geist Ihnen jene rechtgesinnten Ideen aus dem Kurs anbieten, die am besten zu der Situation oder dem Anlass passen, mit dem Sie gerade zu tun haben. Vielleicht müssen Sie aber auch gar nicht denken. Vielleicht finden Sie einfach inneren Frieden.

Wenn schließlich das Ego aufgehoben ist, und der Heilige Geist die Führung in Ihrem Geist übernommen hat, wird es Ihnen möglich sein, die Botschaften und Inspirationen des Heiligen Geistes deutlicher wahrzunehmen. Dann können Sie sogar Antworten auf praktische Fragen bekommen, die Ihr illusorisches Leben betreffen. Ein Leben, das mit dem Heiligen Geist geführt wird, unterscheidet sich völlig von einem Leben, das mit dem Ego gelebt wird. Sie sind dann nie mehr allein, auch wenn Sie die einzige Person im Raum sind.

Ihr unbewusster Geist weiß alles. Das muss er auch, denn die Projektion eines Universums von Raum und Zeit geht zuallererst von ihm aus. Und wenn er alles weiß, dann weiß er auch, dass es tatsächlich nur einen von uns gibt. Und wenn er weiß, dass es nur einen von uns gibt, wird er alles, was Sie über die Welt oder eine andere Person denken, für das halten, was Sie über *sich selbst* denken. Das ist ein ziemlich ernüchternder Gedanke. Die Menschen fragen sich, warum sie Depressionen haben, aber schauen wir uns einmal an, was sie ihr ganzes Leben lang für einen Müll über andere Menschen gedacht haben, ohne sich dessen bewusst zu sein, dass es auf sie selbst zurückfällt und diktiert, was sie über sich selbst denken und damit letztlich ihre eigene Identität bildet, so wie sie diese sehen und an sie glauben! Ein weiterer wichtiger Aspekt des zweiten Vergebungsschrittes ist also, dass Sie verstehen, dass Sie der anderen Person nicht vergeben, weil diese Ihnen tatsächlich etwas angetan hätte, sondern dass diese in Wirklichkeit gar nichts getan hat, denn Sie haben sich diese Person überhaupt erst ausgedacht. Sie vergeben dieser Person also, weil sie überhaupt nichts getan hat und unschuldig ist. Diese Art von Vergebung führt dazu, dass Sie sich selbst mit neuen Augen sehen. Denn wenn die Anderen schuldig sind, sind auch Sie schuldig. Wenn sie aber unschuldig sind, sind auch Sie unschuldig. Daran führt kein Weg vorbei. Der Grund dafür ist ein sehr wichtiges geistiges Gesetz in *EKIW®*: »Wie du ihn siehst, wirst du dich selber sehen.«[24]

Gleichzeitig ist es enorm wichtig, dass Sie *an dieser Stelle nicht aufhören*, wie es viele Schüler tun. Denn es gibt noch einen weiteren sehr wichtigen Aspekt, den die meisten gerne vergessen: Wenn es stimmt, dass Sie sich so sehen, wie sie die Anderen sehen, und wenn Sie in der Überzeugung leben, dass die Welt und Ihre Mitmenschen nur eine Illusion sind, wird Ihr Geist das so deuten, dass *Sie selbst* eine Illusion sind. Dann werden Sie sich leer und bedeutungslos fühlen, was eine ziemlich gute Beschreibung für Depression ist. Aus diesem Grund ist *Ein Kurs in Wundern®* sehr viel proaktiver, als die meisten Menschen es erkennen. Er beschreibt nicht einfach nur das

Denksystem des Egos, welches auf der Welt am weitesten verbreitet ist, sondern *ersetzt* das Denksystem des Egos – und zwar vollständig – durch das Denksystem des Heiligen Geistes. Es ist also unerlässlich, dass Sie nach den ersten beiden Schritten zur Vergebung auch den dritten machen.

Der größte Fehler, der Schülern von *Ein Kurs in Wundern*® und anderen spirituellen Schülern auf dem Weg der Vergebung unterläuft, besteht darin, dass sie den Weg nicht bis zu Ende gehen. Ihre Vergebung ist zu begrenzt. Damit kommen wir zum dritten Vergebungsschritt, welcher auf dem Einssein des Geistes beruht, nicht auf dem Chaos einer unbeständigen und scheinbar getrennten Welt. Hierbei geht es um die spirituelle Sicht. Sie lernen so zu sehen, wie der Heilige Geist sieht, und kommen auf diese Weise in Kontakt mit dem, was Sie wirklich sind. Der Heiligen Geist sieht überall die Liebe und Unschuld des reinen Geistes. Tatsächlich steht im Kurs: »Wohin ER auch blickt, sieht ER SICH SELBST.«[25]

Der dritte Schritt besteht also in dem, was meine Lehrer *spirituelle Sicht* nennen, und was im Kurs nicht nur als Schau, sondern auch als wahrheitsgemäße Wahrnehmung beschrieben wird. Indem Sie die Art und Weise ändern, in der Sie über andere Menschen denken und womit Sie sie identifizieren, verändern Sie Ihre eigene Erfahrung und letztlich das, was Sie für Ihre eigene Identität halten. Im letzten Kapitel des *Textbuchs* sagt der Kurs: »Wähle noch einmal, was du möchtest, dass er sei, indem du dich erinnerst, dass jede Wahl, welche du triffst, deine eigene Identität begründet, wie du sie sehen wirst und glauben wirst, dass sie sei.«[26] Aus diesem Grund ist es notwendig, sich daran zu erinnern, dass der Heilige Geist nicht in Kategorien der Trennung denkt. Der Heilige Geist denkt in Kategorien der Ganzheit und des Einsseins des reinen Geistes. Zur spirituellen Sicht gehört auch Ihre Denkweise. In spiritueller Sichtweise schauen Sie *über* Ihren Körper ebenso *hinaus* wie über die Vorstellung von Individualität. Sie schauen sozusagen über den Tellerrand hinaus. Sie betrachten eine Person nicht als einen *Teil* des Ganzen, sondern als das *Ganze*.

Es ist möglich, ein normales Gespräch mit jemandem zu führen und gleichzeitig im Geist anzuerkennen, was dieser Jemand wirklich ist, nämlich Eins mit Gott, und wo dieser Jemand ist, nämlich im vollkommenen Einssein des Himmels. Und wenn Sie oft und lange genug diese Art des Denkens gepflegt haben, können Sie am Ende gar nicht mehr anders, als auch sich selbst in dieser Weise und an diesem Ort wahrzunehmen. So funktioniert der Geist. So kam Jesus in Kontakt mit seiner eigenen Göttlichkeit. So erwachte Buddha aus seinem Traum. So dachten weitere in diesem Buch erwähnte Meister – in jeweils unterschiedlicher Form, aber immer mit derselben Grundidee, dass es unmittelbar hinter dem Schleier der Trennung ein Einssein der Wirklichkeit gibt, und dass dieses die einzig wahre Wirklichkeit ist. Das ist Nondualität. Diese Meister hatten erkannt, dass sie die Ursache des Traums waren – nicht das Opfer, sondern dessen Autor. Wenn Sie den Prozess der Ego-Aufhebung vollzogen haben, weil Sie alle Ihre Vergebungslektionen gelernt haben und es keine Schuld mehr in Ihrem Geist gibt, kommt die Zeit, in der Sie Ihren Körper zum letzten Mal verlassen. Dann sind Sie erwacht und zuhause in Gott angekommen – in der zeitlosen Wirklichkeit der Ewigkeit.

Richtig praktizierte Vergebung führt automatisch zu Liebe, denn genau das sind wir. Und Liebe führt zu Frieden. Wenn genügend Menschen diese Ideen praktisch umsetzen, wird das am Ende nicht nur zu deren Erleuchtung führen, sondern auch zum Weltfrieden, und Sie können Ihren Teil zur kollektiven Heilung des Geistes aller Lebewesen beitragen.

Beim Versuch, Weltfrieden zu erreichen, hat die Welt bisher am falschen Ort gesucht, nämlich draußen auf dem Bildschirm. Wenn wir uns aber auf den richtigen Ort konzentrieren, ist die Zeit gekommen, dass endlich Frieden in die Welt einkehrt. Das wird zwar nicht mehr in unserer Lebenszeit geschehen, aber das ist unwichtig. Sie können *jetzt* Ihren Beitrag leisten. Und dann können Sie erwachen und nach Hause gehen.

Als ich mich mit meinen Lehrern in *Die Illusion des Universums* über die Aussicht auf Weltfrieden unterhielt, sagten sie etwas Spannendes: »*Die Menschheit wird nie in Frieden leben, bevor nicht jeder Mensch auf dieser Welt inneren Frieden gefunden hat.*« Aus diesem Grund lehrt uns der Kurs, dass das, was wir draußen auf dem Bildschirm sehen und Leben nennen, in Wirklichkeit »das äußere Bild eines inneren Zustands«[27] ist. Tatsächlich ist die illusionäre Welt nichts anderes als eine symbolische Darstellung dessen, was in dem einen allumfassenden verborgenen Geist oder, wie es Carl Gustav Jung nennt, »kollektiven Unbewussten« existiert. Wenn das, was wir sehen, eine Reflexion dessen ist, was in uns ist, dann wird es solange Konflikte – ob nun Mord, Straftaten, Terrorismus, Chaos oder einfach nur Streit – in der Welt geben, solange es in unserem Geist Konflikte gibt. Aber der Tag wird kommen, an dem genügend Menschen inneren Frieden erlangen, indem sie jene Art von Vergebung üben, die das Ego aufhebt. Wenn *das* geschieht, wird sich alles ändern.

Daher finde ich auch den Namen sehr passend, den die Menschen, die *Ein Kurs in Wundern*® veröffentlichten, für sich gewählt haben: *The Foundation for Inner Peace*, »die Stiftung für Inneren Frieden«. Allein in dieser Phase der Geschichte versucht die Menschheit schon seit Jahrtausenden Weltfrieden zu erlangen. Wir probieren es mit Diplomatie, wenn das nichts nützt, mit Verhandlungen, und, wenn wir auch damit nicht weiterkommen, mit Krieg. Aber nach ein paar Jahren haben die Leute genug vom Krieg und versuchen es mit einem Völkerbund. Doch auch das funktioniert nicht, und nach dem nächsten Krieg kommen dann die Vereinten Nationen an die Reihe, und zeitweise scheint es, als hätten wir Frieden erlangt. Aber es ist kein *wirklicher* Frieden. Oder wie der Kurs es ausdrückt: »Verwechsle Waffenstillstand nicht mit Frieden.«[28] Denn niemand vergisst, wo das Kriegsbeil begraben liegt. Und das liegt daran, dass wir uns nicht mit den eigentlichen Ursachen beschäftigt haben. Erreichen wir aber eine kritische Masse an Menschen, die inneren Frieden erlangt haben, dann muss auch im Außen buchstäblich Frieden folgen, so wie, mit Shakespeare zu sprechen, »die Nacht dem Tage« folgt.

Sie haben die Möglichkeiten, einen echten Beitrag zur Heilung des unbewussten Geistes und damit der Welt zu leisten, indem Sie vergeben und inneren Frieden erreichen. Vielleicht wird das nicht in die Geschichtsbücher eingehen, aber was macht das schon? Die meisten Menschen in den Geschichtsbüchern waren ohnehin Kriegstreiber. Wir sind Friedensschöpfer. Wie sagte doch der unsterbliche Gandhi: »Sei die Veränderung, die du in der Welt sehen willst.« Gandhi war vielleicht nicht der erste, der das gesagt hat, denn diese Worte können mindestens bis zu Buddha zurückverfolgt werden, wahrscheinlich sogar noch weiter. Doch Gandhi wusste, dass sie wahr sind, und er lebte sie. Sie können dasselbe tun, wenn Sie entschlossen genug sind, Erleuchtung und den Frieden Gottes zu erlangen. Wir brauchen uns nicht von den Meistern vor uns einschüchtern zu lassen, denn Jesus erklärt im Kurs: »Ich habe nichts an mir, was du nicht erreichen kannst.«[29]

Sowohl Mary Baker Eddy als auch der Kurs sagen: »Alle sind berufen, aber wenige wählen es zu hören.«[30] Haben Sie die Wahl zu hören getroffen? Einer meiner Lieblingssätze aus dem Kurs steht im letzten Kapitel des *Textbuches*: »Wähle noch einmal.« Er ermahnt uns: »Wähle noch einmal, ob du deinen Platz unter den Erlösern der Welt einnehmen möchtest, oder ob du in der Hölle bleiben und deine Brüder dortselbst halten möchtest.«[31] Es gibt viele Menschen, die sich vor der Hölle fürchten und gar nicht bemerken, dass sie längst dort sind. Gemäß der kompromisslosen Metaphysik des Kurses ist jeder Zustand jenseits des Himmels die Hölle. Aber es ist möglich, zu einer höheren Lebensform zu gelangen – einer ohne Form. Wir können von unserer Wahrnehmung, ein Körper zu sein, zur Wahrnehmung des Einsseins des reinen Geistes aufsteigen.

Die Welt ist voller Gelegenheiten zur Vergebung, wir müssen nur bereit sein, sie zu nutzen. Mit Vertrauen und Beständigkeit können wir uns J's Haltung aneignen: »Wir wollen froh sein, dass auf dieser

Welt wir wandeln können und derart viele Möglichkeiten finden, noch eine weitere Situation wahrzunehmen, in der die Gabe GOTTES wiederum als unsere wahrgenommen werden kann! Und so werden alle Spuren der Hölle, die geheimen Sünden und die versteckten Hassgefühle vergangen sein und alle Lieblichkeit, die sie verbargen, wird unserer Sicht erscheinen wie HIMMLISCHE Gefilde, um uns hoch über jene Dornenwege zu erheben, auf denen wir gereist sind, bevor der Christus erschien.«[32]

Wir können unseren Teil dazu beitragen, wahrhaften Frieden zu erlangen – nicht nur für uns selbst, sondern auch für den Traum, den wir Universum nennen, und der wie jeder andere Traum letztlich verschwinden wird, wenn wir erwachen. Erreichen können wir das, indem wir Vergebung üben und uns und die Welt aus spiritueller Perspektive betrachten. Das ist die einzige Verantwortung, die wir tragen, aber eine sehr wichtige. Es ist die natürliche Berufung aller, die die Leiter der Erleuchtung erklimmen. Sie sind willkommen, daran teilzuhaben. Der Heilige Geist wird sich um den Rest kümmern.

Teil I

v. Chr.

KAPITEL 1

Die Leiter zur Erleuchtung

Es gibt drei große Mysterien im Leben.
Für einen Vogel ist es die Luft.
Für einen Fisch ist es das Wasser.
Und für einen Menschen ist es er selbst.
– Buddhistisches Sprichwort

Es gab viele Fragen, die ich meinen Lehrern Arten und Pursah noch nicht gestellt hatte, aber unbedingt stellen wollte. Oft vergaß ich, wenn sie mir erschienen, was ich hatte fragen wollen, weil ihre Anwesenheit mich stets von Neuem verblüffte. Selbst als ich diese Erfahrung schon Dutzende Male gemacht hatte, hatte sie für mich noch immer etwas Surreales. Zum Beispiel hatte ich fragen wollen: Wie war Jesus zu Jesus geworden? Wer war er in jenem Leben gewesen, *bevor* er Jesus wurde? Und wie war Buddha zu Buddha geworden? Welche Erfahrungen hatten sie gemacht und welche Lehren praktiziert, die es ihnen ermöglichten, vor anderen Menschen zu erwachen und Erleuchtung zu erlangen?

Meine Lehrer hatten mich gelehrt, dass Vorleben eine Art Traumserie sind. Wir inkarnieren niemals wirklich in einem Körper. In Wirklichkeit sind wir überhaupt noch nie in einem Körper gewesen und werden es auch nie sein. Das Ego spielt uns bei unserer Wahrnehmung nur einen Streich und präsentiert uns einen Taschenspielertrick, eine optische Illusion, oder, wie Einstein es nennt, »eine optische Täuschung des Bewusstseins«. Wir glauben, wir befänden uns in einem Körper und erblickten das Universum mit den Augen des Körpers, dabei schauen wir in Wahrheit mit unserem Geist. Im Gegenzug gehört alles, was wir sehen, unsere Körper ebenso wie alles andere im Traumuniversum, zu ein und derselben Projektion. Und das ist nur eine substanzlose Projektion, ziemlich genau wie in einem Kino.

Im Herbst 2013 hatte ich meine Lehrer ungefähr neun Monate lang nicht mehr gesehen, und mich beschlich das Gefühl, sie könnten jeden Moment auftauchen; meine Vorahnung, wann sie erscheinen könnten, stimmte inzwischen ziemlich genau. Das lag daran, dass ich mittlerweile besser mit dem reinen Geist verbunden war und gelernt hatte, dass Arten und Pursah der Heilige Geist *waren*; um zu kommunizieren, hatte er in ihnen Form angenommen. Denn ohne, dass der Heilige Geist Form annimmt, könnten wir ihn nicht hören und würden für immer in dieser Illusion feststecken. Für gewöhnlich zeigt sich der Heilige Geist in Form von Gedanken, die uns plötzlich in den Sinn kommen. Ein Gedanke ist für ihn eine Form. Je nach Fall nimmt der Heilige Geist unterschiedliche Formen an. Das hängt davon ab, was für die Person, mit der kommuniziert werden soll, am besten ist. Aus diesem Grund sollten wir unsere Erfahrungen nicht mit denen anderer Menschen vergleichen. Der Heilige Geist weiß, was das Beste für uns ist.

Während ich darauf wartete, dass meine Lehrer auftauchten, konnte ich mich allerdings nicht darüber beklagen, dass in meinem Leben zu wenig los gewesen wäre. Ich hatte gerade ein Buch veröffentlicht, das auf unseren letzten Gesprächen basierte: *Die Liebe vergisst niemanden*. Eine der erstaunlichsten Entwicklungen war das wachsende Interesse am Kurs in Asien, denn unerwarteter Weise wurden meine Frau Cindy, die mittlerweile selbst eine tolle Lehrerin geworden ist, und ich nach Japan, Taiwan, Südkorea und – am erstaunlichsten – China eingeladen, um dort zu lehren. Eine Organisation in China hat uns sogar eingeladen, zwei Mal im Jahr zweiwöchige Touren zu machen und das über ganze fünf Jahre hinweg. Es war eine aufregende Aussicht, in ein so fernes Land zu reisen und zu sehen, wie sich der Kurs, der dort neu war, seinen Weg in den Geist der Menschen im Fernen Osten bahnte. Chiao Lin Cabanne, die Frau, die *Ein Kurs in Wundern*® in das traditionelle in Taiwan gesprochene Chinesisch übersetzt hat, hat den Kurs auch in das vereinfachte Chinesisch, das in China gesprochen wird, übersetzt. Es hat sie jedoch Jahre unermüdlicher Anstrengung gekostet, bis der Kurs auch in China selbst veröffentlicht wurde. Denn die kommunistische Partei hatte zuerst davon überzeugt werden müssen, dass der Kurs ihre Autorität nicht untergraben würde. Chiao Lin hat auch die *Illusion des Universums* in beide Versionen des Chinesischen übersetzt, und als der Kurs erst einmal für China freigegeben worden war, dauerte es nicht mehr lange, bis auch *I. U.*, wie es gerne kurz genannt wird, dort erschien. Das war das perfekte Timing für mich. Neben Chiao Lin, die chinesische Amerikanerin ist, wurde ich dort der erste bekannte amerikanische Lehrer des Kurses.

China hat sich in den letzten Jahren rasant verändert. Die kommunistische Partei hat den Kapitalismus zur Norm erhoben, weil sie hofft, so den sozialen Frieden aufrecht zu erhalten. Wie ich gehört hatte, war es ebenso einfach geworden, nach Shanghai zu reisen wie nach Tokio. Aber eines durfte man dort auf keinen Fall tun. Man durfte die Autorität der Partei nicht kritisieren oder gar in Frage stellen, das hätte sonst fatale Folgen gehabt. So wurde zum Beispiel nie über das Massaker gesprochen, das 1989 auf Tian'anmen, dem »Platz des Himmlischen Friedens«, an demonstrierenden Studenten stattgefunden hatte, auch wenn mutige chinesische Studenten, die im Ausland Universitäten besuchten, offen darüber sprachen und versuchten, dieses Ereignis nicht in Vergessenheit geraten zu lassen.

Den Menschen in China waren viele Internetbereiche nicht zugänglich. Seiten wie Google, Facebook, Twitter und YouTube waren nicht zugelassen, doch davon ließen sich viele Menschen nicht aufhalten. Sie besorgten sich Software, die die chinesische Zensur umging, indem sie den Eindruck erweckten, ihre Computer würden die Websites von einem anderen Land aus aufrufen. Tatsächlich kamen auf diese Art viele Menschen, vor allem Buddhisten und Psychotherapeuten, mit dem Kurs und meiner Arbeit in Kontakt, und waren von den neuen Lehren und deren Rückgriffen auf uralte Weisheit begeistert.

Eine weitere Sache, die man in China nicht tun durfte, war, positiv über den Dalai Lama zu sprechen. Auch wenn er keine Armee hatte, fürchtete die Partei seinen Einfluss und die mögliche Rückeroberung Tibets. Diese war, entgegen der Wünsche vieler Menschen im Westen, zwar eher unwahrscheinlich, aber das machte keinen Unterschied. Zu meinem Glück führten all diese exotischen Ränkespiele in China dazu, dass ich in dieses Land fahren und sehen durfte, wie der Kurs und der Heilige Geist hier ihre Wunder der Vergebung vollbrachten.

Eine weitere überraschende Entwicklung, die seit dem letzten Treffen mit meinen Lehrern stattgefunden hatte, war, dass ich mich in ein kleines Kätzchen verliebt hatte. Ich war immer ein Hundemensch gewesen, hatte fünfzehn Jahre lang denselben Hund gehabt und mochte den Enthusiasmus von Hunden. Katzen fand ich immer ein bisschen spröde. Aber Cindy hatte ein entzückendes drei Monate altes Kätzchen im Internet gefunden, das ein Zuhause brauchte, und so machte ich mich mit ihr auf den Weg zu seiner Rettung. Es war eine sie, und wir nannten sie Luna. Sie entpuppte sich als wahre Freude. Sie ähnelte einem unglaublich niedlichen fliegenden Affen, war blitzgeschwind und unterhaltsam, konnte sich aber auch wie eine Prinzessin aufführen. Nachdem ich nun sowohl einen Hund als auch eine Katze gehabt hatte, konnte ich den Unterschied in ihrem Denken verstehen.

Ein Hund denkt: *Wow! Diese Menschen sind toll. Sie lieben mich, sie füttern mich, sie kümmern sich um mich. Sie geben mir alles. Sie müssen Götter sein!*

Und die Katze denkt: *Wow! Diese Menschen sind toll. Sie lieben mich, sie füttern mich, sie kümmern sich um mich. Sie geben mir alles. Ich muss ein Gott sein!*

Während des Sommers leiteten Cindy und ich – wie fast jedes Jahr – ein Retreat auf Hawaii. Als wir eines Abends in unser Zimmer zurückgingen, wurde uns eine der ungewöhnlichsten Erfahrungen unseres Lebens zuteil.

Wir schauten zum Himmel und bemerkten plötzlich zwischen den Wolken zwei halbrunde Objekte. Es sah aus, als seien es zwei Hälften eines Ringes, nur waren sie voneinander getrennt. Sie schwebten nicht sehr weit oben, vielleicht dreihundert Meter hoch. Durch beide strömten Lichtsignale, und es schien, als wollten sie uns mit diesen Lichtern Zeichen geben. Ich hatte ganz deutlich den Eindruck, dass sie mit uns sprechen wollten – in einer Sprache, die ich nicht verstand. Wir waren kein bisschen verängstigt, denn intuitiv wusste ich, dass es sich um ein Raumschiff handelte, welches Lichtjahre von uns entfernt war. Ich fragte mich, ob es Plejader waren wie jene, die ich getroffen hatte, als mich Arten und Pursah zu einem Trip ins Universum mitgenommen hatten. Sie schienen uns grüßen zu wollen, uns Hallo zu sagen. Das Ganze dauerte zwar nur eine knappe Minute, war aber so deutlich und schien so nah, dass es uns wie ein Wunder vorkam. Plötzlich verschwand das Raumschiff wieder, als sei es nie da gewesen. Auch wenn wir nicht hatten verstehen können, was sie gesagt hatten, war klar, dass wir von Außerirdischen auf eine positive Art und Weise kontaktiert worden waren. Ich war bereit dazu, das Ganze auf sich beruhen zu lassen, bis die Zeit gekommen wäre, in der mir dessen genaue Bedeutung enthüllt werden würde.

Cindy und ich trafen uns häufig mit ihrer Schwester Jackie und deren Ehemann Mark. Wir ließen uns auf tolle metaphysische Gespräche über Spiritualität ein, Außerirdische, Klangheilung, Verschwörungstheorien und die verborgenen Kräfte, die die Welt beherrschen. Diese Gespräche waren für uns normal, aber ich erinnere mich noch daran, wie ich dachte, dass jeder, der uns zuhören würde, denken müsste: »Zum Teufel, worüber sprechen die bloß?!« Das galt natürlich auch für die Zeiten, in denen wir vier uns einfach nur über den Kurs unterhielten. Uneingeweihten wären die Worte ultraradikal vorgekommen, während sie für fortgeschrittene Schüler völlig annehmbar gewesen wären.

Eines Tages nippte ich an meinem Morgenkaffee und dachte über die Vergangenheit nach. Es hatte eine Zeit gegeben, da trank ich sechs Tassen Kaffee und rauchte dreißig Zigaretten am Tag. »Wow«, dachte ich, »abgesehen von allem anderen, nimmt das auch eine ganze Menge *Zeit* in Anspruch!« Und jetzt trank ich nur noch eine Tasse Kaffee am Tag und rauchte überhaupt nicht mehr, hatte aber immer noch nicht genug Zeit, um alles zu tun, was ich wollte. »Seltsame Illusion«, dachte ich. Und dann saßen plötzlich, ohne viel Aufhebens, meine Lehrer auf unserer schwarzen Ledercouch.

ARTEN: Hei, Bruder, du hattest ein ereignisreiches Jahr. Glückwunsch zum neuen Buch.

GARY: Danke, aber ich sollte *euch* danken, Leute. Das Beste daran ist ja von euch.

ARTEN: Oh, ich weiß nicht. Wie einer deiner Leser geschrieben hat, kannst du uns mittlerweile das Wasser reichen.

GARY: Und was ist mit dir, meine unerreichbare Schöne?

PURSAH: Immer noch unerreichbar. Also, lass' uns zur Sache kommen, ja?

GARY: Du klingst ganz schön ernst. Liegt etwas Dringendes an?

PURSAH: Nicht wirklich, aber wir wollen dir noch einmal ganz klar machen, dass der Grund dafür, dass wir dich weiterhin besuchen, darin liegt, dass wir den Leuten helfen wollen, an dem Prozess dranzubleiben, vermittels dessen sie ihr Ego aufheben, und dass wir diesen Prozess beschleunigen wollen. Das Aufheben des Egos braucht Zeit, und die Leute lassen sich leicht und auf unterschiedliche Weisen ablenken. Wir werden später auf ein paar dieser Ablenkungen noch genauer eingehen.

ARTEN: Und vergiss nicht, dass dazu eine Kombination aus Wiederholungen und der Einführung neuer Ideen nötig ist. Du wirst beides serviert bekommen. Nun erzähl mal, wie läuft es bei dir mit dem Vergeben deiner Kritiker?

GARY: Recht gut. Außerdem wisst ihr ja, was man über Kritiker sagt.

ARTEN: Nein, Gary, was sagt man denn über sie?

GARY: Kritiker sind wie Eunuchen in einem Harem. Sie sehen sich das jede Nacht an, kriegen es aber selbst nicht hin.

PURSAH: Das ist nicht *genau* das, was Arten mit Vergebung meinte, aber ich weiß deinen Humor zu schätzen.

GARY: Wisst ihr, Cindy und ich waren einmal mit einem Typen namens John, mit dem sie gemeinsam an der University of Santa Monica graduiert hat, zum Mittagessen auf dem Wilshire-Boulevard. Wir kamen auf die vielen wütenden, negativen Menschen zu sprechen, die sich im Internet zu Wort melden, und da sagte er etwas, was mich ziemlich beeindruckt hat: »Es gibt zwei Arten von Menschen, Gary. Es gibt Leute, die auf deiner Seite stehen, und Leute, die nicht auf deiner Seite stehen. Warum sollte man seine Zeit und Energie damit verschwenden, auf Leute zu reagieren oder über sie nachzudenken, die nicht zu einem halten? Mach dir nichts aus ihnen, denn sie werden ihre Meinung ohnehin nicht ändern, zumindest nicht, solange sie nicht dazu bereit sind. Verwende deine Zeit und deine Energie lieber für die Leute, *die* auf deiner Seite stehen. Dafür lohnt sich die Mühe wenigstens.« Das machte – auf praktischer Ebene – Sinn für mich. Allerdings reicht Vergebung um einiges tiefer.

PURSAH: Nun, wir werden bei dieser Besuchsreihe sehr tief mit dir gehen, mein Bruder. Und zwar genauso, wie du es erwartest.

GARY: Ich wusste es! Ihr habt gemerkt, dass ich wissen möchte, wie Jesus Jesus wurde. Natürlich werde ich ihn J nennen. Und wenn wir schon dabei sind: Wie wurde Buddha Buddha? Wie sahen ihre Traum-Vorleben in der Zeit davor aus? Was haben sie gelernt und praktiziert? Wir wissen alle, dass ein klein wenig Praxis eine Riesenmenge Wissen aufwiegt.

PURSAH: Auf jeden Fall. Und du stellst gute Fragen. Wenn ein Meister wie J zum letzten Mal zurückkehrt, muss er nicht mehr viel lernen. Er weiß bereits alles, was er wissen muss, um zur Erleuchtung zu gelangen. Die Geschichte über J, der die Rabbis im Tempel unterwies, als er zwölf Jahre alt war, ist wahr. Sie nannten ihn sogar Rabbi, was Lehrer bedeutet. Er wusste bereits alles. Während dieser Lebenszeit brauchte er nur noch ein paar große Lektionen zu lernen und weiterzugeben, und dazu gehörte selbstverständlich die Kreuzigung.

ARTEN: Ein anderer Grund, wieso ein Meister oder eine Meisterin für sein oder ihr letztes Leben zurückkommt, ist, dass er oder sie für andere da sein will. Denn manche Menschen brauchen einfach nur einen Wink in die richtige Richtung. Zwar kann ein Lehrer nicht die geistige Arbeit seines Schülers übernehmen, denn das muss der Schüler schon selbst hinbekommen, und der Schüler findet auch nicht einfach nur Erleuchtung, weil er sich in der Gegenwart des Meisters befindet (selbst wenn manche sich wünschen würden), doch was der Meister sehr wohl vermag, ist, dem Schüler den Weg zu zeigen.

Und genau das hat J, der Lehrer der Weisheit, der tatsächlich vor zweitausend Jahren in der Welt erschienen ist, auch getan: Er hat die Menschen in die richtige Richtung gelenkt. Er hat keine Religion gegründet, sondern den Leuten den Weg gewiesen. Vielleicht erinnerst du dich daran, dass wir ihn einmal als Licht beschrieben haben, der die Kinder ins Reich Gottes heimführt.

PURSAH: Und jetzt versucht er genau dasselbe mit *Ein Kurs in Wundern*®. Es ist, als ob er sagen würde: »Schaut, das hat für mich funktioniert. Vielleicht solltet ihr es auch ausprobieren. Es könnte sein, dass ihr euch damit ein paar Tausend Jahre spart.« Und wie du weißt, legt er im Kurs einen recht forschen Unterrichtsstil an den Tag. Er ist unerbittlich kompromisslos.

GARY: Das habe ich bemerkt. Und die Menschen versuchen es beim Kurs immer mit Kompromissen.

ARTEN: Lass' dich davon nicht beeindrucken, Es ist nur ein Traum, hast du das vergessen? Und es ist *dein* Traum, nicht der eines anderen. Es gibt niemanden anderen.

PURSAH: Es ist interessant, dass du sowohl nach J als auch nach Buddha gefragt hast. Interessanter, als du denkst.

GARY: Okay, dann spiele ich mal mit … Warum ist das so?

PURSAH: Was wäre, wenn ich dir sagen würde, dass sie sich in mehreren Leben gekannt und sich sogar auf ihren Wegen gegenseitig geholfen haben?

GARY: Ihr wollt mich veräppeln, ich habe die beiden immer als zwei komplett getrennte Personen betrachtet, weil ihre Kulturen so unterschiedlich waren.

ARTEN: Du wirst feststellen, dass ihre Kulturen letztlich der *einzige* Unterschied zwischen ihnen waren. Im tiefsten Grunde sind wir alle eins. Aber wir haben noch ein paar weitere Überraschungen mitgebracht.

GARY: Mittlerweile wäre ich ja eher geschockt, wenn das nicht so wäre. Aber bitte, erzählt mir, wie sie sich gegenseitig auf ihrem Weg unterstützt haben.

ARTEN: Wir werden es dir Schritt für Schritt erklären, denn die Erleuchtung innerhalb der Illusion erfolgt schrittweise. Auch J und Buddha haben ganz unten angefangen, wobei sie einen mächtigen Vorteil anderen gegenüber hatten, der es ihnen beiden ermöglichte, früher als alle anderen nach Hause zu kommen.

GARY: Nun sagt schon!

ARTEN: Sie glaubten nicht so fest an den Traum wie die anderen. Ja, zunächst glaubten sie schon daran, aber nicht *fest.* Sie hatten von Anfang an Zweifel, dass der Traum wirklich Substanz hatte, und verstanden, dass nur ein wahnsinniger Gott eine wahnsinnige Welt schaffen würde. Zugleich sagte ihnen ihr Instinkt aber auch, dass Gott *nicht* wahnsinnig war, sondern irgendetwas schiefgelaufen war.

PURSAH: Dieser einfache Vorteil war gewaltig. Um das zu erkennen, muss man zwar nicht gerade J oder Buddha sein, doch da sie es schon vorausgeahnt hatten, erkannten sie es vor allen anderen.

ARTEN: Ja, und trotzdem mussten sie die Leiter zur Erleuchtung hinaufklettern.

GARY: Ich kann mich nicht daran erinnern, dass im Kurs etwas über eine Leiter steht.

ARTEN: Tatsächlich wird sie ein paar Mal erwähnt. Zum Beispiel: »Es soll uns nicht kümmern, was uns in vollkommener Gewissheit jenseits der Erlösung erwartet. Denn du hast kaum begonnen, zu erlauben, dass deine ersten, ungewissen Schritte auf der Leiter aufwärts gelenkt werden, auf der die Trennung dich hinabgeführt hat.«[1]

Jeder, der denkt, er sei hier, ist die illusorische Leiter der Trennung hinabgestiegen. Die Wahrnehmung der Trennung von unserer Quelle, also von Gott, ist das eigentliche Problem. Wie diese Trennung scheinbar vonstatten gegangen ist, haben wir früher schon erläutert, das werden wir hier nicht wiederholen. Jedenfalls befinden sich alle Menschen, die eine ernsthafte spirituelle Suche beginnen, auf der untersten Sprosse der Leiter mitten im Zustand der Dualität. Dualität bedeutet, dass man denkt, es gebe eine Welt außerhalb seiner selbst. Dass man glaubt, es gebe ein Subjekt und ein Objekt. Einen selbst *und* die Welt. Bevor wir die Leiter hinuntergeklettert sind, gab es nichts als perfektes Einssein; nichts als Gott. Doch jetzt stecken wir in einem Zustand des Zweiseins fest. Es gibt den Menschen selbst *und* Gott. Zumindest für Menschen, die an Gott glauben. Wenn sie das nicht tun, dann gibt es sie und die Welt. So oder so, glauben sie an Trennung. Und das Wort *glauben* ist hier von großer Bedeutung. Schon während unserer letzten Besuchsreihe haben wir betont, dass es unser Glauben ist, der der Welt Macht über uns verleiht. Unser Glauben macht aus uns eine Auswirkung der Welt, und wenn wir eine Auswirkung der Welt sind, dann hat die Welt Wirkung auf uns. J und Buddha jedoch glaubten nicht so sehr daran, wie andere es taten.

PURSAH: Jeder muss irgendwo anfangen, und Dualität ist der Zustand, in dem sich neunundneunzig Prozent der Menschen in dieser Welt befinden, einschließlich derjenigen, die spirituell unterwegs sind. Wie du weißt, ist Ein *Kurs in Wundern*® kein dualistisches System. Es ist aber nicht nur ein nondualistisches, sondern ein *rein* nondualistisches System. Im Kurs steht: »Setze deine Wachsamkeit nur für GOTT und SEIN REICH ein.«[2] Aber das ist eine ganz schön heftige Forderung, die die meisten Kursschüler in eine Art dualistische Zwickmühle bringt, so dass sie den Weg nie zu Ende gehen; und dazu gehören auch diejenigen, die davon überzeugt sind, dass sie richtig liegen mit dem Kurs, wenn sie die Existenz von etwas zulassen, was nicht Gott ist, was mit Sicherheit nicht der Fall ist.

Wie alle anderen mussten auch J und Buddha – ihren Pluspunkten zum Trotz – erst einmal in dieser Welt erscheinen; und wir erzählen dir, wie sie das machten, denn aufgrund ihres Vorsprungs machten sie nicht die gleichen Fehler wie die meisten Menschen.

GARY: Die da wären?

PURSAH: Ein Problem in der Geschichte spiritueller Schüler ist, dass sie denken, sie würden verstehen, was ein Meister lehrt, obwohl das gar nicht der Fall ist. Nehmen wir einmal an, einer ist mit Laotse unterwegs, und wenn Laotse dann, wie es scheint, nicht mehr in seinem Körper abhängt, sagt der Schüler: »Er hat das und das gesagt, und das und das damit gemeint«. Immer wieder geht der Schüler dann von einem Ort der Dualität aus, während der Meister von einem höheren Zustand herkam. Es gibt mehr als einen höheren Zustand und mehr als eine Sprosse auf der Leiter. Darauf kommen wir später noch zurück. Doch die meisten Schüler wollen Lehrer und nicht Schüler sein. Es fühlt sich besonders an, Anführer statt Anhänger zu sein.

Auf diese Weise entstehen Religionen. Die Menschen glauben, Buddha zu verstehen, und das endet dann eines Tages im Buddhismus. Aber Buddha hat gar keine Religion begründen wollen. Die Menschen fragten ihn: »Was bist Du?« Und er pflegte zu antworten: »Ich bin wach.« Und genau das wünschte er sich für sie, nicht dass sie Hunderte von Ritualen befolgten. Er war ein Weisheitslehrer.

Und natürlich dachte alle Welt zu verstehen, was J sagte, oder reagierte darauf mit vermeintlich gegenteiligen Ansichten, und schließlich kam eine Religion dabei heraus, bei der es angeblich um ihn ging. Aber ebenso wenig wie Buddha ging es J um eine Religion, denn auch er war ein Weisheitslehrer.

ARTEN: Darum denken die meisten Menschen im Westen, das J der ultimative Führer sei. Dabei ist doch das Gegenteil der Fall! Er war nicht der ultimative Führer, er war der ultimative Nachfolger. Warum? Weil er auf den Heiligen Geist gehört hat. Der Heilige Geist war der Führer, nicht er. Und letzten Endes hat er *nur* auf den Heiligen Geist gehört. Er setzte seine Wachsamkeit nur für Gott und Sein Reich ein, deswegen empfiehlt er uns im Kurs auch, dasselbe zu tun.

GARY: Also führt Dualität allgemein zu Religionen (oder zumindest Organisationen), die auf etwas basieren, von dem die Mitglieder fälschlicherweise annehmen, es sei das, worum es dem Gründer, der vielleicht gar kein Gründer hatte sein wollen, wirklich gegangen sei.

PURSAH: Richtig. Fast.

ARTEN: Vergiss eines nicht: Jeder macht es real. In dem Moment, in dem Menschen zu einem Gott beten, von dem sie annehmen, er befinde sich außerhalb von ihnen, machen sie die Dualität real. Sie halten die Vorstellung von Trennung aufrecht, ohne es überhaupt zu bemerken. Aus dem Grund ist Erleuchtung ein Prozess.

Wir werden uns im Laufe des Gesprächs noch ausführlich mit den unterschiedlichen Ebenen oder Sprossen der Leiter befassen, für den Moment reicht es, im Hinterkopf zu behalten, dass am unteren Ende der Leiter alles in Subjekt und Objekt aufgeteilt und real ist.

PURSAH: Wir werden bald zurücksein und dir mehr von J und Buddha erzählen, und wie sie sich kennenlernten. Zwar trafen sie sich nicht in sonderlich vielen Leben, aber wenn sie sich trafen, war das für ihr Vorankommen sehr wichtig. Erinnerst du dich daran, wie wir dir erklärt haben, wie Menschen auf geistiger Ebene jeweils in der Umlaufbahn des anderen kreisen? Es mag scheinen, als würdet ihr euch voneinander trennen, aber weil ihr Euch in der Umlaufbahn des jeweils anderen befindet, seid ihr dazu bestimmt, wieder aufeinanderzutreffen.

GARY: Dann ist es so, wie Ralph Waldo Emerson gesagt hat: »Wenn wir innerlich verwandt sind, werden wir uns treffen.«

PURSAH: Sehr schön. Und da ist noch etwas. Die Vergebungslektionen, denen du in diesem Leben begegnest, sind die gleichen Lektionen, denen du in anderen Leben begegnet bist. Darum heißen sie im Kurs auch »die fortgesetzten Abenteuer des Körpers«.[3] Nur *erscheinen* die Lektionen nicht gleich. Vor fünfhundert Jahren erschien vieles anders als heute. Aber die *Bedeutung* ist dieselbe. Umgekehrt heißt das – und das sind gute Nachrichten für dich –, dass du, wenn du in diesem Leben alle Vergebungslektionen abschließt, diese auch gleichzeitig für alle anderen Leben abgeschlossen hast.

GARY: Wow! Das führt uns wieder zum Zeitsparkonzept der Wunder zurück, auf das ich noch nirgendwo anders gestoßen bin.

ARTEN: Ja. Wenn du in diesem Leben Vergebungsarbeit geleistet hast, dann nimmt der Heilige Geist diese Vergebung und lässt ihr Licht durch jede Lebenszeit leuchten, auch wenn du dir dessen im Moment nicht bewusst bist. Der Kurs drückt das korrekt so aus: »Prüfungen sind nur Lektionen, die du nicht gelernt hast, und die dir nochmals dargeboten werden, so dass du dort, wo du vordem eine fehlerhafte Wahl getroffen hast, jetzt eine bessere treffen und allem Schmerz entrinnen kannst, den dir das brachte, was du vordem wähltest.«[4] Das gilt nicht nur für die Zeitspanne eines einzigen Lebens, sondern für die Zeitspanne aller Leben.

Übrigens habe ich mitbekommen, dass du von deiner UFO-Sichtung in Hawaii ziemlich hin und weg warst.

GARY: Aber hallo! Ich hatte ganz deutlich das Gefühl, das sie mit uns kommuniziert haben.

ARTEN: Und das war auch so.

GARY: Waren es Plejader?

ARTEN: Genau. Sie haben euch Anerkennung bezeugt, Hallo gesagt. Weißt du, sie waren mit einem ihrer kleineren Raumschiffe gerade in der Nachbarschaft unterwegs, und weil du schon auf einem ihrer großen Schiffe gewesen bist und dich als friedvoller Geist erwiesen hast, betrachten sie dich als Freund.

GARY: Dann gehöre ich zum Club dazu? Bedeutet das, dass sich die Plejader und ich auf der gleichen Umlaufbahn befinden? Scherz beiseite.

ARTEN: Richtig. Aber es besteht natürlich ganz eindeutig eine Sprachbarriere, ich würde also nicht zu viel erwarten. Sie sprechen nicht gerne Englisch, auch wenn sie es verstehen. Du solltest sie im Moment als entfernte Verwandte betrachten. Scherz beiseite.

PURSAH: Wir kommen wieder.

Und damit waren sie verschwunden. Ich freute mich schon auf ihre Rückkehr. J und Buddha zusammen? Das war einfach zu viel.

Während unseres Gesprächs hatte ich das Zeitsparkonzept des Wunders angesprochen, und das hatte mich an ein Zitat aus *EKIW*® erinnert. Viele Menschen verwenden das »winzig kleine Wahnidee«-Zitat aus dem Kurs, aber nur wenige stellen es in den Kontext der umgebenden Sätze. Als mein Geist wieder zur Ruhe gekommen war, dachte ich an diese Worte:

> *Lass uns den Traum, den er weggeben hat, dem Träumer zurückerstatten, der den Traum als von sich separat und als etwas wahrnimmt, was ihm angetan wird. In die Ewigkeit, wo alles eins ist, kam eine winzig kleine Wahnidee geschlichen, und GOTTES SOHN vergaß, über sie zu lachen. Und weil er das vergaß, ist der Gedanke zu einer ernsten Idee geworden und*

sowohl der Umsetzung als auch realer Wirkungen fähig. Gemeinsam können wir sie beide weglachen und verstehen, dass die Zeit sich nicht in die Ewigkeit eindrängen kann. Es ist ein Witz zu glauben, die Zeit könne kommen, um die Ewigkeit zu überlisten – was bedeutet, dass es keine Zeit gibt.[5]

KAPITEL 2

Vom Schintoismus zu Laotse: Frühe Gipfelerfahrungen

Begehren und Unzufriedenheit führen zu Unglück.
Nach weltlichen Dingen zu streben ist Torheit.
Diejenigen sind reich, die zufrieden sind,
mit dem, was sie haben.
– *Tao Te King*

Ich habe weder irgendwelche alten Überlieferungen noch vergleichende Religionswissenschaft studiert. Bisher hatte ich mich für so etwas weder interessiert noch vorgehabt, das zu ändern. Wenn aber Arten und Pursah mit mir über die Lebensläufe sprechen wollten, in denen J und Buddha sich trafen, dachte ich mir, es wäre besser, vorher ein paar Hausaufgaben zu erledigen – tat es aber nicht. Für gewöhnlich sind die Menschen erstaunt, wenn sie erfahren, dass ich wenig lese. Ich habe in meinem Leben vielleicht zwanzig Bücher gelesen, die mir etwas bedeutet haben. Tatsächlich schaue ich mir bis heute lieber Filme an, als irgendwann ein Buch zu lesen.

Wie dem auch sei, begann ich mich zum ersten Mal für Spiritualität zu interessieren, als ich einundzwanzig Jahre alt war. Das war gut sieben Jahre, bevor ich das beschritt, was ich als spirituellen Weg bezeichnen würde. Ein Freund hatte mir ein Buch geliehen und gemeint: »Das musst du lesen.« Es war Hermann Hesses *Siddhartha.* Dieses Buch hat mich umgehauen und in mir das Interesse an Spiritualität geweckt. Davor hasste ich das Leben, hasste die Menschen und hasste Gott. Und das tat ich auch lange danach noch. Ich war deprimiert und hatte das Interesse am Leben verloren, falls ich überhaupt jemals irgendein Interesse am Leben gehabt hatte. Erst als ich älter wurde, setzte meine persönliche Transformation ein und führte mich über einen langen Weg bis an den Punkt, dass ich ehrlich behaupten konnte, Gott zu lieben, wie ich es heute tue.

Als ich *Siddhartha* las, verstand ich zwar diesen ganzen hinduistischen Jargon nicht, aber ich verstand die Geschichte. Ich konnte mich mit diesem jungen Mann identifizieren, der frei sein wollte, damit, dass er reich war, darin aber keinen Sinn sah und stattdessen auszog, um Erlösung zu finden. Um Ihnen eine Vorstellung davon zu geben, wie unerfahren ich auf dem Gebiet der Spiritualität war: Ich habe das ganze Buch gelesen, ohne zu verstehen, dass es darin um Buddha ging. Das fand ich später heraus.

Damals dachte ich noch nicht an den Heiligen Geist. Aber wenn ich heute auf meine wilden Zwanziger zurückschaue, dann erkenne ich, dass der Heilige Geist immer mit mir arbeitete und mir so das Leben gerettet hat. Der Heilige Geist arbeitet mit allen, und zwar die ganze Zeit über, ob jemand sich dessen bewusst ist oder nicht. Heute weiß ich, dass er mich in die richtige Richtung geschupst hat, als ich siebenundzwanzig Jahre alt war und er mich überzeugte, auf den Ratschlag meines Freundes Dan zu hören, das Erhard Seminar Training – kurz *EST* genannt – zu besuchen. Ich will hier nicht weiter auf diese Geschichte eingehen, aber *EST* war genau das, was ich damals brauchte. Heute gibt es dieses Training nicht mehr, aber es würde mich nicht überraschen, wenn von den Millionen Menschen, die es besucht haben, nicht mindestens Hunderttausend zu *Ein Kurs in Wundern®* übergegangen wären. Es war ein toller Wegbereiter.

Wir alle haben einen rechtgesinnten Geist, in dem der Heilige Geist wohnt, und einen nicht rechtgesinnten Geist, der vom Ego und seiner Vorstellung von Trennung beherrscht wird. Welcher der beiden uns lenkt, wird von einem dritten Teil unseres Geistes bestimmt: Dem Teil, der beobachtet und wählt. Dort liegt unsere eigentliche Macht: Die Macht der Entscheidung. Wir treffen diese Entscheidung meistens in der Art und Weise, in der wir über andere denken.

Es ist einfach herauszufinden, welche Schüler den Kurs verstehen und anwenden und welche nicht. Diejenigen, die ihn verstehen, müssen andere nicht beurteilen oder verdammen; wenn sie sich dabei erwischen, hören sie damit auf und ändern ihre geistige Einstellung. Die Schüler hingegen, die der Botschaft des Kurses und seiner Anwendung widerstehen, sind äußerst gut darin, mit dem Finger auf das Ego *anderer* zu zeigen. Das können sie besonders gut. »Oh, der ist mal wieder mit seinem Ego unterwegs«, ist ihr Lieblingskommentar. Aber das hat nichts mit Vergebung zu tun. Es geht in *Ein Kurs in Wundern*® nicht darum, das Ego in anderen zu erkennen. Es geht darum zu erkennen, dass überhaupt niemand anderes *da* ist, nicht wirklich, und dass die Dinge, die wir an anderen nicht mögen, in Wirklichkeit das sind, was der Kurs als »die geheimen Sünden und die versteckten Hassgefühle«[1] bezeichnet, die wir eigentlich uns selbst gegenüber empfinden und aufgrund der Dynamik der Projektion in anderen Menschen zu sehen beschlossen haben. Wenn wir also jemand anderem, die hier zu sein scheint, vergeben, dann vergeben wir in Wirklichkeit uns selbst. Ich frage mich, ob J und Buddha in ihren frühen Jahren der spirituellen Erfahrung für solche Ideen offen waren.

Ich musste nicht lange warten, um das herauszufinden. Als ich gerade von einigen Erledigungen an einem für Kalifornien typischen milden und sonnigen Januartag zurückgekehrt war, die Haustür hinter mir geschlossen hatte und mich umwandte, entdeckte ich zu meinem Erstaunen, dass meine Lehrer bereits auf meiner Couch saßen. Etwas vor den Kopf gestoßen, meinte ich: »Lasst das!« Doch sie lächelten mich nur milde an.

PURSAH: Geht dir dieses perfekte Wetter nicht irgendwann mal auf die Nerven?

GARY: Nein. Abgesehen davon, dass wir, wenn nicht bald Regen kommt, alle im Eimer sind. Wisst ihr, ich habe gehört, dass wir uns seit zwei Jahren in einer Trockenperiode befinden [Diese Unterhaltung fand im Januar 2014 statt; Anmerkung des Autors]. Aber ich lebe seit sechs Jahren hier, und soweit ich das beurteilen kann, haben wir uns, von zwei feuchten Wochen mal abgesehen, die ganze Zeit schon in einer Trockenperiode befunden. Ich denke mal, das ist die globale Erwärmung?

PURSAH: Zum Teil. Aber vergiss nicht, dass es im Laufe der gesamten Geschichte auf der ganzen Welt schon immer Trockenperioden gegeben hat. Manchmal waren sie so schlimm, dass sie ganze Zivilisationen ausgelöscht haben, denn Menschen müssen immer dorthin, wo es Nahrung und Wasser gibt. Das ist den Mayas und den Cahokias passiert.

GARY: Das heißt, wir nehmen die Natur für selbstverständlich, bis sie eine Kehrtwende macht und uns in den Hintern beißt. Aber es *gibt* eine globale Erwärmung, oder?

PURSAH: Ja, und mit Trockenheit ist langfristig zu rechnen. Ein so großes Problem kann nicht in ein oder zwei Jahren gelöst werden. Aber wir sind nicht gekommen, um darüber zu reden.

ARTEN: Bei diesem Besuch erzählen wir dir über ein paar Leben, in denen unsere zwei Meister sich begegneten, kennenlernten und gegenseitig halfen. Später werden wir dir über ein paar weitere ihrer gemeinsamen Lebenszeiten erzählen. Manchmal halfen sie einander, indem sie ihr Wissen und ihre Beobachtungen miteinander teilten, manchmal, indem sie sich Gelegenheiten zur Vergebung gaben.

GARY: Yeah, ich liebe Gelegenheiten zur Vergebung. Ich liebe diese kleinen Blutstropfen, die sich dabei auf meiner Stirn bilden.

ARTEN: Menschen, die sich eine Umlaufbahn teilen, werden sich immer wiederbegegnen. In dem übergeordneten Schema der Illusion scheint es so, als befänden wir uns alle hundert Jahre oder so in einem Körper; vielleicht sogar öfter, wenn wir in dem betreffenden

Traum einen Körper haben, der nicht lange lebt. Dann haben wir innerhalb dieser Zeitspanne natürlich mehr Gelegenheit, noch ein weiteres Leben zu träumen.

Du kannst die letzten fünftausend Jahre der Geschichte als das betrachten, was wir die moderne Ära der Geschichte nennen. Wir wissen nur wenig über das, was davor geschehen ist – nicht, dass wir über die letzten fünftausend Jahre *so* viel mehr wissen würden. Wie dem auch sei, ist die erste Zeitspanne und der erste Ort, über die wir hier berichten wollen, die Zeit um 700 v. Chr. in Japan. Du wirst gleich erfahren, warum.

Nun, die Wahrheit ist, dass es keine materiellen Beweise dafür gibt, dass J, Buddha oder Laotse jemals existiert haben. Manche Menschen denken, es handele sich dabei um ausgedachte Personen oder solche, die aus mehreren zusammengesetzt worden seien. Das stimmt aber nicht. Sie haben – im Traum – existiert und waren genauso real, wie jeder andere es hier auch zu sein scheint. Die Geschichtsschreiber streiten sich darüber, *wann* genau sie gelebt haben, was irgendwie lustig ist, wenn keiner beweisen kann, dass sie *überhaupt* gelebt haben. Aber wir werden dir verraten, wann es war.

Zwar war es nicht die erste Begegnung zwischen den Wesen, die wir J und Buddha nennen, doch fand die erste für unsere Geschichte wichtige in der von uns erwähnten Zeitspanne um 700 v. Chr. statt. Der Schintoismus ist eine der ältesten Religionen der Welt, auch wenn es eher eine Tradition als eine Religion ist. Der Schintoismus war vor allem in Japan sehr verbreitet. Sogar heute bezeichnen sich dort noch achtzig Prozent der Bevölkerung als Anhänger des Schintoismus. Wie in jedem Land und in jeder Religion meinen es natürlich manche Menschen ernster damit als andere.

GARY: Also waren J und Buddha Anhänger des Schintoismus?

PURSAH: Ja. J hieß damals Saka, und Buddhas Name war Hiroji, wobei wir die Namen vereinfacht haben. Und du solltest im

Hinterkopf behalten, dass das *Kojiki*, welches man als eine Art *Bibel* des Schintoismus betrachtet, erst lange nach der Zeit, über die wir reden, formalisiert wurde – etwa um 800 n. Chr. Aber bereits vor 700 v. Chr. gab es eine lange mündliche Tradition des Schintoismus, die über Generationen hinweg weitergereicht worden war. Vor 2.700 Jahren waren Saka und Hiroji Freunde, die ihrer Religion und ihrem Kaiser treu ergeben waren. Allerdings wäre es damals auch keine gute Idee gewesen, dem Kaiser nicht treu ergeben zu sein, da man zu seinem Besitz gehörte. Alle gehörten dazu. Der Kaiser war faktisch Gott. Sogar nach dem Zweiten Weltkrieg glaubte ein Teil der dortigen Bevölkerung noch daran.

GARY: Das erklärt, warum der Palast des Kaisers so riesig ist. Ihr wisst bestimmt, dass ich vor sechs Jahren in Japan war, um dort einen Vortrag zu halten. Wir mussten zwanzig Minuten mit dem Auto fahren, um um den Palast herumzukommen!

PURSAH: Du hast auch eine Menge Schinto-Schreine gesehen.

GARY: Ja, und auch buddhistische Schreine. Ich möchte Buddha nicht zu nahetreten, aber mir gefällt das Schinto-Orange besser als dieses Rotbraun der Buddhatempel. Nicht dass diese nicht auch beeindruckend wären ... Und die Schinto-Schreine waren mit Gold bemalt, das war schön. Aber ich schweife ab. Was ist mit den beiden Typen, Saka und Hiroji?

ARTEN: Einer der Gründe, wieso wir von dem Leben der beiden damals erzählen, ist, dass wir dir bewusst machen wollen, dass sogar Saka und Hiroji anfangs in der Vorstellung der Dualität lebten. Selbst wenn jemand nicht vollständig an den Traum glaubt, wie es bei den beiden der Fall war, muss er sich noch eine ganze Weile abstrampeln, um vorwärtszukommen. Manchmal erscheint einem der Traum real, dann wieder nicht. Und dann doch wieder.

GARY: Klingt vertraut.

ARTEN: Der Schintoismus legte und legt viel Wert auf Rituale und betrachtet das, was wir in der Welt tun, als sehr wichtig. Wenn du damals dort jemandem erzählt hättest, dass es nicht wichtig ist, was wir tun, hätte er dich für verrückt erklärt. Aber das ist nur dann verrückt, wenn der Traum real ist.

PURSAH: Das *Kojiki* steckt voller Lieder und Gedichte, in denen die Menschen – zusammen mit den Ritualen und Geschichten ihrer Vorfahren – ihre Verbundenheit zur frühesten Vergangenheit ausdrücken. Im Schintoismus ist der Respekt für die Vorfahren so heilig, wie irgendetwas nur sein kann.

GARY: Ich habe im Fernsehen diese Mondlichtzeremonien gesehen, bei denen Japaner in Hawaii schöne kleine beleuchtete Papierboote ins Meer treiben lassen, um ihre Vorfahren zu ehren. Das war wirklich sehr hübsch.

ARTEN: Und sehr wichtig für sie.

GARY: Was ihr da über die mündliche Überlieferung, die Entstehungsgeschichten und die Rituale und all das erzählt, erinnert mich an die mündlich überlieferten Traditionen der Polynesier, von denen ich auf Hawaii viel mitbekommen habe. Sie bewahren ihre Geschichte in ihren Herzen auf, nicht in Büchern.

PURSAH: Genauso wie die Verbindung zur Natur. Der Schintoismus bezeichnet das nicht unbedingt als Einssein, aber seine Anhänger zeichnet ein ausgesprochenes Verbundenheitsgefühl aus. Es gibt Verbindungen zu den hawaiianischen Naturgottheiten und zu den Legenden über die Entstehungsgeschichte der Inseln; und auch im Schamanismus kann man Ähnliches entdecken.

Selbst wenn die Menschen im damaligen Japan noch nicht in Begriffen wie Einssein dachten, erlebten unsere Freunde Saka und Hirojis das zuweilen. Und obwohl ihre mystischen Erfahrungen vorübergehend waren, wie es bei Mystikern meistens der Fall ist, hatten sie definitiv Gipfelerfahrungen, die nichts mit dem gemein hatten, was ihre Religion lehrte. Tatsächlich erlebte Saka eine Art Einssein mit der Natur, welches deiner Erfahrung mit dem Regenwald ähnelt.

ANMERKUNG: Cindy und ich hatten im Juni des Vorjahres ein Retreat auf der hawaiianischen Hauptinsel geleitet. Dieses fand im Kalani Resort im Regenwald auf der Seite von Hilo in der Nähe des Ozeans statt. Unser Schlafplatz war geschützt, aber doch ziemlich offen, sodass man den Eindruck hatte, direkt im Regenwald zu schlafen. Gegen Mitternacht überkam mich das Gefühl, der Regenwald und die Insel würden zu mir sprechen. Das Quaken der Baumfrösche, die Wellen des nahen Ozeans, das Rauschen der Bäume und der Passatwinde und ein weiteres Geräusch, das diese ganzen Laute miteinander zu verbinden schien, ich jedoch nicht einordnen konnte – all das zusammen gab mir das Gefühl, mit all diesen Dingen eins zu werden und mich in ihnen aufzulösen. Es war, als entstünde eine eigene Sprache daraus. Der Regenwald sprach zu mir. Und ich konnte beinahe verstehen, was er sagte. Ich kam so nahe daran, dass ich es wirklich verstehen wollte, ebenso wie ich die Plejader hatte verstehen wollen. Selbst wenn ich es nicht genau fassen konnte, spürte ich doch, dass es da war. Und das war es dann, wenn ich es als Ganzes statt in seinen Einzelteilen wahrnahm. Schließlich ließ ich den Willen, es zu verstehen, einfach los – und verstand. Noch nie zuvor hatte ich mich dem Lebensorganismus der Erde so nahe gefühlt. Und doch führte diese Erfahrung über das Irdische hinaus.

ARTEN: Wir werden später noch über einige frühe Gipfelerfahrungen sprechen, die J und Buddha zurzeit Laotses hatten. Vorher müssen wir aber noch auf einen wichtigen Unterschied zwischen Schintoismus und Taoismus hinweisen: Anders als der Schintoismus ist der Taoismus *formlos.* Nachdem die Taoisten Saka und Hiroji, deren Namen wir dir später nennen werden, mystische Erfahrungen gemacht hatten, dachten sie, sobald sie in den Traum wieder zurückgekehrt waren, anders über ihn, als sie es noch als Anhänger des Schintoismus getan hatten. Sie waren auf einer anderen Bewusstseinsebene angekommen.

Übrigens, wo wir gerade beim Thema Bewusstsein sind, es gibt etwas, woran du immer denken solltest, egal ob du an Menschen denkst, die du magst, oder an Menschen, die du nicht leiden kannst: *Jeder tut das Beste, was er auf seiner Bewusstseinsebene zu tun vermag.*

GARY: Noch eine kurze Frage, bevor wir weitermachen: Ihr habt bei euren Besuchen noch nie Mohammed erwähnt und, ich glaube, bis jetzt erst einmal von Zarathustra gesprochen. Haben J und Buddha den einen oder anderen irgendwann einmal getroffen?

ARTEN: Nein. Es gibt einen guten Grund dafür, dass sie niemals mit Mohammed in Kontakt gekommen sind. Er lebte sechshundert Jahre nach ihrer letzten Lebensspanne, was heißt auch sechshundert Jahre nach Thomas und Thaddäus. Es ist nicht so, dass wir irgendetwas gegen Mohammed hätten, nur standen wir auf der Ebene der Form nie persönlich mit ihm in Verbindung, auch wenn wir, wie gesagt, letztlich alle miteinander verbunden sind. Was Zarathustra anbelangt, so lebte er tausend Jahre vor der japanischen Zeitspanne, über die wir gerade reden, und damals kannten sich J und Buddha noch nicht. Übrigens bist du einmal ein sufistischer Moslem gewesen.

GARY: Ja, aber das war nach Mohammed. Und was Zarathustra anbelangt, lebte der nicht im Iran?

ARTEN: Ja, aber damals sagte man noch nicht Iran, sondern Persien.

PURSAH: Gut, lass uns zum Thema zurückkommen. Es stellte sich heraus, dass Saka und Hiroji sich für dieselbe Frau interessierten. Ihr Name war Megumi.

GARY: Okay. Jetzt wird es spannend. Ich will alles haargenau wissen.

PURSAH: Zunächst musst du wissen, dass, ob sich das zeigt oder nicht, die Gefühle von Menschen sehr tiefgehen. Selbst wenn sie ruhig wirken, werden sie tief in ihrem Inneren von Gefühlen bewegt, es sei denn natürlich, diese werden so sehr verdrängt, dass das entsprechende Individuum völlig unbewusst ist und gar nichts mehr fühlt. Aber so etwas ist selten und bei den wenigsten Menschen, auch den ruhigeren, der Fall.

GARY: Stille Wasser sind tief.

PURSAH: Ja, und wenn du verstehen willst, wie die beiden Freunde damals so tickten, dann musst du wissen, welchen Dingen sie ihre Aufmerksamkeit schenkten. Von vielen spirituellen Unterweisungen her kennst du die Empfehlung, dass du deine Gedanken überwachen, das heißt in deinen Gedanken auf Konflikt, Negativität, Kritik oder Verurteilung achten sollst. Das ist richtig, aber was die meisten Lehrer nicht erkennen, ist, dass es genauso wichtig ist, deine Gefühle im Auge zu behalten. Warum? Weil die Wahrscheinlichkeit, dass du aufgrund deiner Gefühle handelst, tatsächlich sehr viel größer ist, als dass du es aus irgendeinem anderen Grund tust!

Natürlich erkennen die meisten Menschen nicht, dass diese Gefühle das Resultat von Gedanken sind, die sie immer und immer wieder und über eine lange Zeit hinweg wiedergekäut haben. Zuerst kommen die Gedanken, und aus ihnen resultieren die Gefühle. Und da Saka und Hiroji waren, wer sie eben waren, erkannten sie das. Als Freunde führten sie lange Gespräche und realisierten vieles.

Sie hatten eine ausgezeichnete Beobachtungsgabe, was für die meisten Menschen gilt, die mit Entschlossenheit spirituell unterwegs sind. Sachverhalte, denen die meisten Menschen keine Aufmerksamkeit schenken, fallen solchen Menschen relativ schnell auf. Sie neigen dazu, vieles in Frage zu stellen, und gelangen dabei auch zu dieser Frage hier: »Was für ein Gott könnte so eine Welt geschaffen haben?«

Saka und Hiroji beschäftigten sich mit vielen Lehren ihrer Zeit. Zum Beispiel erkannten sie die Bedeutung des Atmens. Sie lernten, ihre Atmung immer tiefer werden zu lassen, bis ihnen das zur zweiten Natur wurde.

GARY: Ich merke, dass es mir viel besser geht, wenn ich tief atme. Es hat eine Weile gedauert, bis ich das geschafft habe, denn als ich noch in Nachtklubs und bei Tanzveranstaltungen und so Gitarre spielte, war das Rauchen in öffentlichen Räumen ja noch erlaubt. Der ganze Rauch stieg zur Bühne hoch, auf der ich spielte, und da hatte ich nicht wirklich Lust, tief zu atmen. Aber als ich dann nach Maine gezogen war, begann ich immer tief zu atmen, ob ich gerade meditierte oder nicht.

PURSAH: Ja, wenn wir gerade vom Meditieren reden: Saka und Hiroji bekamen sehr viel Übung darin, und das hat ihnen in späteren Leben sehr geholfen.

GARY: Sie haben sich also eine Menge angeeignet, auch wenn sich all das, wie ihr sagt, noch auf einer dualistischen Ebene abspielte.

ARTEN: Genau. Saka und Hiroji unterschieden sich von den anderen vor allem dadurch, dass sie die Gültigkeit dessen, was die Menschen als Leben bezeichnen, bereits anzweifelten, als sie selbst noch auf einem dualistischen Pfad wandelten. Sie spürten, dass alles eine Illusion war, auch wenn sich ihnen das so richtig erst in ihrem nächsten gemeinsamen Leben erschloss.

Sie lernten auch so etwas wie zum Beispiel, mit Tieren zu kommunizieren.

GARY: Sie sprachen mit Tieren?

ARTEN: Nein. Zunächst einmal denken Tiere nicht in Form von Worten. Sie verstehen zwar ein paar Wörter, wenn man sie ihnen immer und immer wieder vorspricht, aber sie denken nicht in Worten, sondern in Bildern. Wenn wir mit Tieren kommunizieren wollen, müssen wir lernen, ihnen im Geiste Bilder zu schicken. Wenn wir das tun und darin Übung bekommen, können wir eine Überraschung erleben. Aus dem Kurs weißt du, dass der Geist aller verbunden ist. Das gilt für Tiere ebenso wie für Mensch und Tier, denn es gibt nur einen Geist. Wir können einem Tier also eine Nachricht in seiner Sprache senden, und die besteht aus Bildern.

Du weißt ja, wie zappelig Luna wird, wenn Cindy das Haus verlässt, um Besorgungen zu machen, nicht wahr?

GARY: Ja. Wenn *ich* gehe, ist es okay, aber wenn Cindy loszieht, rastet Luna aus.

PURSAH: Wenn Cindy euch beide das nächste Mal alleine lässt und Luna sich wieder aufregt, dann schick ihr im Geist Bilder. Zeig ihr einen kleinen Film, in dem Cindy heimkommt, sie hochhebt, kuschelt und küsst. Dann wird sich die Katze daran erinnern, dass Cindy immer heimkommt und sie liebt, und dass es dieses Mal genauso sein wird. Mach das ganz deutlich. Sie wird es verstehen.

ANMERKUNG: Ich probierte das aus, als Cindy das nächste Mal fortging und Luna zu maunzen anfing. Luna hat sich sofort beruhigt.

ARTEN: Und sei nicht traurig, wenn es so scheint, als würde Luna Cindy vorziehen. Seit dem Tag, an dem ihr sie gerettet habt, betrachtet sie ganz offensichtlich Cindy als ihre Mutter. Und für ein Kind, sei es nun ein Menschenkind oder ein Kätzchen, bedeutet die Mutter alles. Die Mutter ist Gott. Für Luna ist Cindy die ganze Liebe dieser Welt.

GARY: Und was bin ich, ein Verkehrsunfall?

PURSAH: Nein, gar nicht. Was ebenfalls zum Denken der Tiere gehört, ist, dass sie sich als Teil eines Rudels betrachten. Das gilt für wildlebende Tiere ebenso wie für Haustiere. Du bist die männliche Energie im Haus, und das spürt Luna. Bei dir sucht sie Schutz. Wenn etwas schiefläuft, kommt sie zu dir.

GARY: Weißt du, das habe ich schon beobachtet. Zum Beispiel, als wir dieses Erdbeben mit einer Stärke von 5,6 hatten. Es war eines dieser rollenden Beben, und das Haus begann, sich auf und ab zu bewegen. Es dauerte nur zwanzig Sekunden, war aber ganz schön heftig. Kaum war es vorbei, rannte Luna zu mir.

PURSAH: Da hast du es. Du bist in ihren Augen keineswegs nutzlos. Das Einzige, worüber du jetzt nachdenken solltest, ist also, ob du dir wirklich Gedanken darüber machen solltest, was eine Katze denkt.

GARY: Ja. Damit mache ich es real. Das Leben ist hart. Aber ihr habt gesagt, dass Saka und Hiroji diese Methode angewandt haben, um in der Kommunikation mit Tieren so richtig gut zu werden?

PURSAH: Ja. Ich empfehle zwar keinem, das auszuprobieren, aber es funktioniert auch bei wilden Tieren. Allerdings sollte derjenige, der das versucht, schon sehr fortgeschritten auf diesem Gebiet sein. Saka und Hiroji waren das. In deiner Zeit wirst du immer öfter von Menschen hören, die sowohl mit Haus- als auch Wildtieren kommunizieren. Irgendwann wird das ganz normal sein, aber das entwickelt sich nur allmählich.

GARY: Könnt ihr mir von einem Ereignis erzählen, bei dem die beiden mit wilden Tieren kommunizierten?

PURSAH: Tut uns leid, aber das geht nicht. Wir wollen niemanden auf die Idee bringen, die beiden nachzuahmen, und wie du weißt, fände sich bestimmt irgendjemand, der das versuchen würde. Der Grund dafür, dass wir dir von dieser Zeit in Japan erzählen, ist der, dass du erkennen sollst, dass alle spirituellen Schüler früher oder später dieselben Schritte durchlaufen – und sie jeden einzelnen Schritt erfolgreich hinter sich bringen müssen. Doch führen sie alle zu einem letzten großen Schritt, und den wird jeder tun, sobald er soweit ist.

Was nun unsere beiden Freunde anbelangt, so setzten sie alles daran, ihren Geist auf immer kraftvollere Art einzusetzen. Wir müssen jede Sprosse der Leiter meistern, auch die Anfänge der Spiritualität, die mit Dualität einhergehen, und eine Sprosse nach der anderen erklimmen. Die meisten Menschen scheuen die Mühe, die es kostet, jeden Schritt ganz bis zu Ende zu gehen. Alle wollen sofort zum letzten springen. Sie denken es reicht, wenn sie sagen: »Ich bin erleuchtet«. Es wäre nett, wenn es so einfach wäre, aber das ist es nicht. Wir müssen zuerst unser Ego aufheben.

ARTEN: Ein weiterer typischer Fehler besteht darin, dass Menschen denken, wenn sie etwas intellektuell verstanden haben, wüssten sie, worum es geht. Doch das ist nicht der Fall! Es reicht nicht aus, etwas zu *wissen*. Wir müssen es auch *tun*.

GARY: Das erinnert mich an etwas, was Jackie gesagt hat. [ANMERKUNG: Jackie ist meine Schwägerin, Cindys Schwester.] Sie hat darauf hingewiesen, dass Schüler des Kurses oft erzählen: »Ich hatte mal wieder eine Gelegenheit zur Vergebung.« und sie dann fragt: »Ja, und hast du sie auch *genutzt*?«

ARTEN: Genau. Es reicht nicht aus, das Prinzip der Vergebung zu kennen oder sogar zu verstehen, auch wenn das schon selten genug ist. Aber wenn wir es einmal verstanden haben, dann müssen wir die Gewohnheit entwickeln, es ständig umzusetzen. Und das gilt für alle Sprossen der Leiter. Was wir lernen, müssen wir auch praktizieren, ansonsten haben wir es nicht wirklich gelernt!

Wie du am Beispiel unserer beiden Freunde sehen kannst, ist es sogar innerhalb der Dualität möglich, erhebliche Fortschritte zu machen. Sakas und Hirojis spirituelle Entwicklung verlief rasch, und am Ende dieses Lebens waren sie für sehr viel mehr bereit.

GARY: He, was ist mit dem Mädchen? Habt ihr nicht gesagt, sie hieß Megumi?

PURSAH: Ja, sie, Saka und Hiroji wuchsen an demselben Ort auf und waren als Kinder befreundet. Als sie zu Jugendlichen heranwuchsen, begannen sowohl Saka als auch Hiroji Gefühle für Megumi zu entwickeln, aber die Kultur, in der sie lebten, erschwerte es ihnen, an sie heranzukommen.

GARY: Ah, kennen wir das nicht alle?! Das Gleiche ist mir mit Barbara, unserem Nachbarsmädchen, passiert. Unerwiderte Liebe ist grausam. Aber auch eine tolle Gelegenheit zur Vergebung.

PURSAH: Ja, aber hast du sie *genutzt*?

GARY: Na klar! Dreißig Jahre später.

PURSAH: Nun, was Saka und Hiroji anbelangt, so träumten beide davon, Megumi später einmal zu heiraten. Zu ihrem Kummer stand dem jedoch einiges im Weg. Wir haben ja schon erzählt, dass der Kaiser damals einen Jeden zu seinem Besitz zählte. Aus diesem

Grund war es für seine Familie nichts Ungewöhnliches, Ehen zu arrangieren. Einige aus seiner Familie kannten Megumis Familie und arrangierten für Megumi eine Ehe mit einem Mann, den sie nie zuvor gesehen hatte. Zwar liebte Megumi Saka, wovon dieser nichts wusste, aber sie hatte keine andere Wahl, als sich dem Willen der Kaiserfamilie zu beugen. Die Hochzeit fand also statt, und die drei Freunde konnten sich niemals mehr wiedersehen, was sie alle mit tiefer Trauer erfüllte.

GARY: Sind sie je darüber hinweggekommen?

PURSAH: Megumi wurde nie wirklich glücklich, aber sie erfüllte ihre Pflicht, lebte ihr Leben, hatte Kinder und war in den Augen ihrer Familie und der Familie des Kaisers eine ehrbare Frau. Damals war es außerordentlich wichtig, zu seinem Wort und zu seiner Ehre zu stehen.

Ebenso wichtig war es zu jener Zeit und ist es für Anhänger des Schintoismus noch heute, Reinkarnation als etwas sehr *Reales* zu betrachten. Das hat mit dem Glauben zu tun, der Körper sei real. Als Schüler des Kurses weißt du aber, dass Reinkarnation ein Traum ist. Du bist niemals wirklich in deinem Körper, das ist eine optische Täuschung. Aber die meisten Anhänger des Schintoismus wissen das nicht, und so ging es auch Megumi. Sie hoffte also auf ein besseres Karma. Übrigens geht der Glaube an das Karma viel weiter zurück als auf den Taoismus und Buddhismus, er stammt aus dem weitaus älteren Hinduismus.

Auf jeden Fall waren Saka und Hiroji sehr unglücklich mit dieser Situation, und obwohl keiner von beiden mit Megumi zusammen sein konnte, entwickelten sie eine seltsame Eifersucht aufeinander, weil sie beide dieselben Gefühle für sie hatten! Du weißt ja, wie listig das Ego sein kann. Es ruinierte beinahe ihre Freundschaft, und über Jahre hinweg sahen sie sich kaum noch.

ARTEN: Zum Glück hatten beide eine sichere Intuition und begannen die ganze Angelegenheit, ebenso wie ihr Leben überhaupt, als spirituelle Lektion zu betrachten. Sie spürten, dass sie einander vergeben mussten, auch wenn sie die Kunst des Vergebens noch nicht erlernt hatten. Sie gaben also einfach ihr Bestes, und das war ziemlich gut. Von da an vergaben sie einander – sowohl in diesem Leben wie auch in allen weiteren – *immer*, wenn es nötig war, und zwar schnell. Schnelle Vergebung ist ein Zeichen spiritueller Reife, und obwohl sie sich immer noch in einem Zustand der Dualität befanden, erkannten sie, dass Vergebung einen essentiellen Bestandteil spiritueller Entwicklung darstellte. Sie begannen auch das gesamte System in Frage zu stellen, die Logik des Kreislaufs von Geburt und Tod, sollten allerdings erst später mehr darüber erfahren.

PURSAH: Diese und all die anderen Erfahrungen aus ihrem gemeinsamen Leben als Anhänger des Schintoismus waren ihnen in ihrer nächsten gemeinsamen Lebenszeit von großem Nutzen, in der sie den Meister und teilweisen Verfasser des *Tao Te King* – Laotse – kennenlernten.

ARTEN: Das Leben, in dem J und der zukünftige Buddha Schüler Laotses waren, fand um 600 v. Chr. statt, also ungefähr zweihundert Jahre vor Buddha und rund fünfzig Jahre vor Konfuzius. Auch hier gilt: Die Historiker sind sich uneins, was diese Daten anbelangt, aber so sind sie korrekt. Übrigens war Konfuzius ein Philosoph. Er vertrat keine feste Lehre und gehörte keiner Religion an. Der Taoismus hingegen war eine Lehre.

GARY: Glaubte Laotse an den Nondualismus?

ARTEN: Ja, absolut. Er verstand, dass *alles*, was eine Form zu haben scheint, eine Illusion, das Tao jedoch formlos ist. Das bringt uns zu einem Punkt, auf den wir in diesen Gesprächen immer wieder zurückkommen werden: *Alle* Lehrer, über die wir hier sprechen werden, waren vom Nondualismus überzeugt. Sie wussten, dass allein die Wahrheit des Einsseins wahr ist und nichts anderes – Punkt. Was dann aber *immer* passiert, ist, dass ein paar Schüler diese Lehren hernehmen und sie auf den Dualismus übertragen. Ist die Wahrheit erst einmal angetastet worden, geht sie in die

Traumwelt und wird zu etwas, was nicht mehr der Wahrheit entspricht. Das wiederholt sich seit Jahrtausenden – allein in dem laufenden aktuellen Geschichtszyklus – immer von Neuem, weil die Wahrheit für das Ego zu bedrohlich ist.

Das Ego ist richtig gut darin, die Wahrheit zu verändern, ob es sich nun um den Vedanta, Laotse, Buddha oder *Ein Kurs in Wundern*® handelt. Die einzige Lösung, die es für dieses Problem gibt, ist das, was wir seit den Neunzigerjahren predigen: du musst das Ego aufheben, sonst wird das Ego weiterhin die Wahrheit aufheben. Es kann nicht anders und tut eben das, was ein Ego tut. Es kämpft um sein Überleben. Natürlich ist den Schülern und Lehrern nicht bewusst, dass sie die Wahrheit verändern. Das funktioniert wie eine Projektion. Sie wissen gar nicht, dass sie das tun, sondern denken einfach, es sei richtig.

GARY: Und der Grund dafür ist unbewusster Widerstand gegen die Wahrheit?

ARTEN: Ja. Für die meisten Menschen bedeutet *Tao* »dein Weg«, aber gemäß Laotse muss das Wort auf zwei Ebenen verstanden werden: Auf der Ebene der Welt, bedeutet es tatsächlich »dein Weg«; doch auf übergeordneter Ebene bedeutet es die Wahrheit, das Einssein jenseits der Illusion.

GARY: Würde er das »Gott« nennen?

ARTEN: Nein. Wie du von deinen Besuchen her weißt, haben es die Chinesen mit Gott nicht so. Für einen Taoisten ist die Wahrheit einfach die formlose Wahrheit. Erst nachdem *Ein Kurs in Wundern*® und reiner Nondualismus auf den Plan getreten waren, wurde das perfekte Einssein Gottes als einzige Realität – die höchste Wahrheit – anerkannt. Natürlich gab es hier und dort immer wieder Meister, die um die höchste Wahrheit wussten, aber sie waren nicht berühmt, und die meisten hatten auch gar kein Interesse daran.

GARY: Das habe ich mich auch schon immer gefragt, ich meine, wenn du diese Welt wirklich als Traum und dich als Träumer erlebst, warum solltest du Interesse daran haben, dass irgendjemand weiß, dass du erleuchtet bist?

PURSAH: Das ist ein guter Punkt, aber manchmal ist es zu Lehrzwecken sehr hilfreich, von der eigenen Wahrnehmung Zeugnis abzulegen.

GARY: Du meinst, so wie Buddha sagte: »Ich bin wach.«

PURSAH: Ja, und wo wir gerade von Buddha sprechen: Seine und Laotses Lehren ähnelten sich. Manche Dinge werden Buddha zugeschrieben, obwohl sie zuerst Laotse gesagt hat, und andere Dinge, die tatsächlich Buddha später gesagt hat, werden heute Laotse zugeschrieben. Auf jeden Fall ist Buddha letztlich über Laotses Ansatz hinausgegangen.

GARY: Wie das?

PURSAH: Wir erzählen dir später mehr über Buddha, aber vorher wollen wir noch auf einen Unterschied zwischen ihm und Laotse hinweisen, der uns hilft, die Erfahrung zu erklären, die J und Buddha in ihrem Leben mit Laotse machten. Laotse war in dem Sinne ungewöhnlich, dass er, obwohl er verstand, was Nondualismus ist, ein Asket war und von seinen Schülern ebenfalls verlangte, asketisch zu leben. Das führte dazu, dass seine Schüler eher eine Art Semidualismus als Nondualismus wahrnahmen, denn wenn wir glauben, wir müssten uns weltliche Freuden versagen, verleihen wir der Illusion durch unseren Widerstand Realität.

GARY: Das ist genauso, wie wenn wir denken, wir müssten etwas aufgeben: Wir machen es in unserem Geist dann ebenso real, als wenn wir es begehrten.

PURSAH: Exakt. Gleichwohl war es Laotse, der als erster lehrte, dass Begehren zu Leid führt. Und er dachte, wenn seine Schüler auf weltliche Dinge verzichteten, würde es ihnen helfen, das Begehren aufzugeben. Er sprach sich auch sehr gegen ein Engagement in der Welt aus, zum Beispiel sagte er: »Weil der Weise nichts tut, zerstört er niemals etwas.«

GARY: Na endlich! Eine Superentschuldigung fürs Abhängen.

PURSAH: Nun, Buddha, der sowohl von Laotse als auch vom Vedanta beeinflusst war, hat zweihundert Jahre später genau dasselbe geglaubt; doch indem er es auch gelebt hat, wurde ihm eine wichtige Offenbarung zuteil: Wenn wir dem Leid dadurch entkommen wollen, dass wir auf das, was wir begehren, verzichten – was man als Hauptziel sowohl des Taoismus wie auch des Buddhismus betrachten kann – und unser Leben nach diesem Extrem ausrichten, gelangen wir noch weniger zu Klarheit. Außerdem stellt es einen ohnehin nicht zufrieden. So entschied er sich letzten Endes für die »die goldene Mitte«. Indem er die Askese, in der er mit seinen Nachfolgern jahrelang gelebt hatte, aufgab, machte er deutlich, dass man die Welt, wenn sie nicht real ist, gar nicht aufgeben muss. Andererseits sollte man aber auch nicht in weltlichen Genüssen und orgiastischen Versuchungen schwelgen, um die Welt dadurch erträglicher zu machen. In anderen Worten: sei normal! Von dieser Position aus ist es am einfachsten, die Wahrheit in der von uns wahrgenommenen Illusion auf effektive Weise umzusetzen, denn dann können wir am klarsten denken und haben normale Situationen zur Verfügung, auf die wir die Lehren auch wirklich anwenden können. Beachte, dass ich nicht *einfache* Situationen gesagt habe, sondern *normale* Situationen. Es gibt sehr schwierige Situationen im Leben, zum Beispiel wenn ein geliebter Mensch stirbt. Aber sei auch dann normal und trauere, wenn du Zeit zum Trauern brauchst. Iss, wenn du hungrig wirst. Und wenn du krank bist, nimm deine Medizin, oder tu, was auch immer dir hilft.

Es gibt die Ebene des Geistes und die Ebene des Traums. Sie sind wie Äpfel und Birnen. Wir müssen die Traumwelt nicht ändern, sondern einfach nur die Art und Weise, in der wir sie betrachten. Der Unterschied liegt darin, ob man als Ursache oder Auswirkung zugegen ist. Unser Job ist es, uns um die Ursache zu kümmern. Wenn wir das tun, kümmert sich die Auswirkung um sich selbst.

ARTEN: Auch wenn Laotse in seinen Unterweisungen nicht immer perfekt war, war er selbst ein Meister und durchschaute zweifellos die Listen des Egos. In jungen Jahren zum Beispiel kommt es uns vor, als sähen wir alles zum ersten Mal, und denken, das sei auch wirklich so. Der Schleier des Vergessens ist so dicht, dass alles neu erscheint, und gewisse Dinge unser Interesse wecken oder uns faszinieren. Es ist aber nur ein Trick des Egos, diese Dinge so wichtig erscheinen zu lassen, damit fängt es uns ein. Tatsächlich aber ist, wie es im später erschienenen Kurs beschrieben wird, das Drehbuch längst geschrieben, doch das ist uns zu diesem Zeitpunkt noch nicht klar. Wir denken einfach, alles sei real und bewunderungswürdig.

GARY: Ja, ich erinnere mich noch, wie ich als Dreijähriger im Hause meines Cousins war. Da gab es eine Vitrine. Und auf einem Regalbrett hinter der Vitrine lag ein glänzender blauer Ballon. Ich war absolut begeistert von diesem Ballon und wollte ihn unbedingt haben.

ARTEN: Ist es nicht erstaunlich, dass so ein einfaches Ding uns so viel bedeuten kann? Und denk nur: Das hört niemals auf. Die Dinge werden nur komplexer, und selbst wenn es nur Hobbys sind, erscheinen sie uns sehr wichtig.

GARY: Das stimmt. So wie damals, als mein Vater mich und meinen Bruder Paul zum ersten Mal in den Fenway Park mitnahm. Ich war sieben Jahre alt und wir lebten in New Hampshire. Wir hatten den Red Sox jahrelang in unserem Schwarz-Weiß-Fernseher zugesehen, doch live hatte ich sie noch nie erlebt. Dann liefen wir den Gang hinunter und erblickten Fenway zum ersten Mal, und ich war total fasziniert und erstaunt, wie grün das Gras und die Mauern waren und wie bunt alles andere. Ich war angefixt. Letztlich bin ich über die Jahre hinweg sicherlich hunderte Male dort gewesen und wäre bestimmt noch öfter hingegangen, wenn ich in Boston gelebt hätte.

ARTEN: Solche Dinge, die einen ein Leben lang faszinieren, begleiten uns in unseren Drehbüchern, Gary, und das ist kein Zufall. Die Frage ist nur, wozu dienen sie?

GARY: Naja, die Red Sox hatten seit 1918 kein Finale mehr gewonnen, bis ich ihnen vergeben habe.

ARTEN: Ich weiß nicht, ob du dir den Finalsieg auf deine Fahne schreiben darfst, es sei denn auf höherer Ebene, aber du hast gewiss davon profitiert, dass du ihnen vergeben hast.

PURSAH: Aufgrund des Schleiers haben wir immer wieder das Gefühl, etwas Neues zu erleben, auch wenn wir älter werden. Die Leute tun so, als seien sie die ersten, die jemals ein Kind bekommen hätten, und machen sich nicht klar, dass auch wenn dieses jetzt gerade ihr erstes Kind ist, es nicht das erste Mal ist, dass sie überhaupt eines bekommen haben. Es liegt nur an ihrer Vergesslichkeit, dass sie sich nicht an all die anderen Familien erinnern können, die sie während ihrer Tausenden von Traumleben hatten.

GARY: Das Ego will uns also glauben machen, dass bestimmte Beziehungen essentiell sind. Das beginnt mit der Familie und geht immer so weiter.

PURSAH: Genau. Und in dem Leben, von dem wir im Moment sprechen, standen J und Buddha in einer Beziehung zueinander, auch diesmal wieder von Kindesbeinen an. Aber sie waren keine gewöhnlichen Kinder. Aufgrund ihrer vorherigen schintoistischen Praxis war ihr Geist bereits weiterentwickelt als der der meisten Menschen, die sich nicht sonderlich für das Unsichtbare interessieren. Tatsächlich waren sie das, was wir *Medium* oder *Hellseher* nennen.

GARY: Als Kind fühlte ich mich nie wie ein Medium. Ich glaube, ich gehörte zum Mittelmaß.

PURSAH: Wie gesagt, waren sie einzigartig – nicht besonders, sondern einzigartig in ihrer Fähigkeit, Zeit einzusparen. Und das führte dazu, dass sie zur rechten Zeit am rechten Ort waren.

GARY: Wartet. Eine kurze Frage, bevor wir weitermachen. In wie vielen Leben haben die beiden Kerle sich gekannt?

PURSAH: Sie waren nicht immer Kerle, aber es waren ungefähr vierzig Leben. Wir erzählen dir nur von den sieben wichtigsten.

GARY: Vierzig! Das ist eine ganze Menge, oder?

ARTEN: Nun, nicht wirklich. Es gibt Wesen, die dir mehrere hundert Male in deinen Tausenden von Traumleben begegnet sind. J und Buddha hatten nicht so viele Leben wie du, weil sie das nicht nötig hatten, und der Grund, warum dir ihre Beziehung so wichtig erscheint, liegt darin, dass sie berühmte Menschen kannten und selbst spirituelle Meister waren. Dafür gibt es einen guten Grund. Vergiss nicht, dass sie im Gegensatz zu anderen nicht an den Traum glaubten. Und aus diesem Grund waren sie auch bereit für Menschen, die ihrerseits bereit waren, sie zu unterweisen.

GARY: Das heißt, wenn der Schüler bereit ist, wird der Lehrer erscheinen.

ARTEN: Ja, und umgekehrt.

PURSAH: Zu dieser Zeit und an diesem Ort war China vielfältiger, als du es dir vorstellen kannst. Zum Teil lag das daran, dass China so groß ist. In den Geschichtsbüchern ist nur ein kleiner Teil seiner Geschichte verzeichnet, und es macht keinen Sinn, dass wir uns hier genauer damit befassen. Für unsere Zwecke ist nur die Wahrheit wichtig, und sie dafür zu nutzen, um aus dem Traum zu erwachen.

Wenn wir von nun an von Buddha sprechen, werden wir es uns manchmal einfach machen und ihn kurz B nennen. Die Namen von J und B in dieser Zeit waren Shao Li, eine Frau, und Wosan, ein Mann. Sie waren Nachbarn und besaßen beide mediale Fähigkeiten, was ihre Familien nicht gerade glücklich machte, denn sie hatten Angst, dass ihre Kinder stigmatisiert und ausgelacht werden würden, oder Schlimmeres. Doch die Haltung der Eltern änderte sich, als sich die Fähigkeiten der Kinder herumsprachen und wohlhabende Familien zu ihnen kamen, um sich Rat zu holen. Diese Familien zahlten mit Gold, und die Eltern, die nicht reich waren, schlugen diese Gelegenheiten nicht aus. Die Kinder erzählten den

Familien Dinge, von denen die Kinder nichts wissen konnten, daher erkannten die Familien, dass ihre Fähigkeiten echt waren. Dann erklärten Shao Li und Wosan ihnen, was sie unternehmen sollten, um zu erlangen, was sie sich wünschten.

GARY: Und war Shao Li später J und Wosan B?

PURSAH: Richtig. Nun, die Menschen selbst haben sich in 2.600 Jahren wenig verändert, nur das Umfeld. Die Menschen, die die Kinder befragten, wünschten sich Geld, Erfolg, Ruhm und vor allem Liebe. Und die Kinder konnten die Menschen tatsächlich ziemlich gut dahinführen. Wenn sie gewollt hätten, dann hätten Shao Li und Wosan für den Rest ihres Lebens »ausgesorgt gehabt«, wie es so schön heißt.

Doch die Geschichte ging weiter. Die befreundeten Kinder Shao Li und Wosan wuchsen zu Jugendlichen heran und verliebten sich ineinander. Sie stellten fest, dass sie mehr wollten als die Art von Leben, das sie damals führten. Vielleicht waren ihre Eltern relativ glücklich, aber sie selbst waren es nicht. Sie wussten, dass es mehr gab, viel mehr: mehr zu lernen, mehr zu erfahren und etwas, das wichtiger war, als das, was die materielle Welt zu bieten hatte. Monatelang planten sie auszureißen. Dann, eines Nachts, nahmen sie alles mit, was sie konnten – auch Gold –, und liefen sehr weit fort.

Dann heirateten die beiden und zogen weiter umher. Zuerst fühlten sie sich wie Fische, die aufs Land geworfen worden sind, probierten dieses und jenes aus und versuchten, in jeder Stadt Fuß zu fassen, in die sie kamen. Aber nachdem ungefähr ein Jahr vergangen war, hörten sie von einem Lehrer, der die »Geheimnisse des Lebens« kennen sollte und Menschen zur Erlösung führen konnte. Shao Li und Wosan waren begeistert. Mit ihrer gut ausgebildeten Intuition wussten sie, dass sie zu diesem Mann gehen und von ihm lernen sollten.

Dieser Mann war Laotse. Die meisten Lehrer und traditionellen Lehren der damaligen Zeit akzeptierten keine weiblichen Schüler, nicht so Laotse. Er nahm die beiden Neuankömmlinge beiseite und sprach mit ihnen. Er erklärte ihnen, dass sie, wenn sie ihm folgen wollten, alle weltlichen Besitztümer und jegliche Anhaftung an ihre alten Glaubenssätze aufgeben müssten, und ihnen letztlich auch abverlangt werden würde, vom Begehren abzulassen. Ob sie bereit seien, diese Art von Leben anzunehmen?

Sie waren es. Sie vertrauten auf ihre innere Weisheit, aber sie wussten nicht, ob sie für immer so leben wollten. Laotse erwartete zwar Verbindlichkeit, doch Shao Li und Wosan wollten zunächst herausfinden, ob es wirklich diese Art von Leben war, nach der sie gesucht hatten. Sie hatten schon Jahre in Unzufriedenheit verbracht und waren nicht bereit, das zu wiederholen. Sollte das mit Laotse nicht funktionieren, würden sie weiterziehen. Allerdings legten sie ein gewisses Maß an Verbindlichkeit an den Tag, indem sie das Gold, das ihnen geblieben war, ohne Aufhebens an Bettler verteilten. Dabei nahmen sie die Bettler beiseite und gaben ihnen kleine Beträge, um keine Szenen oder Unruhen zu verursachen.

ARTEN: Es braucht eine Weile, bis man sich daran gewöhnt hat, als Asket zu leben. Wenn man daran gewöhnt ist, regelmäßig zu essen, kann der Hunger anfangs groß sein, Shao Li und Wosan vermissten das üppige, schmackhafte Essen, das sie gewohnt waren, ebenso wie die zahlreichen Annehmlichkeiten, die sie sich zuvor hatten leisten können. Aber der Meister lehrte sie viel über das Wesen der Welt, die, wie er sagte, vollkommen illusorisch sei. Er machte keinen Hehl daraus, dass *alles* nur ein Ergebnis von Egotricks war.

Gelegentlich nahm Laotse einen von ihnen zur Seite, um mit ihm zu sprechen. Eine derartige Gelegenheit galt unter den Schülern als Privileg. Wir haben dir solch ein Gespräch, das er mit Shao Li führte, ins Englische übersetzt. Darin wirst du auch manches wiederfinden, was Laotse im *Tao Te King* schreibt. Natürlich wurde, wie andere Überlieferungen und Lehren, auch das *Tao Te King* immer wieder neu interpretiert und verändert.

LAOTSE: Was ein Mensch sieht, stammt von ihm selbst her, das heißt seinem Geist, und ist nichts, was ihm geschieht, auch wenn die meisten Menschen das so wahrnehmen. Fast alle Lebewesen sehen sich als Opfer einer Welt, die außerhalb ihrer selbst liegt; und wenn die Welt außerhalb von ihnen läge, dann *wären* sie auch Opfer. Aber die Vorstellung einer Welt der Vielheit ist nicht außerhalb von uns, sondern in uns, und wird dann als außerhalb wahrgenommen. Die Vorstellung hat den Geist nicht verlassen, sondern ist immer in ihm geblieben. Und das ist der einzige Ort, an dem sie geändert werden und das Problem wahrhaftig angepackt werden kann.

Die Wahrheit ist das Tao, und das Tao ist Eins. Es ist ungeteilt. Es kollidiert nicht mit anderen Dingen oder macht Lärm. Es *ist* einfach. Es genügt, dass es *ist.* Und auch für dich genügt es zu sein.

SHAO LI: Meister, warum wirkt die Illusion so real, wenn sie doch nicht wirklich ist?

LAOTSE: Tatsächlich wirkt sie real, aber das tun auch die Träume, die du nachts in deinem Geist hast. Aber macht sie die Tatsache, dass sie real wirken, real? Nein. Was sie real macht, ist dein Glaube an sie: dein unerschütterlicher Glaube an die Trickserei des Egos und die daraus resultierende Farce des Lebens. Für jeden kommt die Zeit, ins Einssein zurückzukehren, aber bleiben kannst du dort nur, wenn du selbst den Zustand des Einsseins erreicht hast.

Der Weg ist leer und enthält doch alles. Worte können das nicht beschreiben. Man sollte besser in sich selbst danach suchen gehen. Die Antwort wartet auf Jene, die ohne Begehren sind.

SHAO LI: Aber Meister, wie soll ich ohne Begehren sein?

LAOTSE: Es gibt kein »aber«. Würdest du nicht an sie glauben, könnte dich die Welt nicht mit Begehrlichkeiten verführen. Übe Verzicht, und du wirst sehen, dass deine Glaubenssätze sich verwandeln.

SHAO LI: Wenn all dies in meinem Geist ist, warum soll ich dann mein Verhalten ändern? Warum nicht einfach nur meinen Geist?

LAOTSE: Eine ausgezeichnete Frage, helles Köpfchen, aber sei auf der Hut vor zu viel Klugheit. *Kannst* du deinen Geist denn einfach so verändern? Das gelingt nur mit Disziplin. Und Geistesdisziplin fällt leichter, wenn man auch sein Verhalten diszipliniert. Disziplin im weltlichen Verhalten gründet auf Gewohnheiten, genauso verhält es sich mit mentaler Disziplin. Du musst dir die richtigen Dinge angewöhnen. Indem du die Welt in deinen Taten aufgibst, gibst du auch deinen Glauben an sie auf. Das wiederum wird dir helfen, dich von Begehren und damit von Leid zu befreien. Wenn du frei von Leid bist, wirst du Frieden finden. Da Einssein Frieden ist, bist du so besser vorbereitet, in es zurückzukehren. Die Welt und ihre Illusionen werden keine Macht mehr über dich haben.

ARTEN: Hier erkennt man Laotses Logik, zugleich aber lässt er seine Schüler eine Phase durchlaufen, in der sie denken, dass sie Dinge aufgeben müssen, um von ihnen frei zu sein. Doch wenn sie denken, sie müssten Dinge aufgeben, dann macht genau das diese Dinge in ihrem Geist real und hält sie davon ab, den Glauben an diese Dinge aufzugeben.

GARY: Und aus diesem Grund hat Buddha schließlich den Mittelweg empfohlen, der nicht zu weltlich, aber auch nicht zu sehr auf Verzicht ausgerichtet ist?

ARTEN: Genau. Abgesehen davon bin ich sicher, dass du weißt, dass es nicht leicht wäre, die Welt vollständig aufzugeben.

GARY: Nein, das wäre es nicht, aber es wäre billiger.

ARTEN: Auf jeden Fall bestand das Ziel eigentlich darin, die geistige Bindung an die Welt aufzugeben. Gemäß Laotse war das Aufgeben der materiellen Welt nur ein Sprungbrett dafür. Ehre also, wem Ehre gebührt. Laotse hatte einen großen Einfluss auf Buddha und alles, was auf den Taoismus folgte, angefangen bei unserem Freund

Wosan bis hin zum Buddhismus, Platonismus, Gnostizismus, zu J und bis zu einem gewissen Grade auch zum Christentum, bevor es zu einer römischen Farce wurde. Laotse verstand und lehrte Nondualismus, auch wenn es nicht jeder mitbekam.

PURSAH: Laotse und manche seiner Texte im *Tao Te King* sprechen mit Nachdruck von Moral, doch muss man wissen, dass das darauf abzielte, das Ego zu zähmen. Aus diesem Grund betrachtete er Demut als Grundpfeiler wahrer Moral.

Hier ein Gespräch zwischen Laotse und Wosan.

LAOTSE: Du musst so demütig sein, dass du fähig bist, dich vor einem Kind zu verneigen. Du selbst, verzichte auf Respekt. Du brauchst keinen. Denke nicht, dass du irgendetwas bräuchtest. Etwas zu brauchen, heißt, dessen Gefangener zu sein. Nichts zu brauchen, bedeutet, reich zu sein, denn du besitzt bereits alles, was du brauchst.

WOSAN: Wie weiß ich dann, was ich zu tun habe?

LAOTSE: Es gibt nichts, was du zu tun hättest. Das Tao ist Leere. In deinem illusorischen Leben bedeutet leer zu sein, dass du keine Pläne verfolgst. Die Illusion ist bedeutungslos. Wieso solltest du Pläne schmieden für etwas, das bedeutungslos ist?

WOSAN: Warum versuche ich dann, mich davon zu befreien?

LAO-TZU: Genau.

GARY: Das hat etwas von einem *Koan*.

ARTEN: Ja, und das war lange, bevor es etwas gab, das man Zen nannte. Laotse wusste, dass jeder Schüler viele Phasen durchläuft, die alle vorübergehend sind. Du hast allein schon in diesem Traumleben so einige Phasen durchlaufen. War irgendeine davon von Dauer?

GARY: Nein. Meiner Erfahrung nach dauern die Phasen auf dem Weg zwischen sechs und neun Monaten, selten einmal mehr als anderthalb Jahre. Niemals zwei Jahre. Manche davon sind gute Phasen und machen sogar Spaß, aber manche davon sind wirklich hart.

ARTEN: Nun. In diesem Leben durchliefen auch Shao Lin und Wosan unterschiedliche Phasen und machten auch ein paar Erfahrungen, die man als Gipfelerfahrungen bezeichnen könnte. Du hattest auch schon welche, richtig?

GARY: Ja, aber ich denke, ich habe den Höhepunkt zu früh erreicht.

PURSAH: Meditation gehörte zu den täglichen Pflichten von Laotses Schülern. Ziel dabei war es, absolute Geistesstille zu erlangen, so dass man am Ende keinerlei störende Gedanken mehr hatte. Auf diese Art wird der Geist friedlicher.

GARY: So wie ich das verstanden habe, kann man nicht allein durch Meditation Erleuchtung finden. Stimmt das?

ARTEN: Ja, aber lass' uns nicht zu weit vorausgreifen. Es ist durchaus hilfreich, den Geist zu beruhigen. Es hilft dem Geist, sich auf das vorzubereiten, was er zu lernen hat. Aber am meisten lernt man mit Hilfe eines Denksystems. Obwohl Laotses Denksystem ein gutes war, führte es doch nicht bis ganz nach Hause. Wir werden später noch genauer erklären, warum ein Denksystem so wichtig ist.

PURSAH: Eines Tages saß Wosan auf einem Hügel und meditierte. Wie du weißt, ist China ein hügeliges Land. Es gibt dort nicht so riesige Ackerflächen wie in Amerika.

GARY: Deswegen verarbeiten sie zu Essen, was sie nur kriegen können. Ich habe dort Hühnerkrallen, Entenzunge und Schweineblut vorgesetzt bekommen und alles einmal probiert, abgesehen von Affenhirn. Auch ich habe moralische Grundsätze, wie ihr wisst.

PURSAH: Wosan begann, das Bewusstsein für seinen Körper zu verlieren. Dieser begann zu verschwinden, bis er schließlich unsichtbar war. Sein Bewusstsein breitete sich aus, und er war nicht mehr von dem Raum begrenzt, den er zuvor eingenommen hatte. Er konnte die Welt weiterhin sehen, aber nichts in ihr schien mehr größer als er selbst zu sein. Die Welt ging von ihm aus und kam nicht auf ihn zu. Er war nicht länger mehr Körper, sondern Geist, und sah mit dem Geist und nicht mehr mit den Augen des Körpers. Er war schwerelos und in Ekstase. Während er sich immer weiter ausbreitete, erkannte er, dass dieser Zustand weitaus wahrhaftiger war. Der Grund dafür, dass er sich so klein gefühlt hatte, lag darin, dass er geglaubt hatte, er sei sein Körper, doch nun wusste er, dass er das nie wieder würde glauben können.

GARY: Das ist eine tolle Erfahrung. Ich kann mir vorstellen, dass er Schwierigkeiten hatte, sie in Worte zu fassen?

ARTEN: Oh ja. Gipfelerfahrungen befinden sich jenseits von Worten, genauso wie sich die Wahrheit jenseits von Worten befindet. Ich unterscheide diese beiden, denn, wie wir sehen werden, liegt die wirkliche Wahrheit noch um eine ganze Ebene weiter jenseits von Wosans Erfahrung. Aber es war auf jeden Fall ein Schritt in die richtige Richtung.

PURSAH: Wosan versuchte, Shao Lin und Laotse seine Erfahrung so gut wie möglich zu erklären. Sie erkannten seine Aufrichtigkeit und freuten sich für ihn. Shao Li und Wosan liebten einander sehr und unterstützten sich, wann immer es ihnen möglich war.

GARY: Hatten sie Sex?

PURSAH: Ja, sie hatten eine normale Beziehung, aber sie waren nicht besessen davon. Es war nur eine Möglichkeit unter anderen, sich ihre Liebe zu zeigen. Doch vor Laotse mussten sie das geheim halten, denn der verlangte von jedem Schüler, der zu seinen Jüngern gehören wollte, Askese.

ARTEN: Wosan hatte noch weitere Gipfelerfahrungen, und Shao Li ebenfalls. Einmal schliefen die beiden draußen unter den Sternen, als sie plötzlich erwachte. Sie schaute auf und begann, den Mond, die Sterne und all die Geräusche in der Dunkelheit in sich aufzusaugen. Sie fühlte sich von nichts im Universum mehr getrennt, sondern so, als *sei* sie das Universum. Sie war überall. Die Grenzen von Zeit und Raum waren durchbrochen, und sie fühlte das Einssein von allem. Nichts war beständig, alles war austauschbar. Auch wenn diese Wahrnehmung allmählich wieder verblasste, betrachtete sie von nun an das Universum nie wieder wie zuvor.

PURSAH: Es gibt Erfahrungen, die jeder Suchende irgendwann in irgendeinem Leben macht. Selbst wenn du dich auf den Weg gemacht hast, wirst du sie vielleicht nicht in diesem Leben machen. Vielleicht hast du solche Erfahrungen aber auch schon in anderen Leben gemacht und sollst in diesem Leben den Fokus auf ganz bestimmte Lerninhalte legen – und nicht Erfahrungen wiederholen, die du bereits hattest. Aus diesem Grund sollte niemand seine Erfahrungen mit denen anderer Menschen vergleichen. Kein Schritt auf dem Weg geschieht zufällig, und so ist es auch mit den Erfahrungen, die wir auf unserem Weg machen oder scheinbar nicht machen.

GARY: Haben unsere Freunde dann den Rest ihres Lebens mit Laotse verbracht?

ARTEN: Nein. Sie folgten ihm fast sechs Jahre lang und waren dabei fast immer unterwegs. Nach reichlicher Überlegung beschlossen sie dann, einen anderen Weg einzuschlagen. Sie brachten ihren ganzen Mut auf, um es Laotse zu sagen. Sie wollten nicht einfach verschwinden, sondern ihm danken; und das taten sie auch. Zwar hatten sie in kurzer Zeit viel gelernt, aber sie spürten, dass sie nun alleine gute Fortschritte erzielen konnten. Er hatte sie mit der Nondualität vertraut gemacht, und sie waren bereit, den Ball aufzufangen und sich selbst damit zu versuchen. Außerdem hatten sie beschlossen, Kinder zu bekommen.

GARY: Bekamen sie welche?

ARTEN: Ja. Vier, wobei eines noch im Kindesalter starb.

PURSAH: Als Schintoisten waren unsere beiden Freunde vom Semidualismus über den Taoismus zum Nondualismus gelangt. Aber durch ein Nadelöhr kommt man nicht leicht hindurch. Alles muss vergeben werden, und die meisten Erfahrungen, die wir Menschen immer wieder durchlaufen, stellen nichts weiter als eine Art Klassenzimmer dar, in dem wir mit Hilfe sich wiederholender Gelegenheiten lernen sollen, denjenigen vollständig zu vergeben, mit denen wir immer wieder von Neuem in Kontakt kommen.

Obwohl J später zu demjenigen wurde, der diese vollständige Vergebung lehrte, wurde er von den meisten nicht verstanden. Heute verstehen mehr Menschen seine tiefgründigen Erklärungen.

ARTEN: Wir werden uns weiterhin damit befassen, was Nondualismus ist, und dann zum reinen Nondualismus gelangen. Inzwischen vertrauen wir darauf, dass du wie bisher in deinem Geist mit J sprechen und von ihm lernen wirst. Du hast wirklich ein enges Verhältnis zu ihm, nicht wahr?

GARY: Klar. Ohne Jesus gäbe es ja niemanden, zu dem ich aufschauen könnte.

PURSAH: Wenn wir wiederkommen, werden wir zwei Leben betrachten, während derer sich J und B als Hindus kannten. Der Hinduismus ist ein klassisches Beispiel dafür, wie aus Nondualismus Dualismus wird. Gleichwohl haben manche aufgrund dessen, was sie daraus lernten, und vor allem der Art, wie sie das Gelernte anwendeten, auf den Heimweg gefunden. Mach‘s gut. Ach, und Luna war sehr lieb. Vergiss nicht, ihr ein Leckerli und Kuscheleinheiten zu geben.

Damit waren sie fort, auch wenn sie niemals wirklich fort waren.

KAPITEL 3

In Zeiten des Hinduismus

Es gibt zwei ewige Pfade. Der eine ist hell, der andere dunkel. Der erste führt zur Befreiung aus dem Rad von Tod und Wiedergeburt. Der andere führt dich wieder hierher zurück. Das Wirkliche ist ewig. Das Unwirkliche existiert nicht.

– Bhagavad Gita

Als ich dieses Zitat aus der *Bhagavad Gita* vor vielen Jahren zum ersten Mal auf einem spirituellen Kongress hörte, kam ich nicht umhin festzustellen, dass es nur zwei Dinge gibt, zwischen denen man sich entscheiden muss. Mehr nicht. Es gibt nur zwei Pfade, und jeder von ihnen führt zu einem ganz bestimmten Ergebnis. Mir gefiel die Einfachheit dieser Aussage. Ich hatte auch gehört, dass der altehrwürdige hinduistische Advaita Vedanta deshalb so heißt, weil es so viel wie »das Ende des Wissens« bedeutet. Das fand ich ziemlich cool. Die meisten westlichen Ansätze rühmen sich ihres enormen Wissens, hier hingegen wurde das Ende des Wissens als etwas Gutes betrachtet! Mein Interesse war geweckt.

Erst viele Jahre später fand ich heraus, dass diese Ideen mit etwas in Zusammenhang standen, was man Nondualismus nannte. Zu Beginn meiner spirituellen Reise hatte ich nicht einmal gewusst, was das war.

Die Worte Laotses erinnerten mich an etwas, was Cindy einmal gesagt hat: »Ich muss nichts tun, aber alles sein.« Das fand ich brillant. Aber Cindy wäre die erste, die sagen würde, dass das nicht unbedingt bedeuten muss, dass man nichts tut. An einer Stelle in *Ein Kurs in Wundern*® heißt es: »Ich brauche nichts zu tun.«[1] Viele Schüler verstehen das falsch und denken, es würde bedeuten, dass man überhaupt nichts mehr *tun* soll. Das wird im Kurs aber als »*Verwechslung der Ebenen*« bezeichnet. Das Entscheidende an dieser Aussage aber ist, dass man nichts tun *muss*. Man *muss* nicht. Wenn wir denken, wir müssten, impliziert das eine Identifikation mit dem Körper. Es ist also entscheidend, das Zitat in seinem Gesamtkontext zu lesen und dabei auch den wichtigen Zeitspar-Aspekt der Vergebung, die der Kurs lehrt, im Auge zu behalten:

> *Wenn der Friede endlich zu denen kommt, die mit der Versuchung ringen und dagegen kämpfen, der Sünde nachzugeben; wenn das Licht schließlich in den Geist kommt, der sich der Kontemplation hingibt; oder wenn das Ziel schließlich von irgendjemandem erreicht wird – dann geht es stets mit nur der einen glücklichen Erkenntnis einher: »Ich brauche nichts zu tun.«*
>
> *Hier ist die letztliche Befreiung, die ein jeder eines Tages auf seine Weise und zu seiner Zeit finden wird. Du brauchst diese Zeit nicht. Zeit ist für dich eingespart worden, weil du und dein Bruder zusammen seid. Das ist das besondere Mittel, das dieser Kurs anwendet, um dir Zeit zu ersparen. Du wendest den Kurs nicht an, wenn du darauf beharrst, Mittel zu benutzen, die anderen gute Dienste geleistet haben, und das vernachlässigst, was für* dich *gemacht ward. Spare Zeit für mich nur durch diese eine Vorbereitung, und übe dich darin, nichts anderes zu tun. »Ich brauche nichts zu tun« ist eine Aussage der Treue, einer wahrhaft ungeteilten Loyalität. Glaube nur einen Augenblick daran, und du wirst mehr erreichen, als einem Jahrhundert der Kontemplation oder des Kampfes gegen die Versuchung zuteil wird.*
>
> *Irgendetwas zu tun bezieht den Körper ein. Wenn du begreifst, dass du nichts zu tun brauchst, hast du den Wert des*

> *Körpers aus deinem Geist abgezogen. Hier ist die schnelle, offene Tür, durch die du an Jahrhunderten der Anstrengung vorbeischlüpfst und der Zeit entrinnst.*[2]

Und weiter heißt es:

> *Nichts tun heißt ruhen und einen Ort in dir schaffen, an dem die Aktivität des Körpers aufhört, Aufmerksamkeit von dir zu fordern. An diesen Ort kommt der HEILIGE GEIST, und dort weilt ER. ER bleibt auch dort, wenn du vergisst und wenn die Aktivitäten des Körpers wiederkehren, um dein Bewusstsein zu besetzen.*
>
> *Doch wird es diesen Ort der Ruhe immer geben, zu dem du wiederkehren kannst. Du wirst dir dieser ruhigen Mitte im Sturm stärker bewusst sein als seiner ganzen tobenden Aktivität. Diese ruhige Mitte, in der du nichts tust, wird bei dir bleiben und dir mitten in jedem geschäftigen Tun, in das du ausgesandt wirst, Ruhe geben.*[3]

Im einem nondualistischen Zustand, das verstand Laotse, wurde weder irgendeinem Teil der Illusion Wirklichkeit zugestanden noch enthielt die Wahrheit irgendeine Illusion. Wahrheit und Illusion schlossen sich gegenseitig aus, eine Tatsache, die fast alle übersehen. Stattdessen, so erzählten meine Lehrer, versuchten die Menschen immerzu, die Illusion oder zumindest Teile davon wahr zu machen. Dazu gehörte auch der Versuch, jemanden, den die Menschen für den oder die Schöpfer des Universums hielten, in die Illusion einzubringen, indem man diese Gottheit für es verantwortlich machte.

Ein weit verbreiteter New-Age-Glaube besteht darin, Gott habe das dualistische Universum erschaffen, um sich selbst wahrnehmen zu können. Der Wahnsinn, der sich in dieser Vorstellung verbirgt, wird fast nie in Frage gestellt. Es ist so, als würde man sagen, um die orgastischen Freuden der Sexualität erfahren und genießen zu können, müssten wir uns erst einmal in den Bauch schießen, damit wir eine dualistische Erfahrung zum Vergleich haben. Aber Gott ist nicht wahnsinnig. Die Wahrheit ist ein Zustand der Beständigkeit, und wie es im Kurs und in der *Bibel* heißt, ist Gott immer noch perfekte Liebe. Diese Traumwelt ist das Gegenteil von perfekt, die Wirklichkeit Gottes hingegen gewährt uns ein perfektes Zuhause, in das wir zurückkehren können. Um aber in diese reale Welt zurückkehren zu können, müssen wir erst einmal aus dieser hier aufwachen. Es gibt keine zwei realen Welten. Nondualistische Mathematik ist einfach, sie läuft stets auf Eins hinaus.

Seit dem Erscheinen meines dritten Buches *Die Liebe vergisst niemanden* auf Englisch im Herbst 2013 bin ich ständig in der Welt herumgereist und habe den Kurs gelehrt, die meiste Zeit davon mit Unterstützung von Cindy. Dabei fiel mir in meinen nächtlichen Träumen ein interessantes Phänomen auf. In *EKIW*® steht, dass alle im Geist verbunden sind. Das stimmt, weil es letztlich nur einen einzigen Geist gibt, wirklich nur einen von uns, der denkt, er sei hier. Aus diesem Grund gibt es auch mediale Phänomene. Ein gutes Medium besitzt die Fähigkeit, die scheinbar zersplitterten Teile des Geistes zusammenzufügen und so Botschaften und Informationen aufzufangen.

Während all der Jahre, in denen ich ständig unterwegs war, bemerkte ich, dass meine nächtlichen Träume von der Menge an Menschen in meiner Umgebung beeinflusst wurden. Wenn ich mich an einem ruhigen Ort wie beispielsweise in Cedar Rapids in Iowa befand, waren meine Träume für gewöhnlich friedlich und ruhig, es sei denn, jemand war in der Nähe, der sich gerade in einem konfliktreichen Zustand befand. War ich hingegen in einer großen Stadt wie Guangzhou in China, wo dreizehn Millionen Menschen leben, hatte ich sehr bewegte, chaotische Träume, in denen manchmal auch Gewalt vorkam. Während ich schlief, stellte sich mein Geist offensichtlich auf den Geist der Menschen in meiner Umgebung ein.

Dass unser aller Geist verbunden ist, hat die angenehme logische Folge, dass wir dann, wenn unser Geist ruhiger wird und mit dem Heiligen Geist auf rechtgesinnte Gedanken kommt, gar nicht anders können, als einen hilfreichen Einfluss auf Menschen um uns herum auszuüben. Der Kurs lehrt, dass allein die Anwesenheit eines Lehrers Gottes als Gedächtnishilfe wirkt. Auf einer ganz bestimmten Ebene dringen wir zum Geist der Menschen durch, ob wir uns dessen bewusst sind oder nicht. Das bedeutet nicht, dass wir ihre Vergebungsarbeit für sie erledigen können, sie müssen immer noch ihren Teil leisten, aber wir können ihnen die richtige *Richtung* zeigen.

Im Laufe der Geschichte gab es viele Schüler, die glaubten, sie könnten einfach dadurch Erleuchtung erlangen, dass sie bei ihrem Meister lebten und dessen oder deren Erleuchtung auf sie übergehen würde, so wie man sich einen Virus einfängt oder so. Das wäre nett. Leider funktioniert das nicht, weder vor 2.600 Jahren noch heute. Das Ego muss aufgehoben werden, und das verlangt Übung.

Das nächste Mal, als meine Aufgestiegenen Freunde auftauchten, sah ich mir gerade auf CNN und MSNBC die Nachrichten an und versuchte zu vergeben, was mir dort vor Augen kam. Es wurde mir dadurch erleichtert, dass die Nachrichten immer lachhafter wurden, fast wie ein Comicstrip. Ja, in dem illusorischen Film, den wir Leben nennen, gibt es schreckliche Tragödien, aber wir machen sie schmerzvoll, indem wir sie real machen. Arten begann das Gespräch.

ARTEN: Wie ich sehe, beschäftigst du dich gerade mit den Nachrichten. Das ist okay, solange du nicht vergisst, um was es dabei geht. Schließlich mögen wir ja alle diese Art von Zirkus.

GARY: Ich weiß. Ich kann nicht glauben, dass Donald Trump etwas Gutes bewirken kann.

ARTEN: Dann glaube es nicht.

GARY: Oh ja.

PURSAH: Heute lassen wir dich einen Blick auf einen sehr interessanten Abschnitt in J's und B's gemeinsamer Zeit als Hindus werfen. Das war für sie ein großer Schritt nach vorne. Später trafen sie sich auch als Buddhisten wieder, in der allerersten Anfangszeit dessen, was später der Buddhismus werden sollte. Du solltest dir klar machen, dass der Buddhismus in gewisser Weise dem Hinduismus ähnelt, nur ohne all die Götter. Der Monotheismus, also jener Glaube, dass es nur einen Gott gibt, verbreitete sich erst mit dem Judentum, und später dann mit dem Christentum und dem Islam. Übrigens haben alle diese Glaubensrichtungen denselben Gott: den Gott Abrahams. Aber vor diesen Religionen gab es mindestens eine Handvoll Götter für unterschiedliche Zwecke.

GARY: Wie die griechischen Götter.

PURSAH: Ja. Wahrscheinlich hatten die Hindus und die Griechen die allermeisten Götter, der Buddhismus hingegen konzentrierte sich auf den Geist. Wir werden dir später übrigens noch ein bisschen mehr über den Buddhismus erzählen. Weil wir aber jetzt über den Hinduismus reden wollen, solltest du wissen, dass der Buddhismus zunächst als Teil des Hinduismus, eine Art Sekte, betrachtet wurde, so wie das Christentum sich ursprünglich als Teil des Judentums betrachtete und nicht als etwas davon Getrenntes. Der Buddhismus fand in Indien auch nicht viel Zuspruch. Erst als er sich in China ausbreitete, nahm er, wie du es ausdrücken würdest, an Fahrt auf.

GARY: Ja, es ist harte Arbeit, einen Hit zu landen.

ARTEN: Ein Wort, das den Hinduismus und seine Geschichte gut beschreibt, ist »kompliziert«; deswegen werden wir auch nicht auf die vielen unterschiedlichen Bücher und Denkschulen eingehen. Die Hindus glauben, dass viele ihrer Götter, darunter auch Krishna, mindestens 3.200 Jahre zurückverfolgt werden können. Dafür gibt es zwar keine Belege, aber das ist ihr Glaube. Auch einige der Gedanken im Advaita Vedanta stammen aus vorgeschichtlicher Zeit. Vielleicht erinnerst du dich an das, was wir dir vor langer Zeit erzählt haben, nämlich dass die ursprünglich hinter dem Hinduismus stehende Idee nondualistisch gewesen war, von einigen Nachfolgern Shankaras aber fälschlicherweise dualistisch umgedeutet wurde; und wie es zu erwarten gewesen war, haben die meisten Hinduisten diese Interpretation schließlich übernommen. Übrigens hast du gesagt, Shankara sei es gewesen, der zu einer falschen Deutung gelangt sei. Doch das stimmt nicht: Ein paar seiner Schüler hatten es falsch verstanden und entsprechend weitergegeben.

Wir wollen dir ein bisschen von J und B und dem Leben erzählen, das sie um 500 v. Chr. miteinander führten. Das war ungefähr hundert Jahre nach ihren Erfahrungen mit Laotse. Sie hießen jetzt Harish und Padmaj – ihre vollständigen Namen tun hier nichts zur Sache –, lebten als Cousins und Nachbarn in einem recht großen Dorf und wurden als fromme Hindus erzogen. Harish aber sehnte sich nach weltlichen Erfahrungen.

Hier kannst du sehen, wie Menschen *vom Ego* in eine bestimmte Art des Seins regelrecht *geworfen werden*. Sie sind, wie sie sind, weil sie so sein müssen, damit sie bestimmte Erfahrungen machen, die für sie bestimmt sind; doch kennen sie den Grund dafür nicht, weil alles unbewusst ist.

Sagen wir einmal, du würdest heute in Kanada geboren werden und im Alter von sechs Jahren anfangen, Hockey zu spielen. Zwar wüsstest du nicht warum, doch du würdest es einfach gerne tun. Du würdest immer weiterspielen und richtig gut darin werden, gut genug, um eines Tages Profispieler zu werden. Hockey wäre das Wichtigste in deinem Leben, wichtiger als dein Privatleben. Das geschieht, weil es so sein soll, und gilt für alle Menschen, ihre Berufe und all das, wofür sie sich brennend interessieren. Sie werden in diese Existenz geworfen, um ein Drehbuch nachzuspielen – und nichts kann dem Einhalt gebieten.

PURSAH: Erinnerst du dich, dass du als Zwölfjähriger einmal einen Freund besucht hast, der dich mit in das Zimmer seines

Vaters genommen und dort eine Kiste geöffnet hat, in der ein Gewehr lag?

GARY: Oh mein Gott, daran habe ich seit Jahren nicht mehr gedacht.

PURSAH: Wie hast du dich gefühlt, als du das Gewehr gesehen hast?

GARY: Ich hatte Angst, richtig Angst. Ich wollte nichts damit zu tun haben. Mein Freund, dessen Name ich nicht nennen will, dachte wahrscheinlich, ich wäre genauso fasziniert davon wie er und wolle damit spielen, aber ich bin so schnell aus dem Zimmer rausgerannt, wie ich nur konnte.

PURSAH: Was glaubst du, warum du so empfunden hast?

GARY: Ich weiß es nicht, ich denke, es war unbewusst.

PURSAH: Genau. Es gibt zwei Dinge, die du darüber wissen solltest. Erstens, in deinem vorherigen Traumleben bist du im Zweiten Weltkrieg in einer Schlacht gefallen. Der Schrecken des Krieges hat sich also tief in dein Unbewusstes eingeprägt, und ein Gewehr war das letzte, was du sehen wolltest. Zweitens musstest du aufgrund deiner Kriegserfahrung in deinem vorherigen Leben in diesem Leben nicht in den Krieg. Denn diese Erfahrung musstest du nicht gleich noch einmal machen.

GARY: Du meinst, das war der Grund dafür, dass ich damals, als ich neunzehn Jahre alt war und die Einberufungslotterie eingeführt wurde, eine so hohe Nummer gezogen habe, dass ich nicht einberufen und nach Vietnam geschickt wurde?

PURSAH: Ja. Und wenn wir gerade dabei sind: Hast du je in deinem Leben ein Gewehr abgefeuert?

GARY: Nein, nie.

PURSAH: Und das wirst du auch nicht. Es ist nichts, was in diesem Leben für dich vorgesehen ist. Andererseits hat der Freund, der dir die Waffe gezeigt hat, seine Faszination für Schusswaffen beibehalten, und bei jeder sich bietenden Gelegenheit das Schießen geübt. Am Ende hat er sich für eine militärische Laufbahn entschieden – und fiel im Vietnamkrieg.

GARY: Das wusste ich nicht. Nach der Geschichte mit dem Gewehr hatte ich keinen Kontakt mehr zu ihm.

PURSAH: Das war auch nicht vorgesehen. Letztlich wirst du dich aufgrund des Weges, für den du dich entschieden hast, daran erinnern, wie du im Zweiten Weltkrieg getötet wurdest, und es vergeben können. Dann bist du frei davon.

GARY: Du sagst, dass alles, was geschieht, vorherbestimmt ist, ich aber auf der Ebene des Geistes immer noch die Macht habe, Vergebung zu üben und mich dadurch davon freizumachen, die unangenehmen Wirkungen von was auch immer zu spüren.

PURSAH: Ausgezeichnet. Und auch wenn der Zweck der Vergebung nicht darin besteht, das Drehbuch zu ändern, sondern darin, sich von dessen Wirkung freizumachen, ist es dem Heiligen Geist innerhalb eines gewissen Rahmens auch möglich, Raum und Zeit für dich zu justieren. Dann hast du möglicherweise eine andere Erfahrung, als du sie sonst gehabt hättest. Aber das obliegt dem Heiligen Geist. Dein Job ist die Vergebungsarbeit. Der Heilige Geist weiß, ob es für dich angemessen ist, die Zeitdimension zu ändern.

ARTEN: Wir erzählen dir das alles, damit du verstehen kannst, warum Harish ein gewisses Persönlichkeitsprofil hatte und sich – im Gegensatz zu seinem Cousin Padmaj – zu ganz bestimmten unguten Situationen hingezogen fühlte. Padmaj hingegen interessierte sich nicht für vergängliche weltliche Erfahrungen, sondern wollte Erleuchtung erlangen.

Sie wurden so geboren, weil der Plan des Egos darin bestand, die beiden voneinander zu trennen. Da sie zu anderen Zeiten, in denen sie zusammen gewesen waren, so viel gelernt hatten, fühlte sich das Ego auf unbewusster Ebene stark bedroht und plante, die beiden auf getrennte Wege zu schicken. Als er alt genug war, ging Harish in eine Stadt, die ungefähr eine Stunde Fußweg vom Dorf entfernt war, vergnügte sich dort mit Reiswein und Glücksspiel und tändelte mit Frauen herum. Er fragt Padmaj immer, ob er nicht mitkommen wolle. Padmaj interessierte sich zwar nicht für Vergnügungen und Spiele, doch Harish war sein einziger Freund und überdies sein Cousin, und er wollte lieber mit ihm zusammen sein, als sich verlassen und einsam zu fühlen. So kam es in der Illusion zur Dualität eines Padmaj, der das Heilige suchte, und eines Harish, der nach Weltlichem strebte. Das Ganze wurde noch dadurch kompliziert, dass die beiden aufgrund dessen, was sie als Kinder gelernt hatten, sowie ihrer Erfahrungen mit Laotse bereits mit grundlegenden Wahrheiten vertraut waren.

Als Hindus, die an den Advaita Vedanta glaubten, betrachteten sie die absolute Wirklichkeit, die sie *Brahman* nannten, als etwas, das nichts mit der materiellen Welt gemein hatte. Vor diesem Hintergrund verstanden sie *Atman,* was Seele bedeutet, auf zweierlei Weise: einerseits als illusorisch und andererseits als wirklich. Das illusorische Atman war die individuelle Seele, die von anderen Menschen und illusorischen Dingen getrennt zu sein schien. Das andere war das Atman des Brahman beziehungsweise *der* Wirklichkeit schlechthin, und die absolute Wirklichkeit ist nichts als Einssein. Doch obwohl viele östliche Philosophen die scheinbare Welt durchaus als illusorisch betrachteten, war sie für sie immer noch eine Widerspiegelung ihrer Götter. Das trug dazu bei, das weitverbreitete Missverständnis aufrechtzuerhalten, ein Gott oder mehrere Götter hätten diese Illusion erschaffen, wohingegen ein perfektes Wesen damit wahrlich absolut nichts zu tun hätte! Die Projektion eines vielfältigen Universums ist ein Produkt des Egos und basiert auf der Vorstellung von Individualität und Trennung.

GARY: Mir gefällt, wie das in dem Film *Matrix* dargestellt wird: Die Welt, die wir sehen, dient nur dazu, uns einzulullen, damit wir die wahre Welt nicht erkennen.

ARTEN: Ja, aber die wahre Welt in diesem Film hat nichts mit Gott zu tun. Trotzdem war der Film ein Schritt in die richtige Richtung.

GARY: Übrigens tut mir mein Fehler in Bezug auf Shankara leid.

ARTEN: Kein Problem, mein Bruder. In Anbetracht all der Informationen, die wir dir gegeben haben, hast du recht wenige Fehler gemacht. Nur ein paar kleine. Zum Beispiel hast du in zwei unterschiedlichen Büchern denselben Witz gerissen. Mikey hat dich darauf aufmerksam gemacht.

ANMERKUNG: Mike Lemieux, auch als »Los geht's, Mikey« bekannt, ist ein guter Freund von mir, der meine Bücher sehr gut kennt. Besser als ich selbst. Er ist der Autor von *Dude, Where's My Jesus Fish?*. Außerdem unterstützt er mich auf meiner Fanpage auf Facebook und stellt hervorragende Betrachtungen an.

GARY: Was habe ich noch für Fehler gemacht?

ARTEN: In *I.U.* hast du uns in den Mund gelegt, in den 1960ern hätte ein Erdbeben in China eine halbe Millionen Menschen getötet. Tatsächlich war es in den 1970ern. Das ist nicht weiter schlimm; die Aufzeichnungen, die wir dich damals haben machen lassen, waren nicht sehr klar, und du konntest uns zwischen unseren Besuchen damals noch nicht so gut channeln. Und dann hast du zwar in *I.U.* richtig geschrieben, dass J und Maria Magdalena fünfzehn Jahre lang verheiratet gewesen sind, aber in *Die Liebe vergisst niemanden* hast du in deinen Aufzeichnungen fälschlicherweise geschrieben, sie hätten geheiratet, als sie in ihren Zwanzigern waren. Tatsächlich haben sie als Jugendliche geheiratet. J war achtzehn, und Maria fünfzehn Jahre alt. Sie waren bis zur Kreuzigung dann fünfzehn Jahre lang verheiratet. Nichts Dramatisches.

PURSAH: Kommen wir zurück zu unseren beiden Freunden. Was das Studium der alten Texte anbelangte, die über Generationen weitergereicht worden waren, hatten Harish und Padmaj ihre Hausaufgaben erledigt. Doch Dinge wie die, über welche wir gerade sprechen, verstanden sie nur *intellektuell* und lebten sie nicht. Sie hatten in jenem Leben noch nicht die Fähigkeit entwickelt, sich auf Praktiken einzulassen, die den Geist trainieren.

Eines Abends gingen die beiden in eine Spiel- und Trinkhalle, und Harish hatte eine Glückssträhne und gewann eine ziemlich große Geldsumme. Daraufhin unterstellte ihm einer der betrunkenen Verlierer, dass er betrogen hätte. Harish hatte zwar nicht betrogen, aber das war eine schwere Anklage, und auf die reagierte er nicht gerade freundlich. Sie wurden laut und bald darauf handgreiflich. Padmaj, der seinem Freund zu Hilfe kam, wurde während des Kampfes mit einem Messer am Bauch verletzt. Harish war entsetzt, denn er erkannte sofort, dass sein törichtes Verhalten beinahe zum Tod seines besten Freundes und Cousins geführt hätte.

Glücklicherweise gelang es den Leuten, die dort arbeiteten, dem Kampf ein Ende zu machen. Harish und ein paar andere Spieler brachten Padmaj zu einem Arzt in der Nähe, der das praktizierte, was wir heute als ayurvedische Medizin bezeichnen würden. Die Wunde war nicht tief, und der Arzt verstand seine Sache. Padmaj überlebte und war nach ein paar Wochen wieder ganz gesund.

Allerdings hatte dieser Vorfall Harish wachgerüttelt. Zwar hielt er sein bisheriges Leben nicht für sündhaft und blieb bei dieser Ansicht auch, aber er erkannte, dass er seine Zeit verschwendete, was ihm tatsächlich noch viel schlimmer erschien. Dazu kam, und daran siehst du wieder, dass nichts aus Zufall geschieht, dass der Arzt, dessen Name Sabal war, in den Wochen, in denen er das Dorf besuchte, um Padmaj zu behandeln, viele Gespräche mit Harish und Padmaj führte. Er erzählte ihnen von einem Heiligen Mann, den sie besuchen sollten; und noch bevor Padmaj völlig geheilt war, beschlossen die beiden, diesen Mann aufzusuchen und herauszufinden, was er ihnen zu bieten hätte.

Sie verließen das Dorf, um den Heiligen Mann zu finden, von dem Sabal sagte, er habe keinen Namen. Der Heilige Mann hatte Sabal erklärt, hätte er einen Namen, würde es ihn darauf begrenzen, ein Mensch zu sein, er betrachte sich aber nicht als solcher. Fasziniert begaben sich Harish und Padmaj in eine Gegend, von der es hieß, der Mann ohne Namen würde sich dort wahrscheinlich aufhalten.

Auf dem Weg dorthin trafen sie auf eine Gruppe von Menschen, die einem anderen Mann nachfolgten, den sie als heilig betrachteten. Diese Gruppe, die man heute eine Sekte nennen würde, lud die beiden zu sich ein. Sie bekamen etwas zu essen und wurden gefragt, ob sie an einer ihrer Gruppenzeremonien teilnehmen wollten. Da das nichts Bedrohliches zu sein schien, stimmten sie zu.

Die Zeremonie bestand darin, dass alle aus einer Schale tranken, die von dem Anführer herumgereicht wurde. Die Flüssigkeit darin ähnelte stark dem, was man heute als *Ayahuasca* bezeichnen würde. Die beiden Besucher dachten, das Trinken sei ein Teil der Zeremonie und diene rein sozialen Zwecken, doch stellten sie schnell fest, dass die Menschen dadurch einzigartige Erfahrungen machten. Zunächst reinigten sie sich, was in diesem Fall eine nette Umschreibung für »sich erbrechen« ist, und dann begannen sie zu halluzinieren.

GARY: Ich habe in den vergangenen Jahren mit einigen Leuten gesprochen, die mir von interessanten Erfahrungen mit Ayahuasca erzählt haben. Manche nennen es einfach nur »die Pflanze«. Wie ihr wisst, weil ihr ja immer wisst, was ich so mache, habe ich es selbst noch nie genommen. Aber manche dieser Menschen bezeugen, dass sie dadurch tiefe Ahnungen von ihrer Kindheit und spirituelle Erkenntnisse erhalten, die sie für wertvoll erachten. Was haltet ihr davon?

ARTEN: Gary, auch wenn dir viele Menschen von positiven Erfahrungen mit Ayahuasca erzählen, darfst du nicht vergessen, dass es sich dabei letztlich um eine Droge handelt, ein Halluzinogen. Und die Wahrheit ist, dass man nie vorhersagen kann, wie jemand auf ein Halluzinogen reagiert. Jeder Egogeist und jedes

Egohirn sind anders, was das Ego auch gar nicht anders will, und es kann gut sein, dass jemand negative Erfahrungen damit macht und es ihm regelrecht schaden würde. Auch wenn du also Gutes darüber gehört hast, können wir niemandem einfach raten, Drogen zu nehmen.

PURSAH: Vergiss auch nicht, dass das, was du unter Einfluss eines Halluzinogens erlebst, nicht wirklich ist. Du kannst natürlich argumentieren, dass nichts hier wirklich ist, und hättest vollkommen recht damit, aber es ist möglich, zu genau denselben Erkenntnissen zu gelangen wie die Menschen, die Ayahuasca genommen haben, *ohne* diese Droge zu nehmen. Und diesen Weg empfehlen wir.

ARTEN: Unsere Freunde hatten an diesem Abend tatsächlich ein paar Offenbarungen. Harish erkannte, wie sehr er seine Eltern liebte, was er vergessen und lange Zeit nicht mehr empfunden hatte. Und Padmaj erinnerte sich an Laotse, und all das, was er von ihm gelernt hatte, kehrte wieder in sein Bewusstsein zurück. Am nächsten Morgen erwachten sie erneut mit der Sehnsucht, weiterzukommen und jene Erfüllung zu finden, nach der sie suchten. Es war in Ordnung gewesen, von dem bitteren Nektar der Pflanze zu trinken, doch als Lebenspraxis überzeugte es sie nicht.

Derjenige, den die Leute dort als Heiligen betrachteten, wollte, dass sie blieben. Er sagte ihnen, es gäbe keinen anderen Weg, der ihnen mehr zu bieten habe, denn er könne ihnen die vielen Erfahrungen erklären, die sie machen würden, wenn sie bei der Gruppe blieben, meditierten, seinen Unterweisungen folgten und die Flüssigkeit tränken. Aber sie spürten, dass sie an diesem Ort nicht bleiben sollten, und zogen weiter, auch wenn manche aus der Gruppe ihnen drohende Blicke zuwarfen.

Nachdem sie ein paar Wochen lang herumgewandert waren, fanden Harish und Padmaj denjenigen, den sie gesucht hatten. Sie näherten sich dem Namenlosen und stellten sich vor.

GARY: Okay. Als Anhänger des Schintoismus waren B und J in einer dualistischen Verfassung, auch wenn es eine fortgeschrittene Art des Dualismus war, eine Art Semidualismus, weil sie nicht mehr so stark an den Traum glaubten wie andere. Aber es war immer noch Dualismus in dem Sinne, dass sie den Traum als real empfanden, vor allem diese ganzen Reinkarnations- und Ahnenverehrungsgeschichten, die extrem wichtig in ihrer Kultur waren. Und wenn etwas real ist, bedeutet das, dass es etwas außerhalb deiner selbst gibt, also ein Subjekt und ein Objekt, etwas anderes also, dessen man sich bewusst sein kann – und das ist nicht das Einssein der Nondualität.

Später dann in ihrem Leben mit Laotse haben J und B, obwohl dieser im Grunde Nondualität gelehrt hatte, eher das erfahren, was ihr als Semidualismus bezeichnen würdet, denn der Widerstand der Welt gegenüber, der ihnen als Asketen abverlangt wurde, machte diese in ihrem Geist und damit auch in ihren Erfahrungen immer noch real.

Jetzt, wo ihr von einem Lehrer ohne Namen erzählt, gehe ich mal davon aus, dass unsere Freunde sich in Richtung von etwas bewegten, was mehr war als nur eine Theorie, die besagt, dass nichts in der Illusion wirklich ist, sondern etwas, das sie auch tatsächlich erleben konnten.

Pursah: Sehr folgerichtig, wobei ich nicht sagen kann, dass sie in diesem Leben dauerhaft Nondualität erfahren haben. Schüler bewegen sich zunächst zwischen den unterschiedlichen Lernebenen hin und her, und ihre Erfahrungen sind wechselhaft. So können sie beispielsweise eine Erfahrung des Einsseins machen, und die haut sie um, aber dann kehren sie wieder zur Zweiheit zurück. Sie müssen sich an die neue Ebene erst gewöhnen, und auch hier besteht der einzige Weg, um diesen Zustand dauerhaft aufrechtzuerhalten, darin, das Ego aufzuheben. Der Lehrer, dem unsere Freunde nun begegneten, war der erste, der sie lehrte, das zu tun und damit den ganzen Prozess letztlich zu beschleunigen.

Arten: Als sich Harish und Padmaj dem Namenlosen, den wir der Einfachheit halber O nennen werden, vorstellten, wies er sie an, sich hinten in der Gruppe auf den Boden zu setzen und zuzuhören. Er sagte, sie sollten selbst entscheiden, ob das, was er lehrte, interessant für sie wäre. Sie könnten gehen, wann immer sie wollten, aber es wäre an ihm, ihnen zu sagen, wann die Zeit gekommen sei, dass sie mit ihm sprechen dürften.

Es dauerte drei Monate, bis O nach ihnen schickte und sie zu einem Treffen einlud. In der Zwischenzeit, in der sie Teil der Gruppe gewesen waren, hatte er sie viel gelehrt. Er hatte erklärt, dass die Körper, die ihnen in der Geschichte, die sie als ihr Leben betrachteten, als so wichtig erschienen, völlig unwirklich waren. Ihre Eltern waren niemals wirklich da gewesen, sondern falsche Bilder, die das Ego geschaffen hatte, um sie in die Illusion der Vielheit hineinzuziehen. Weder sie noch ihre Eltern waren wirklich geboren worden. Sie existierten nicht, das Ganze war nur erfunden. Die Körperwelt war nicht wahr. Alles war nur eine Lüge, und ihr Leben war eine Lüge. Und wenn sie Kinder hätten, sei auch das eine Lüge, denn alles, was sie als Form wahrnähmen, sei unwahr.

Er wies sie an zu visualisieren, wie sie hoch über der Erde flögen und dann all die menschlichen Körper unter sich sähen. Dann sollten sie sich vorstellen, wie Unmengen dieser Menschen verschwinden, da jeden Tag zehntausende Menschen sterben, um wieder durch neue Körper ersetzt zu werden, die träumen, dass sie geboren werden, während all dies nicht real sei. Die Körper seien nur Schleier und nichts, das wertgeschätzt werden müsste.

GARY: Das erinnert mich an etwas, was im Kurs über den Tod gesagt wird: »Was zu sterben scheint, ist nur fehlwahrgenommen, und zur Illusion getragen worden.«[4]

ARTEN: Ja. Und unsere beiden Freunde machten einige nondualistische Erfahrungen. Als O mit ihnen alleine sprach, erklärte er ihnen, dass es für sie an der Zeit wäre, eine bestimmte Art der Geistesübung zu praktizieren, um dauerhaft auf die Art denken zu können, die er sie lehrte. Er wies sie an, sich jeden Tag darin zu üben, die Menschen nicht als die Körper zu betrachten, die sie sahen, in Wahrheit aber nichts als falsche Bilder seien, sondern als das Einssein hinter dem Schleier. Wenn Harish und Padmaj sich dabei ertappten, wie sie irgendetwas in der Welt in ihrem Geist real machten, sollten sie dem Einhalt gebieten und sich stattdessen alles – nicht nur menschliche Körper, sondern auch alles andere – als einen dünnen Schleier vorstellen, der das Einsseins des Brahman bedeckt.

PURSAH: Wenn die Menschen etwas taten, das den beiden nicht gefiel, sagte O, dass sie ihnen im Geiste verzeihen sollten, nicht weil diese Menschen wirklich etwas getan, sondern weil sie in Wirklichkeit nichts getan hätten.

ARTEN: Wie du sehen kannst, war das ihre Einführung in eine bestimmte Art des Vergebens, und die enthielt bereits ein wichtiges Element der fortgeschrittenen Art von Vergebung, die sie später lernen sollten. Ein wesentlicher Teil davon fehlte noch, auf den wir später eingehen werden, doch mit O machten sie in ihrer spirituellen Entwicklung einen grundlegenden Schritt nach vorne.

PURSAH: Diese beiden Schüler Os waren sehr engagiert und beharrlich in ihrem Entschluss, alles aus ihrem Geist zu verbannen, was sie an die Welt der Vielheit glauben ließ statt an die Wahrheit des Einsseins, die nur jenseits von dieser existierte. Über Jahre hinweg deuteten sie alles, was sie sahen und woran sie sich aus ihren Vorleben erinnerten, neu. Das führte zu großen Fortschritten.

Harish und Padmaj lebten nicht lange. Ihre Entschlossenheit, die Welt oder ihre Körper nicht real zu machen, führte dazu, dass sie ihre eigenen Körper vernachlässigten. Ein typischer Fehler für spirituelle Schüler, der mit der Verwechslung der Ebenen zu tun hat. Nur weil die Welt nicht real ist, bedeutet das nicht, dass du nicht so lebst, als befändest du dich in ihr; und nur weil dein Körper nicht real ist, heißt das nicht, dass du nicht die notwendigen Maßnahmen ergreifen musst, um ihn gesund zu erhalten. Wir würden ja auch unser Auto nicht ohne Treibstoff fahren lassen.

Wenn wir das täten, bliebe es liegen. Nun, solange wir keine Meister auf der Ebene von J oder B sind und wissen, wie wir die Macht unserer Gedanken nutzen, um die Welt völlig zu überwinden, werden unsere Körper liegenbleiben, wenn wir ihnen nicht geben, was sie brauchen. Unsere Freunde ernährten sich schlecht und hatten auch selten gutes Trinkwasser, was Teil ihres Ego-Drehbuchs war. So wurden beide nur ungefähr siebenundzwanzig Jahre alt. Wie Shakespeare später in *Wie es Euch gefällt* schrieb:

Die ganze Welt ist Bühne,
und alle Frau'n und Männer bloße Spieler.
Sie treten auf und gehen wieder ab,
sein Leben lang spielt einer manche Rollen.

Arten: Die gute Nachricht ist, dass Harish und Padmaj nicht nur eine Menge lernten, sondern auch eine Menge des Gelernten umsetzten. In ihrem Geist fanden viele Heilungen statt, und das machte es ihnen möglich, ihren Job, das Ego aufzuheben, zu erledigen, bevor auch andere Menschen dazu bereit waren.

Pursah: Wenn wir das nächste Mal kommen, werden wir dir noch mehr über den Unterschied zwischen Philosophie als solcher, die eine feine Sache sein kann, und der geistigen Umsetzung von Philosophie erzählen, die wesentlich ist. Vergib fleißig weiter, wir sind bald wieder da.

Ich war glücklich über das, was ich über Harish und Padmaj erfahren hatte, und merkte, wie ich mich mit ihnen und ihren kurzen, aber wichtigen Leben identifizierte. Ich konnte es nicht erwarten, mehr über J und B zu erfahren, und fühlte mich ermutigt, denn ich wusste, dass ihr Vorbild uns allen weiterhelfen würde.

KAPITEL 4

Plato und Freunde

Man muss nun nach meiner Meinung zuerst Folgendes unterscheiden und feststellen: Wie haben wir uns das immer Seiende, welches kein Werden zulässt, und wie das immer Werdende zu denken, welches niemals zum Sein gelangt?[1]

– Plato

In den nächsten Wochen stellte ich Nachforschungen an über das, was mir meine Aufgestiegenen Besucher über J und B und deren Lernabenteuer erzählt hatten, denn ich hatte von Hinduismus so gut wie keine Ahnung. Zwar konnte ich Artens und Pursahs Ausführungen über den Nondualismus folgen, doch verstand ich den religiösen Fachjargon nicht. Auch hatten mir meine Lehrer schon beigebracht, dass uns die Vorstellung von der Welt als Illusion nur bis zu einem gewissen Punkt weiterhelfen kann, alleine aber nicht ausreicht, da wir uns so, wie unser Geist funktioniert, am Ende sonst selbst für eine Illusion halten und uns leer und bedeutungslos fühlen würden. Wir müssen diese Vorstellung also durch eine andere ersetzten. Doch schien mir Spiritualität in Indien, von außen betrachtet, zu sehr mit der Illusion befasst zu sein und zu wenig mit jener Wirklichkeit, die diese ersetzen muss. Und dann fragte ich mich natürlich, ob ich hier nicht zu sehr ins Urteilen verfiel.

Tatsächlich hatte ich in Amerika Menschen kennengelernt, die von hinduistischen Lehrern sehr begeistert waren und ich respektierte. Ein Chiropraktiker namens Bruce, über den ich bereits geschrieben habe und der in den 1980er Jahren eine entscheidende Rolle in meinem Leben gespielt hat, war ein großer Anhänger Babajis, dem unsterblichen indischen Avatar, der der Welt eine weiterentwickelte Form des Kriya Yogas beigebracht hat. Tatsächlich reiste Bruce jedes Jahr mit seinem Sohn nach Indien, um diese Form des Yogas mit ihm zu lernen und zu üben.

Cindy und ich gingen unheimlich gerne zu dem von Paramahansa Yogananda gegründeten Self-Realization Fellowship Lake Shrine. Dieser wunderschöne Tempel liegt nur eine Viertelstunde von unserem Zuhause entfernt und ist ein toller Rückzugsort, um spazieren zu gehen oder zu meditieren. Es macht Spaß, den Schwänen und Enten dabei zuzusehen, wie sie auf dem friedlichen Teich herumschwimmen. Wenn wir einmal dort sind, besuchen wir auch gerne Yoganandas anderen schönen Treffpunkt, die Self-Realization Fellowship in Encinitas. Mit all den Bäumen und Blumen dort, die für gewöhnlich nur in Indien zu finden sind, fühlen wir uns wie in Südasien. Ich habe sogar versucht, Yoganandas Buch *Autobiographie eines Yogi* zu lesen, fand es für meinen Geschmack aber zu lang und dachte, irgendwann würde ich darauf zurückkommen. Aber während ich an diesen Orten Yoganandas umherging, fühlte ich mich irgendwie wie ein Hindu. Vielleicht wurden in meinem unbewussten Gedächtnis alte Erinnerungen angestoßen, wirklich fassen konnte ich sie allerdings nicht.

Eines Tages waren Cindy und ich in einem der vielen coolen Einkaufszentren von Los Angeles unterwegs, als ein Herr mich erkannte. Er trat an mich heran und erzählte, dass er ein Leser meiner Bücher und der Enkelsohn von Yogananda sei. (Es wird allgemein angenommen, Yogananda hätte keine Kinder gehabt, das ist aber umstritten.) Ich wusste gleich, dass wir Freunde werden würden. Immer wieder bin ich fasziniert davon, wie oft sich auf dem spirituellen Weg Verbindungen mit anderen ergeben.

Meine einzige weitere Verbindung zum Hinduismus war mein Cousin Bobby, der mir in den 1970ern in Massachusetts eine Ausgabe von Ram Dass‘ *Sei jetzt hier* in die Hand gedrückt hatte. Ich mochte die im Buch dargelegte Philosophie und auch den frechen Stil, in dem es geschrieben war, aber zum damaligen Zeitpunkt war ich selbst noch nicht spirituell unterwegs. Bücher wie dieses und *Siddhartha* hatten jedoch mein Interesse geweckt.

Ich war hin und weg von der Tatsache, dass Harish und Padmaj Leben geführt hatten, die zunächst vom Ego beherrscht gewesen waren, und dennoch spirituell vorangekommen waren und so viel gelernt hatten; und das, obwohl sie gar nicht lange gelebt hatten. Aber dann blickte ich zurück und führte mir all die Phasen vor Augen, die ich selbst schon durchlaufen hatte, und um mich herum die Gesellschaft, in der ich jeweils gelebt hatte.

Als achtzehnjähriger Musiker wollte ich nach Woodstock. Aber dann bekam meine Band genau an diesem Wochenende einen Auftritt. Ein Auftritt war *immer* wichtiger, sogar wichtiger als Beziehungen. Einer unserer Slogans war: »Beziehungen vergehen, die Band bleibt bestehen.« Als dann später Ehen geschlossen wurden, wurde die Band natürlich von Platz Eins des Universums vertrieben.

Eines der Dinge, an die ich mich sehr gut erinnern kann, ist der Geist von Woodstock, der vom Sommer 1969 bis zum Frühling 1971, also fast zwei Jahre lang, in der Luft lag. Für mich, meine Freunde und Bandmitglieder drehte sich alles um Frieden, Liebe und Musik. Wir waren alle Brüder und Schwestern. Geld spielte keine Rolle. Wir wollten die Welt durch Liebe und passiven Widerstand gegen die bestehenden Mächte verändern.

Doch im Frühling 1971 konnte ich spüren, wie sich die Dinge veränderten. Ich erinnere mich daran, dass ich im Mai dieses Jahres ein Konzert im Salem State College besuchte, auf dem die Bands Spirit und Sha Na Na spielten. Viele der zehntausend Konzertbesucher führten sich auf wie Tiere. Es war nicht ungewöhnlich, dass jemand, der eine Flasche Wein ausgetrunken hatte, diese einfach in die Luft warf. Keiner schien sich auch nur das Geringste darum zu scheren, ob diese Flasche vielleicht auf Jemandes Kopf landete. Ich erinnere mich daran, wie ein befreundeter Musiker, meinte: »Mann, der Geist von Woodstock ist tot.« Er hatte recht.

Tatsächlich hatte die Abkehr von dem friedvollen Geist bereits drei Monate nach Woodstock eingesetzt, nämlich bei einem krass-krawalligen Rolling-Stones-Konzert im kalifornischen Altamont mit Hunderttausenden von Besuchern, im Laufe dessen im Gemenge sogar ein Mensch getötet wurde, und zwar von den Hell's Angels, die den Sicherheitsdienst übernommen hatten. Diese Gewalttat wurde von einer Kamera festgehalten und später in dem Dokumentarfilm *Gimme Shelter* gezeigt. Darin sieht es so aus, als halte der getötete Konzertbesucher ein Gewehr in der Hand und ziele damit auf Mick Jagger. Nichts ist einfach, wenn es ums Ego geht.

Nichtsdestotrotz herrschte im Sommer 1970 immer noch eine tolle Stimmung, zum Teil auch deswegen, weil der Kinofilm und das bald zum Klassiker gewordene Album *Woodstock* herauskamen. Aber es war nur eine Frage der Zeit, bis der Geist von Woodstock Platz für das Ego machen würde.

Ich hatte die Rolling Stones auf ihrem ersten Konzert Mitte der 1960er im Fußballstadion Manning Bowl in Lynn, Massachusetts, gesehen. Das Konzert endete in einem Aufruhr, was während der ersten Phase der Rolling-Stones-Karriere zur Tradition gehörte. Die Torpfosten im Stadium wurden herausgerissen, obwohl gar kein Spiel stattfand. Dann versuchten die Aufrührer mit einem der Pfosten die Limousine der Stones zu zerstören, als sie gerade mit den Bandmitgliedern losfuhr. Wenn Menschen austicken, ticken sie aus.

Damals wusste ich noch nicht, dass ich die Stones noch einmal sehen würde, nämlich 2013, fast fünfzig Jahre später, im Staples Center in Los Angeles. Wenn mir das jemand Mitte der 1960er, als ich noch ein dürrer junger Kerl war, erzählt hätte, wäre ich sehr verwundert gewesen. Zum einen wäre es damals für mich kaum vorstellbar und vielleicht auch nicht wünschenswert gewesen, mich mit zweiundsechzig Jahren zu sehen. Und zum anderen war Kalifornien für mich damals so weit weg, dass es auch der Mars hätte sein können. Aber genau so war es. Und dank des Kurses fühlte ich mich immer noch so jung, als wäre ich in den dreiundzwanzig Jahren, in denen ich ihn praktizierte, keinen Tag älter geworden. Und die Stones waren immer noch großartig, machten aus dem Konzert eine richtige Party – und Mick Jagger sang und tanzte, als sei Zeit ein Fremdwort für ihn.

Der Geist von Woodstock war vom Heiligen Geist inspiriert, danach musste sich das Ego – wie stets – wieder durchsetzen. Im Frühling 1971 spielte in der Musikszene Geld eine große Rolle. Bill Graham (nicht zu verwechseln mit dem Prediger Billy Graham) musste zwei der besten Musiktheater im Lande schließen, das Fillmore in San Francisco und das Fillmore East in New York City, weil die Bands zu viel Geld verlangten, so dass es sich für ihn einfach nicht mehr rentierte. Es kam zu einem allgemeinen Ausverkauf. Die Selbstsucht hatte den Sieg davongetragen, und der Frieden musste in den Untergrund gehen. Doch eine neue Bewegung mit höherem Zweck saß bereits in den Startlöchern. Sie basierte auf der Vorstellung, »spirituell, aber nicht religiös« zu sein, und auch wenn ich mir das damals nicht hätte vorstellen können, sollte ich mich – wie Millionen andere Suchende – gegen Ende des Jahrzehnts auf einem persönlichen spirituellen Weg wiederfinden.

Ich kam gerade mit Cindy von einem *EKIW*®-Wochenendworkshop aus Rio de Janeiro zurück. Es war eine bereichernde Erfahrung gewesen, mit vielen freundlichen, warmherzigen Menschen wie unserer Freundin Nadja, die uns die Gegend gezeigt hatte. Die Aussicht von der berühmten Statue von Christus, dem Erlöser, war atemberaubend. Während ich zuhause noch meinen Erinnerungen nachhing, waren auf einmal Arten und Pursah bei mir.

ARTEN: Hallo, Gary. Was meinst du, sollen wir gleich zur Sache kommen? Du hast jetzt einiges über die persönlichen Erfahrungen von J und B mit Dualismus und Semidualismus gelernt – und natürlich deine eigenen Erfahrungen gemacht. Außerdem kam in vorangegangenen Gesprächen schon manches zur Sprache, beispielsweise die vier Einstellungen zum Lernen, von denen wir dir während unserer ersten Besuche erzählt haben. Erinnerst du dich daran, wie wir dir die ersten beiden damals in den 1990ern erläutert haben?

Gary: Ist der Papst katholisch? Wie auch immer: Die erste Einstellung oder Ebene, von der ihr mir erzählt habt, ist dualistisch, und auf diese Weise denken ungefähr 99,9 Prozent aller Menschen. Sie halten die Welt für gegeben, ebenso wie die Erfahrung des Bewusstseins, die vom Ego beherrscht wird. Denn um Bewusstsein zu besitzen, müssen wir etwas haben, *dessen* wir uns bewusst sein können. Es ist also nicht das Einssein des reinen Geistes. Wir denken, die Welt befände sich außerhalb von uns und wäre wirklich. Punkt. Die New-Age-Leute denken, Bewusstsein sei sehr wichtig, und versuchen es zu spiritualisieren, aber es ist nicht spirituell, es ist nicht reiner Geist. Wahrer reiner Geist ist perfektes Einssein. Wir können jedoch lernen, unseren Geist zu trainieren und unser Bewusstsein dafür zu *nutzen*, uns anstelle des Egos für den Heiligen Geist zu entscheiden.

Damit kommen wir zum Semidualismus, welcher uns vom Dualismus langsam in Richtung des reinen Geistes führt. Dabei sollte ich erwähnen, dass die Leute es gar nicht merken, dass sie sich lediglich in einer Übergangsphase befinden. Sie denken einfach, die Dinge seien, wie sie sind, und sie lägen mit ihrer Interpretation von all dem richtig. Doch mit einer semidualistischen Haltung stellen sich für gewöhnlich freundlichere Glaubenssätze ein wie zum Beispiel der, dass Gott Liebe ist. Und diese Vorstellung kann dazu führen, dass wir nachdenken und Fragen stellen, so wie es Saka und Hiroji taten, als sie sich vom Dualismus zum Semidualismus hinbewegten. Zum Beispiel Fragen wie: »Wenn Gott wirklich Liebe ist, kann er dann auch Hass sein?« Möglicherweise wird in uns der Verdacht aufkeimen, dass die Antwort »nein« lautet, und unser Geist wird etwas von der unbewussten

Furcht vor Gott verlieren, von der wir vielleicht gar nicht wussten, dass wir sie in uns trugen.

PURSAH: Gut, und selbst wenn du schon auf verschiedenen spirituellen Pfaden gewandelt bist, kann es Jahrhunderte dauern, um weiterzukommen und nicht immer wieder zurückzufallen.

GARY: Und warum ist das so, meine geheimnisvolle Blume?

PURSAH: Du weißt wieso, Gary. Das liegt daran, dass wir einen enormen unbewussten Widerstand gegen die Wahrheit in uns haben. Das Ego wird alles dransetzen, um uns von der Wahrheit fernzuhalten – vom Anfang bis zum Ende. Einssein ist die Wahrheit, nicht die vom Ego gehätschelte Vorstellung von Trennung. Sie ist der Anfang vom Ende des Egos, und das spürt es.

ARTEN: Wir wollen dir ein bisschen von Plato und einigen seiner Anhänger erzählen.

GARY: Werden J und B hier nun wirklich und dauerhaft Nondualität erfahren, nicht nur zeitweise wie es bei Shao Li und Wosan oder Harish und Padmaj der Fall war?

ARTEN: Oh nein, aber es war für sie eine wichtige Zeit des Lernens, ein notwendiger Schritt in Richtung Einssein. Außerdem gelangten sie, wie du sehen wirst, zu einer wichtigen Feststellung.

Während des illusorischen Lebens, über das wir sprechen werden, waren J und B Schüler an der Platonischen Akademie in Athen.

GARY: Na klar, das hätte ich mir ja denken können. Wisst ihr, ob sie auch mit Aristoteles abhingen?

ARTEN: Wie willst du wissen, ob nicht du das vielleicht getan hast? Du erinnerst dich nicht an alles, Kumpel, auch wenn du Zugang zu mehr Erinnerungen hast als die meisten Menschen. Doch jetzt im Ernst. Als Schüler an der Akademie hießen J Takis und B Ikarus. Sie waren beide brillante junge Männer, und alle nahmen an, sie würden später irgendwelche Führungsaufgaben übernehmen. Die Akademie war die erste Hochschule und basierte unter anderem auf der Vorstellung, Menschen eine moralische und intellektuelle Ausbildung zu geben, damit sie später eine bessere Welt schaffen könnten. Das war natürlich ein hochgestecktes Ziel, aber Plato war es ernst damit. Er war wahrscheinlich der größte philosophische Schriftsteller, den es je gegeben hat. Natürlich trug dazu bei, dass – anders als bei anderen antiken Lehrern – der Großteil seiner Schriften erhalten geblieben ist.

GARY: Ich erinnere mich daran, dass wir vor langer Zeit einmal über sein Höhlengleichnis gesprochen haben. Das war wirklich cool.

PURSAH: Deine Mutter hat den Samen in deinen Geist gesetzt, als sie es dir als Kind vorgelesen hat. Dieses Gleichnis zeigt ziemlich deutlich, dass Plato wusste, dass das, was wir in der Welt sehen, nicht real ist. Die Gefangenen in der Höhle sind in Ketten gelegt, so dass sie nicht einmal ihren Kopf wenden können, um eine andere Perspektive zu bekommen. Und sie sind schon so lange dort, dass sie vergessen haben, wie die Wirklichkeit aussieht. Sie denken, die Schatten, die sie vor sich auf der Wand sehen, seien die Wirklichkeit und verstehen nicht, dass es sich dabei nur um die Schatten derjenigen handelt, die draußen herumlaufen. Wenn einer der Gefangenen entkommen ist und sich wieder ans Licht gewöhnt hat, kann er erkennen, woher die Bilder wirklich stammen. Er rennt zurück in die Höhle, um den Gefangenen die Wahrheit zu verkünden, aber keiner will sie hören. Denn sie stecken in ihrem Elend fest und sind an ihren Zustand gewöhnt. Und so schlägt dem entkommenen Gefangenen nur Hass entgegen.

ARTEN: Es gibt eine Parallele dazu im Kurs. Dieses Zitat kann als Hommage an Plato betrachtet werden: »Gefangene, die jahrelang in schweren Ketten lagen, hungernd und ausgezehrt, schwach und erschöpft, und deren Augen solange in der Dunkelheit gesenkt gewesen sind, dass sie sich nicht ans Licht erinnern, springen nicht voll Freude auf im Augenblick, in dem sie freigelassen werden. Es dauert eine Weile, bis sie verstehen, was Freiheit ist.«[2]

Die meisten Menschen sind noch nicht bereit für die Wahrheit. Sie fühlen sich wohl in ihren Käfigen, und die Wahrheit ist ihnen zunächst keineswegs willkommen. Sie sind darauf fixiert, ihre Leben am Laufen zu halten, und vergessen dabei, dass das Ende für alle menschlichen Körper dasselbe sein wird, und es weiser wäre, ihre Leben auf etwas Dauerhaftem aufzubauen als auf der billigen Imitation von Leben, die uns das Ego zeigt. Du kannst ihnen aber keinen Vorwurf machen, denn sie wissen es nicht besser. Mit der Wahrheit verhält es sich wie mit dem Kurs, sie mag einfach sein, ist aber nicht leicht.

Plato schrieb: »Einem Kind zu vergeben, dass sich vor der Dunkelheit fürchtet, ist leicht. Doch als wahrhaft tragisch erweist sich das Lebens, wenn Erwachsene sich vor dem Licht fürchten.«

Gary: In einer Studiengruppe in Maine hatte ich einen guten Freund namens Chaitanya: »Die Wahrheit wird dich frei machen, aber du wirst dich dabei ganz schön angepisst fühlen.«

Arten: Sehr treffend. Der entflohene Gefangene in der Geschichte basiert übrigens auf Platos Lehrer Sokrates, von dem Plato am meisten beeinflusst worden war. In Platos Dialogen bringt Sokrates das Gespräch durch Fragen voran; diese Technik, die wir heute als sokratische Methode bezeichnen, wandte Sokrates auch in seiner Lehrer-Schüler-Beziehung zu Plato an. Und genau in dieser Form legt Plato in *Der Staat* sowie den anderen Dialogen auch seine Philosophie dar. Tatsächlich hat er den Dialog als Lehrform allererst ins Leben gerufen.

Gary: Stammt auch das Wort »platonisch« von ihm?

Pursah: Nein, das haben seine Schüler und Leser sich später ausgedacht. Es sollte die Negierung der Wirklichkeit der materiellen Welt zum Ausdruck bringen. Später sprachen die Menschen von »platonischen« Beziehungen, was natürlich die Verneinung von Sex in Beziehungen bedeuten sollte. Aber die ursprüngliche Idee dahinter war, dass Plato die Realität von allem negierte, was nicht dessen *Quelle* selbst war, welche er einfach »das Gute« nannte.

Gary: Dann war Plato also nondualistisch?

Pursah: Nein. Das wirst du gleich in dem kurzen Gespräch angesprochen finden, das Takis und Ikarus nach einer Unterrichtsstunde mit Plato führten.

GARY: Das waren J und B in diesem Leben?

PURSAH: Ja. Wir müssen hier nicht weiter darauf eingehen, wie sie sich kennengelernt haben. Ähnlich wie Fischschwärme im Ozean zusammen schwimmen, reisen Menschen in unterschiedlichen Leben gemeinsam. Es ist ihr Schicksal, einander immer und immer wieder zu begegnen. Hier kommt ein wenig von dem, was sie so sagten. Das ist natürlich eine Übersetzung, genau wie bei den anderen Gesprächen aus der Vergangenheit, von denen wir dir erzählt haben. Sie sprachen damals ja kein Englisch.

TAKIS: Plato steht vor einem Dilemma. In seinem Weltbild kommt alles von dem Guten her, und alle Objekte in der materiellen Welt sind Symbole einer Idee – so wie die Bilder, die die Gefangenen in der Höhle sehen, Symbole oder Schatten von etwas anderem sind. Sie sind nicht wirklich. Aber genau darin liegt das Dilemma: Sie kommen von dem Guten her, aber Plato kann nicht erklären, warum das Gute etwas machen sollte, das nicht wirklich ist, und deswegen kommt er letztlich zu einem Kompromiss, nämlich zu dem Schluss, dass die Dinge, die er sieht *nicht* wirklich sind, wohl aber die *Ideen* dahinter. Doch mit einer Quelle, die Illusionen erschafft, endet sein Denken wieder im Dualismus. Wenn die Quelle mit etwas anderem interagiert, dann ist das Dualismus.

IKARUS: Du hast recht. Plato ist ein brillanter Philosoph, aber die Wahrheit ist, dass die Symbole, die wir sehen, nicht wirklich sind, ebenso wenig aber die Ideen dahinter. Sie stammen aus einem illusorischen, scheinbar getrennten Geist. Und dieser Geist ist nicht die Quelle wirklichen Lebens, sondern nur die einer Lebensimitation.

ARTEN: Die Platonische Akademie erlaubte es Menschen mit scharfem Verstand, zusammenzukommen und ihre Ideen zu erörtern.

Unsere beiden Freunde, die bereits so viele Erfahrungen gesammelt hatten, konnten von Plato lernen, aber auch selbstständig denken. In den Unterrichtsgesprächen zollten sie Plato stets Respekt, aber wenn sie unter sich waren, kamen sie zu einem anderen Schluss – zu etwas, das sie in ihren letzten beiden Leben wieder einholen und beeinflussen sollte.

Ikarus: Dieses Leben ist eine Farce. Es ist nichts als eine Ablenkung, die verhindern soll, dass wir die Wahrheit erfahren und das wirkliche Leben kennenlernen. Philosophische Spekulationen sind eine nette Sache, aber wohin bringen sie uns? Wir müssen soweit kommen, dass wir keine Kompromisse mehr machen. Wir müssen uns eindeutig zwischen wirklich und unwirklich entscheiden und diese Entscheidung durch unseren Glauben bekräftigen.

Takis: Wir können nicht beides haben. Nur die Wahrheit ist wahr und nichts anderes. Wir müssen uns ein für alle Male entscheiden. Es gibt ein formloses Einssein jenseits der Farce, und das ist nondualistisch. Es ist vollkommen, und nur Vollkommenheit ist wahr. Wir haben beide wundervolle flüchtige Blicke darauf werfen können, aber es muss eine Möglichkeit geben, die Grenzen aufzuheben, um es dauerhaft zu erleben.

Pursah: Wie du siehst, haben ihre Reisen sie so weit gebracht, dass sie wussten, dass Erlösung, wie die einen es nennen, oder Erleuchtung, wie andere es nennen, darin bestand, eine kompromisslose Entscheidung zu treffen. Plato glaubte an die Logik und daran, dass intellektuelle Entwicklung zu Selbstverwirklichung führen würde. Aber Takis und Ikarus hatten genug Erfahrung gesammelt, um zu wissen, dass Erleuchtung nichts mit Individualität zu tun hatte. Tatsächlich ist es der *Verzicht* auf Individualität – im psychologischen, nicht im physischen Sinne –, der zu wahrer Selbstverwirklichung führt. Und diese Verwirklichung kann nur im Einssein gefunden werden.

Vergiss aber nicht, dass, auch wenn Platos Denksystem nicht vollkommen war, seine Lehren und Schriften doch vielen Menschen geholfen haben, ihren Geist so weit zu entwickeln, dass sie bessere *Entscheidungen* treffen konnten. Für sie war seine Präsenz ein wichtiger Schritt auf ihrem Weg.

GARY: In welcher Zeit lebte Plato überhaupt?

PURSAH: Darüber ist man sich nicht einig, doch lebte er im Zeitraum zwischen 500-450 v. Chr.

GARY: Lasst mich mal sehen, was Wikipedia dazu sagt.

[Kurze Zeit später] Tja, da steht unter anderem: »Es ist nichts Genaues zu Platos Geburtsjahr und -ort bekannt, aber man weiß mit Sicherheit, dass er zu einer aristokratischen und einflussreichen Familie gehörte.«

ARTEN: Sagen wir es mal so: Er musste sich seinen Lebensunterhalt nicht verdienen.

GARY: War nicht Plato der erste, der von Atlantis erzählt hat?

PURSAH: Ja. Er hatte durch Sokrates davon gehört und erwähnte es später in dem von ihm verfassten Dialog *Timaios*. Dort stellt er es so dar, als ob ein Ägypter namens Solon es jemandem namens Kritias erzählen würde. Aber egal. Was in dem Dialog zur Sprache kam, stimmte. Im Traum hatte es Atlantis tatsächlich gegeben, und die Menschen, die in der Platonischen Akademie zusammentrafen, waren auch gemeinsam dort gewesen. Deshalb hatte Sokrates sich daran erinnern können, denn ebenso wie sein Schüler Plato und Platos Schüler Aristoteles, Takis und Ikarus hatte auch er dort gelebt; sie alle hatten sich zurzeit von Atlantis gekannt. Und auch Plotin, der ein paar hundert Jahre nach Plato dessen Schriften studierte, war dort gewesen. Wie du dich sicher erinnerst, war Plotin derjenige, der die Vorstellung aufbrachte, dass das Gute, Platos Quelle, Eins war.

GARY: Ja. »Das Gute ist Eins.« Junge, die Typen hatten echt coole Leben.

ARTEN: Manchmal hatten sie eine gute Zeit und manchmal nicht.

Das gehört zum Wesen des dualistischen Traums. Und Atlantis endete in Gewalt und Tragödie. Alles in allem also kein so cooles Leben.

Das, was heute die Kanarischen Inseln sind – die dir übrigens gefallen würden, weil sie Hawaii ähneln –, ist ein Überbleibsel von Atlantis. Andere Reste davon erstrecken sich bis hin zum Bermuda-Dreieck. Plato schreibt, dass sich Atlantis jenseits der Säulen des Herkules befindet, heute würden wir sagen: jenseits der Straße von Gibraltar.

GARY: Und was genau geschah mit Atlantis?

ARTEN: Atlantis war eine hochintelligente Gesellschaft, die von Vorfahren unter euch gegründet worden war, die nicht von diesem Planeten stammten. Doch machten sie die gleichen Fehler, die unsere Zivilisation heute macht. Obwohl es dort eine sehr spirituelle und hochentwickelte Minderheit gab, wählte die Mehrheit anstelle der reinen Nondualismus des Geistes den Dualismus der materiellen oder Körperwelt. Vergiss nicht, dass die Tatsache, dass Wesen intelligent und technisch fortgeschritten sind, nicht unbedingt bedeutet, dass sie auch spirituell fortgeschritten sind.

GARY: Dass sie intelligent sind, bedeutet auch nicht unbedingt, dass sie klug sind. Ich könnte ein paar Leute mit Doktorgrad nennen, die intelligent klingende Wörter verwenden, aber nicht wirklich helle sind. Mir gefällt das Einstein-Zitat: »Der Unterschied zwischen Dummheit und Genie liegt darin, dass das Genie seine Grenzen hat.«

ARTEN: Traurig, aber wahr, im illusorischen Sinne des Wortes. Auf jeden Fall werden wir hier keine Lobeshymnen auf Atlantis anstimmen. Was daran wichtig ist, und das gilt ebenso für unsere aktuellen Besuche, ist, dass die Mehrheit der Menschen es für unmöglich hält, beim Nondualismus zu bleiben, besonders dem reinen Nondualismus. Das kannst du sogar heute bei *Ein Kurs in Wundern*® feststellen. Es scheint, als ob die Menschen wirklich *alles* tun würden, um sich nicht an die Botschaft zu halten, obwohl sie glücklicher wären, wenn sie es täten. Für diese möge das hier eine Erinnerungshilfe sein, ein kleiner Wink.

Was Atlantis anbelangt, so erzeugten die Herrschenden eine Art freier Energie, die unbegrenzt verfügbar war und zum Guten hätte genutzt werden können. Stattdessen fand eine Gruppe gestörter Menschen eine Möglichkeit, diese Energie in eine Waffe zu verwandeln. Sie glaubten, damit die ganze Herrschaft an sich ziehen zu können.

GARY: Ihr meint so, wie wir es mit der Nuklearenergie machten?

PURSAH: Ja. Anstatt sie für etwas Gutes einzusetzen, haben die Menschen sie dazu benutzt, einen weiteren Beweis für den Wahnsinn ihrer Spezies zu liefern. Sie wurde dazu verwendet, um Waffen herzustellen, die den Planeten zerstören konnten, und heute noch könnten.

GARY: Ist das eine Vorhersage?

PURSAH: Nein. Wir machen keine Vorhersagen, außer einer, und die haben wir schon damals in den 1990ern gemacht: Das Drehbuch des Egos wird sich in Zukunft nicht besonders verändern, es wird nur alles größer, schneller und beängstigender. Und es muss größer werden, denn das ist es, wonach sich das Ego sehnt. Es muss wichtiger aussehen als das, was vorher da war, um dich zu überlisten, daran zu glauben. Ohne deinen Glauben ist das Ego nichts! Der Unterschied zwischen den meisten Menschen und Menschen wie J und B, selbst in Platos Zeit, als sie Ikarus und Takis waren, liegt darin, dass sie sich nicht von äußeren Erscheinungen beirren ließen. Sie haben diese Erscheinungen durchschaut und sie als das erkannt, was sie waren: Täuschungen.

Atlantis wurde durch Ignoranz, Gier und die daraus resultierende Gewalt zerstört. Ziel des Egos ist immer Mord. Warum? Weil die Tatsache, dass du verletzt oder zerstört werden kannst, bedeutet, dass du ein Körper bist; und wenn du ein Körper bist, dann ist das gesamte auf Trennung basierende Denksystem des Egos wahr. Und selbst dann, wenn du scheinbar in einem anderen

Körper wiedergeboren wirst, denkst du immer noch, dieser Körper seist du! Es ist ein bedrückender Kreislauf, der *nur* durch Aufheben und nicht durch Wiederholen beendet werden kann.

GARY: Noch eine schnelle Frage, bevor ich es vergesse. Ihr habt in meinem dritten Buch die Verschwörung vom 11. September 2001 erklärt und dass die Flugzeuge, die in die Türme flogen, nicht die wirklichen Flugzeuge mit den Leuten darin gewesen wären und auch, dass die Gebäude implodierten. Aber seitdem werde ich immer wieder gefragt, was denn mit den Menschen passierte, die in den wirklichen Flugzeugen gesessen hatten.

PURSAH: Zunächst einmal hatten in den ursprünglichen Flugzeugen nicht so viele Menschen wie normalerweise üblich gesessen, und eines der Flugzeuge wurde bei der Landung in Minneapolis gesichtet. Einige der Passagiere waren bereits zuvor ausgesucht worden. Sie alle bekamen mehrere Millionen Dollars und einen Platz im Zeugenschutzprogramm angeboten. Manche von ihnen griffen freudig zu, andere nicht. Letztere wurden dann durch Einschüchterungen und zum Teil durch Schläge davon überzeugt, dass es gut für sie wäre, das Angebot anzunehmen. Am Ende gingen die meisten darauf ein, aber ungefähr zwanzig Prozent wurden, freundlich ausgedrückt, sang- und klanglos fortgeschafft – und sind einfach verschwunden. Das ist jetzt lange her. Als ein paar »sich zu outen« versuchten, wenn man so will, hat man sich ihrer entledigt. Dem Rest wurde langsam aber sicher der Garaus gemacht. Sie hatten geglaubt, ein langes, reiches Leben vor sich zu haben, aber der CIA und dessen Hintermänner wollten kein Risiko eingehen.

GARY: Das heißt, sie sind jetzt alle tot?

PURSAH: Ja. Erinnerst du dich noch, wie fast alle Zeugen der Ermordung von John F. Kennedy innerhalb weniger Jahre starben?

GARY: Natürlich.

PURSAH: Genauso war es hier.

ARTEN: Machen wir weiter. In den kommenden Wochen sollst du darüber nachdenken, wie kompromisslos sich Ikarus und Takis selbst in Gegenwart großer Philosophen wie Plato zeigten. Was für sie zählte, war die Wahrheit. Sie entschieden sich dafür, an das zu glauben, was zu glauben gerechtfertigt war, nicht an äußere Erscheinungen. Und nach all den Jahren mit uns und dem Kurs weißt du, wie unerbittlich kompromisslos dieser ist.

Mach's gut, mein Freund und grüß Cindy ganz lieb von uns. Es ist wundervoll zu sehen, wie engagiert sie den Kurs praktiziert.

GARY: Darf ich euch noch etwas fragen?

Aber sie waren schon fort. Mir wurde klar, dass meine Lehrer wissen, was das Beste für mich ist, auch wenn ich selbst es nicht tue. Sie kamen genau zu dem Zeitpunkt, zu dem sie kommen sollten, und ich fragte sie genau das, wovon der Heilige Geist wollte, dass ich es fragte, nicht nur für mich, sondern für alle, für die diese Gedanken hilfreich sein könnten.

Später, an einem herrlichen kalifornischen Sonntag, fuhren Cindy und ich an der Küste entlang. Wir besuchten mehrere Strände und Städte bis hinunter zum Huntington Beach und wieder zurück zum Redondo Beach (den wir zum Spaß Redundant Beach, »redundanten Strand«, nannten), dem Hermosa Beach und dem Manhattan Beach. Es war einer dieser perfekten Tage, an denen alles gut läuft. Die Leute, das Wetter, der Ausblick, die Erlebnisse – alles war perfekt. Wir fühlten uns wundervoll.

Auf dem Heimweg hielten wir in Marina del Rey und fanden ein charmantes Lokal am Strand, in dem wir zu Abend aßen. Es war noch früh, und so hatten wir Glück und bekamen einen Tisch direkt am Wasser mit Blick auf den Sonnenuntergang. Wir bestellten unser Essen und genossen die Aussicht. Dann beschloss Cindy aus irgendeinem Grund, die Nachrichten auf ihrem Handy abzuhören.

Während sie das tat, sah ich, wie das Lächeln in ihrem Gesicht sich in einen Ausdruck des Entsetzens verwandelte. Cindys Stiefbruder Jeff, mit dem sie zusammen aufgewachsen war und der ihr sehr nahestand, war bei einem Unfall ums Leben gekommen. Während

Cindy versuchte, ihren Vater und ihre Stiefmutter Alice zu erreichen, schien es so, als wäre das Leben stehengeblieben. Es ist ein hoffnungsloses, qualvolles Gefühl, wenn man mit dem Tod eines geliebten Menschen konfrontiert wird.

Im Rückblick war dieser Tag eine drastische Lektion, was Dualität anbelangt. Einen Moment lang genießen wir einen herrlichen Tag, im nächsten tritt uns der Todestraum des Egos vor Augen. Wir taten alles, um mit dieser Situation klarzukommen, doch in einem solchen Moment ist es nie genug. Also gaben wir einfach unser Bestes.

Ich hatte Jeff gerade erst kennengelernt. Es war seltsam, dass er so früh gehen musste, denn für mich hatte es sich so angefühlt, als würde ich ihn noch viel besser kennenlernen dürfen. Wir spielten beide Gitarre – genau genommen war er der wahrscheinlich begehrteste Gitarrenspieler in Las Vegas –, und ich hatte mich schon auf eine Jam-Session mit ihm gefreut.

Kurz, nachdem Jeff und ich uns kennengelernt hatten, war etwas passiert, das uns alle freudig überrascht hatte. Jeff hatte mein erstes Buch gelesen und begann mit dem Studium des Kurses. Nach einem Besuch bei ihm rief mich Jeffs Mutter Alice an und bedankte sich herzlich. Sie hatte Jeff noch nie so friedvoll erlebt. Eine Mutter kennt ihren Sohn und merkt, wenn er sich verändert.

Diese krasse Lektion in Sachen Dualität hat mich regelrecht umgehauen, aber nicht nur im negativen Sinne. Ein paar Wochen nach Jeffs Tod fand in Las Vegas eine Gedächtnisfeier für ihn statt, an der wir teilnahmen. Fast alle aus der Entertainment-Community von Las Vegas waren dort und erwiesen ihm die letzte Ehre auf jene Art, die sie am besten beherrschen: Sie musizierten. Es war wahrscheinlich eines der besten Konzerte des Jahres. Cindy sang so schön wie immer und fand bewegende Worte über ihre gemeinsame Kindheit mit Jeff. Viele der anwesenden Musiker sagten, die Gedächtnisfeier sei das Beste gewesen, was der Entertainment-Community von Las Vegas je passiert wäre. Menschen, die jahrelang nicht miteinander gesprochen hatten, trafen sich wieder und erneuerten ihre Freundschaft; andere lernten sich kennen und schlossen Freundschaft. Einige Mitglieder von Jeffs Familie, die jahrelang nicht miteinander gesprochen hatten, lagen sich am Ende des Tages in den Armen. Es war so, als würde Jeff seinen Freunden und seiner Familie weiterhin helfen, obwohl sein Körper nicht mehr da war.

Ein Jahr, nachdem ich genau dieselbe Erfahrung mit meinen Eltern gemacht hatte, wiederholte sie sich mit Jeff, seinen Freunden und seiner Familie. Ja, wir trauern, und das sollen wir auch. Wenn so etwas gerade dran ist, ist man am besten normal. Aber da war noch etwas anderes.

Der Schmerz über den scheinbaren Verlust eines geliebten Menschen vergeht, aber die Liebe, die du für ihn empfindest, bleibt. Sie wird immer bleiben. Die Liebe ist wirklich, der Schmerz nicht. Und ist es nicht interessant, dass das Wirklichste in unserem Leben etwas ist, das wir nicht sehen können? Denn Liebe können wir nicht sehen. Wir können Liebe am Werke sehen, die Liebe selbst, die dahintersteht, aber nicht.

Dasselbe gilt für das Reich Gottes. Wir können es nicht mit den Augen unseres Körpers sehen, und doch ist es das Wirklichste, was es gibt. Wir werden in eine Welt zurückkehren, die wir in diesem Moment nicht sehen, jedoch zeitweise erfahren können, auch wenn es so scheint, als wären wir hier. Doch dem wird einst eine dauerhafte Erfahrung folgen, in der es nur *eine* Wirklichkeit gibt – ein Bewusstsein beständigen Einsseins, und darin wird es nichts anderes mehr geben als das einzig Wirkliche: die Liebe.

KAPITEL 5

Siddhartha und sein Sohn

Im Himmel gibt es keine Unterscheidung
zwischen Ost und West.
Menschen schaffen Unterschiede mit ihrem Geist,
und glauben dann, sie wären wahr.
– Buddha

In den 1980er Jahren besuchte ich den Vortrag eines buddhistischen Mönches in der Unity Church, bei dem ein Satz mich ganz besonders aufhorchen ließ: »Auf jemanden wütend zu sein ist so, wie Gift zu sich zu nehmen und zu erwarten, dass jemand anderes stirbt.« Er wusste, dass es nur einen von uns gibt, sodass alle Gedanken auf uns zurückfallen. Diesen Gedanken haben später meine Lehrer wieder aufgegriffen, und ich habe ihn noch tiefer verstanden. So funktioniert die Aufhebung des Egos. Aber bereits damals, in den 1980ern, begann ich während meiner Streifzüge durch verschiedene spirituelle Ansätze eine vage Vorstellung von Nondualismus zu bekommen, obwohl ich erst ein paar Jahre lang spirituell unterwegs war. Natürlich hatte ich keine Ahnung, wie ich ihn *erfahren* könnte, doch mein Interesse war geweckt.

Während ihrer ersten Besuche erzählten mir Arten und Pursah: »Der Vedanta ist eine nichtdualistische spirituelle Lehre, die besagt, dass die Wahrheit Brahmans alles ist, was es wirklich gibt, und *alles* andere Illusion ist: Unwahr, nichts, null – Punkt. Shankara hat den Vedanta sehr weise als Advaita oder nichtdualistisch gedeutet.« In anderen Worten: Die Wirklichkeit steht in *keinerlei* Bezug zur Welt der Erscheinungen.

Diese Information hatten mir meine Lehrer während ihres zweiten Besuches gegeben, kurz bevor ich meine erste Ausgabe von *Ein Kurs in Wundern*® kaufte. Es dauerte nicht lange, bis ich merkte, dass dementsprechend auch der Gott des Kurses in keinerlei Bezug zur Welt des Egos stand. Später sollte ich noch eine weitere Form von Nondualismus kennenlernen, doch mein Glaube an die Unterscheidung von Wirklichem und Unwirklichem begann bereits jetzt wahrhaft Fuß zu fassen.

Viele Jahre später, in einer warmen Juninacht des Jahres 2014, besuchten Cindy und ich die in der Nähe des Griffith Park Observatory gelegene Hollywood Bowl, die auch »The Greek« genannt wird, weil sie wunderschön nach dem Vorbild eines antiken griechischen Theaters gestaltet ist. Dort wollten wir Sarah McLachlan sehen, eine von Cindys Lieblingsmusikerinnen. »The Greek« ist ein Freilichttheater mit einer tollen Akustik, der perfekte Ort für ein Sommerkonzert. In der Pause vertraten wir uns ein wenig die Beine, und als wir zu unseren Plätzen zurückkehrten, stand plötzlich Marianne Williamson vor uns. Ich fand es wirklich nett, dass sie vorbeigekommen war, um uns Hallo zu sagen. Die Show sollte gleich weitergehen, so sagten wir nicht viel, nur so etwas wie »schönes Konzert«, und umarmten uns.

Interessanterweise hatten wir Marianne erst drei Tage zuvor bei den Vorwahlen für den Kongress gewählt. Sie hatte sich in unserem Wahlkreis aufstellen lassen, und auch wenn sie nicht gewonnen hat, war es die Aufstellung wert. Sie war als Unabhängige ins Rennen gegangen, und ich denke, sie hätte mehr Chancen gehabt, wenn sie sich für die Demokraten hätte aufstellen lassen. Aber es war ihre Entscheidung, und im Leben geht es um mehr, als nur zu gewinnen.

An diesem Abend ging Cindy vor mir ins Bett, was von Zeit zu Zeit vorkommt. Ich war schon immer eine Nachteule, und sie ist eher an normale Uhrzeiten gewöhnt. Ich döste im Fernsehsessel vor mich hin und erschrak nicht wenig, als ich die Augen öffnete und Arten und Pursah auf der Couch sitzen sah, die ganz offensichtlich ein Gespräch mit mir führen wollten. Nachdem die Tür zum Schlafzimmer geschlossen worden war, begann Pursah zu sprechen.

PURSAH: Hi, Musikfan! Hattest du einen schönen Abend?

GARY: Auf jeden Fall. Und Cindy war hingerissen. Aber wollen wir sie nicht wecken? Dann kann sie dazukommen und euch zum ersten Mal sehen!

PURSAH: Das kann sie nicht. Wir haben uns geistig mit ihr verbunden und ihr vorgeschlagen, tief zu schlafen und glückliche Träume zu träumen. Wenn sie irgendetwas hört, wird sie denken, es sei der Fernseher.

GARY: Wow. Das ist das erste Mal, dass ich mit euch spreche, während noch jemand im Haus ist. Es fühlt sich anders an.

PURSAH: Wir werden Cindy erscheinen, wenn die Zeit dafür reif ist. Wie du weißt, hängt das auch von ihr ab. Weil wir der Heilige Geist sind, der Form annimmt, um zu kommunizieren, sind wir uns der Bereitschaft aller Menschen bewusst, entsprechende mystische Erfahrungen zu machen. Manche Menschen bedürfen solcher Erfahrungen im Moment nicht, und manche brauchen sie als eine Art Ermutigung.

ARTEN: Weißt du, dass wir uns in den späten 1980ern und den frühen 1990ern manchmal gezeigt haben und bei dir waren, während du meditiert hast? Dann saßen wir neben dir, aber sobald du die Augen geöffnet hast, sind wir verschwunden, so dass du uns nicht sehen konntest. Wir haben deine Fortschritte beobachtet und auf den richtigen Moment gewartet, der erst an jenem Tag in Maine gekommen ist.

GARY: Der Tag des Heiligen Thomas!

PURSAH: Ja. Kein Zufall. Aber wenn du vorher bereit gewesen wärst, hätten wir uns dir bereits dann gezeigt. Wir waren bestimmt ein halbes Dutzend Mal zuvor da, und du hast es nicht einmal gemerkt.

GARY: Ihr veräppelt mich wohl! Aber es fühlt sich irgendwie gut an, dass ihr für mich da wart. Es ist nett, dass ihr euch die Zeit dafür genommen habt.

PURSAH: Wir hatten nichts Besseres zu tun. War nur ein Spaß.

GARY: Hei, widerspricht das nicht der Vorstellung, dass das Drehbuch schon geschrieben und alles vorherbestimmt ist?

ARTEN: Nein. Laut Kurs hast du als Gefangener der Welt immer noch eine gewisse Macht, erinnerst du dich?

GARY: Oh ja. Ich erinnere mich. Die Macht der Entscheidung. Ich kann mich für den Heiligen Geist entscheiden. Ich kann beschließen, alles auf die richtige Weise zu sehen. Demnach höre ich, während ich diesen Film anschaue, von dem ich zuvor annahm, er sei wirklich, auf dessen Interpretation durch den Heiligen Geist und nicht auf die Geschichte, die mir das Ego erzählt. Dadurch verändert sich meine Erfahrung. Ihr meint also, dass es meine eigenen Fortschritte waren, die euch gezeigt haben, dass ich bereit für eine andere Erfahrung war? Es ist ein und derselbe Film, aber ich habe endlich verstanden, wie er richtig zu deuten ist?

ARTEN: Ja, und das ist nicht *deine* Interpretation, sondern jene, die sich aus der Führung durch den Heiligen Geistes ergibt. Die Menschen müssen willens sein aufzuhören, ihre eigenen Lehrer sein zu wollen, weil sie, wie der Kurs deutlich macht, dabei ziemlich schlecht abgeschnitten haben. Dafür braucht es jedoch ein gewisses Maß an Demut.

GARY: Dann habe ich also wenigstens *etwas* richtig gemacht.

PURSAH: Du hast eine ganze Menge richtig gemacht. Du hast Fehler gemacht, ja. Aber alle Fehler werden verziehen. Wir haben dir von Anfang an gesagt, dass wir dich niemals verurteilen werden. Nun, willst du nicht wissen, was wir dir heute erzählen wollen?

GARY: Ich weiß nicht. Ich bin irgendwie müde. Könnt ihr es mir nicht einfach in meinen Geist pflanzen, so wie ihr es bei Cindy gemacht habt?

PURSAH: Wir kommen in unserer Geschichte nun zu Buddha und jemandem, der ihm sehr nahestand.

GARY: Na, das kriege ich hin, ihr meint diesen J-Typen in jenem Leben?

PURSAH: Wie schön, dass du aufpasst. Die Geschichte von Buddha oder Siddhartha, wie sein wirklicher Name war, ist unter spirituellen Schülern recht bekannt, einschließlich jener im Westen, besonders aber bei den Buddhisten. Doch es ist eine *Geschichte*, und genauso wie bei der Geschichte von J ist manches davon wahr und manches erfunden, ja teilweise ein religiöser Mythos. Was wir dieser Geschichte hier hinzufügen, ist hingegen kein Mythos.

ARTEN: Siddhartha wurde ungefähr 450 Jahre vor J in Ostindien in ein privilegiertes Leben hineingeboren. Sein Vater war ein König namens Suddhodana, und er wurde, abgeschottet von der Welt, von Maha aufgezogen, der jüngeren Schwester seiner Mutter. Seine Welt beschränkte sich auf den riesigen Palast mit seinen weitläufigen Grundstücken, aber weil er so viel Platz zum Spielen hatte, fühlte er sich nicht eingeschränkt. Maha verwöhnte ihn, und sein Vater sorgte dafür, dass er eine gute Ausbildung erhielt. Er lernte also etwas über die Welt außerhalb des Palastes, soweit diese damals bekannt war, aber es war ihm nicht erlaubt, sie zu sehen.

Als er neunzehn Jahre alt war, machte Maha Siddhartha auf Wunsch Suddhodanas mit einer wunderschönen Frau bekannt, die er ein Jahr später heiraten sollte. Ihr Name war Yasodhara. Für beide war es Liebe auf den ersten Blick, und so machte es ihnen nichts aus, dass sie zu dieser Ehe gezwungen wurden, denn sie waren sehr glücklich. In den ersten Jahren ihrer Ehe führten sie ein glückliches Bilderbuchleben. Aber Siddharthas Vater wollte unbedingt, dass sie Kinder bekämen, und als dies nach ein paar Jahren noch immer nicht der Fall war, bedeutete das nicht nur für ihn eine große Enttäuschung, sondern auch für Siddhartha und Yasodhara.

So wurde Siddhartha mit den Jahren unzufrieden. Obwohl er seine schöne, intelligente Frau liebte, und obwohl sein Vater es ihm verboten hatte, wuchs in ihm das Verlangen, jene Welt kennenzulernen, die vor ihm verborgen worden war. Yasodhara liebte ihn, aber sie sah das Fernweh in seinen Augen und tat alles Erdenkliche, um ihn zum Bleiben zu überreden.

Siddhartha hatte nun Träume und Visionen, in denen er reiste und viele Menschen kennenlernte und sah, dass ihn außerhalb der Palastmauern und -gärten die Erlösung erwartete. Es war eine schwierige Zeit für ihn, denn er wusste, dass er, wenn er gehen würde, Menschen verletzen würde. Er war ein sanfter, freundlicher Mann und wollte nicht, dass jemand litt.

Doch Siddhartha selbst litt ebenso. Er fühlte, dass etwas fehlte und er hinausgehen und es finden müsse. In seinen Träumen und Visionen erfuhr er auch von anderen Zeiten – Zeiten in denen er auf der spirituellen Suche gewesen war – und von einem geheimnisvollen Fremden, der ihm helfen würde, das zu finden, was er suchte. Nach vielen Jahren des Zweifelns und Fragens fühlte sich Siddhartha gezwungen, endlich zur Tat zu schreiten. Auch wenn es ihn innerlich zerriss, schlich er sich eines Nachts, als alle schliefen, durch einen geheimen Ausgang davon, den er als Kind einmal entdeckt, aber bisher nie auszuprobieren gewagt hatte.

Yasodhara brach es das Herz. Sie redete sich ein, dass Siddhartha zurückkehren würde, wenn er erst einmal sein Verlangen nach der Welt da draußen gestillt hätte. Und diesem Wunsch galt ihr ganzes Gebet. Doch stattdessen wurde ein anderes fast Vergessenheit geratenes Gebet beantwortet: Sie stellte fest, dass sie schwanger war. Das machte sie sehr glücklich und traurig zugleich, weil sie verzweifelt wünschte, Siddhartha würde wissen, dass sie ein Kind bekamen.

Es ist nur wenigen bekannt, dass Buddha, also Siddhartha, einen Sohn hatte. Sein Name war Rahula. Das steht nicht in der offiziell anerkannten buddhistischen Geschichtsschreibung, aber der Buddhismus hat viele Gesichter, und so gibt es verschiedene Versionen dieser Geschichte. Auf jeden Fall wusste Siddhartha nichts von dem Kind und verbrachte die ersten Jahre in Freiheit damit, den Osten Indiens zu bewandern. In gewisser Weise war diese Wanderschaft eine Wiederholung seiner vorherigen Leben, von denen wir dir bereits erzählt haben. Eine Art Rückblick. Aber dieses Mal war es ein wenig anders, denn er hatte ja schon ein Leben als reicher Mann in einem Palast geführt und konnte das als Vergleich heranziehen. Daraufhin entschied er sich für ein asketisches Leben. Doch nachdem er dieses ein paar Jahre ausprobiert hatte, kam er zu derselben Schlussfolgerung, zu der er bereits in einem seiner Vorleben in China gelangt war: Askese war nicht notwendig. Doch das hätte er nicht vollständig verstehen können, wenn er nicht zuvor ein reicher Mann gewesen wäre. Dass weder Besitz noch körperliche Freuden ihn je wahrhaft befriedigen würden, wusste er bereits, doch nun erkannte er, dass es ihn ebenso wenig befriedigte, all das – das ihm verbleibende Leben im sogenannten Wohlstand – aufzugeben.

Gary: Und darum entschied er sich für einen Mittelweg?

Arten: Ja. Aber Siddhartha hatte einen weiteren wichtigen Durchbruch in dieser Zeit. Er wurde ein Meister der Meditation, lernte aber auch, dass Meditation alleine nicht zur Erleuchtung führt. Das liegt daran, dass sie nicht das Ego aufhebt, was zu hundert Prozent notwendig ist, um zur Erleuchtung zu gelangen. Aber Meditation *kann*, sofern sie sorgsam praktiziert wird, den Geist sowohl zur Ruhe bringen wie auch stärken. Und das wiederum macht es sehr viel leichter, den Geist zu trainieren und zu disziplinieren. Wenn aber der Geist in einer solchen Verfassung ist, ist es einfacher, ein Denksystem anzuwenden. Das hast du in Maine selbst herausgefunden.

Gary: Ja, ich habe damals jeden Tag meditiert. Ich tue das noch immer, habe allerdings über die Jahre hinweg verschiedene Methoden ausprobiert, meist durch etwas inspiriert, was ich zunächst für Intuition hielt, später aber als den Heiligen Geist erkannte. Ich habe es nie wirklich gelernt oder so, es war, als könnte ich mich daran erinnern, wie es funktioniert. Als ich dann später mit dem Kurs anfing, fand ich, dass die Meditationsübungen es mir erleichterten, die Lektionen zu üben und meinem Geist bei der Arbeit zuzuschauen. Außerdem habe ich festgestellt, dass viele Lektionen sehr meditativ sind, auch wenn sie, anders als in der traditionellen Meditation, bestimmte Gedanken miteinbeziehen, außer wenn in einer Lektion der Zeitpunkt gekommen ist, den Geist zur Ruhe zu bringen. Und dann gibt es im *Übungsbuch* sogar ein paar Lektionen, die eine tatsächliche Annäherung an Gott beinhalten. Auf jeden Fall bin ich davon überzeugt, dass ich den Kurs wirksamer praktizieren konnte, weil ich bereits Übung in Meditation hatte. Andersherum können Menschen aber auch in den Genuss von Meditation kommen, indem sie einfach die Lektionen üben.

ARTEN: Das stimmt. Durch das Meditieren erinnerte sich Siddhartha mehr und mehr an seine früheren Leben und all das, was er bereits gelernt hatte. Er erinnerte sich auch an seinen Freund J in dessen jeweiligen Erscheinungsformen und erkannte, dass J derjenige war, nach dem er auf der Suche war, damit er ihm helfen könne, Erleuchtung zu erlangen, auch wenn er nicht wusste, welche Form das annehmen würde. Noch konnte er nicht ausmachen, wer sein Freund in diesem speziellen Leben war, doch wollte er es herausfinden.

Alles, was er in seinen vorherigen Traumleben gelernt hatte, kehrte in sein Gedächtnis zurück und verließ ihn fortan nicht mehr. Wie du weißt, geht uns einmal Gelerntes niemals verloren, nur müssen wir uns daran erinnern – und dabei half ihm die Meditation.

Statt eines von Extremen geprägten Lebens führte Siddhartha nun ein maßvolles und meditatives Leben. Alsbald verschwanden jene Leute, die ihm während seiner asketischen Phase gefolgt waren. Doch an ihrer Stelle kamen viele andere, um ihm zuzuhören und an seiner Weisheit teilzuhaben. So wurde er als Guru berühmt, auch wenn das für ihn nicht wichtig zu sein schien. Denn seine Vorstellungen vom Maßhalten bezogen sich auch auf sein Verhalten anderen Menschen gegenüber.

GARY: Das erinnert mich an das Sprichwort: »Alles in Maßen, auch das Maß halten.«

ARTEN: Du hast es verstanden. Aus diesem Grund sagte Ken Wapnick seinen Schülern immer wieder: »Vergesst nicht, was es heißt, normal zu sein.«

ANMERKUNG: In Kapitel 7 erzählen wir mehr über Ken Wapnick.

PURSAH: Unser Freund war also zu der Überzeugung gelangt, dass es nicht darauf ankommt, was wir tun, sondern was wir denken. Natürlich ist das, was wir tun, das Ergebnis dessen, was wir denken, aber Siddhartha spannte das Pferd nun vor den Karren. Er war im Palast unterrichtet worden und kannte die Veden und Upanischaden. So wusste er sehr wohl über den Unterschied zwischen dem Brahman und der Welt Bescheid. Denn in der *Bhagavad Gita* steht: »Das Unwirkliche ist nie; das Wirkliche ist nie nicht.« Doch bislang hatte er diesen Unterschied noch nicht selbst in Erfahrung bringen können, also beschloss er, eine Möglichkeit zu finden, dies zu tun. Sein Ziel war es, die Wahrheit dauerhaft zu erfahren. Damit hatte er die Messlatte ganz schön hochgelegt, aber er war fest entschlossen.

Er praktizierte luzides Träumen, etwas, mit dem er schon zu Lebzeiten Laotses herumexperimentiert hatte. Auch seine Schüler übten sich in luzidem Träumen, weil sie dachten, die Fähigkeit, in Träumen ihre Entscheidungen kontrollieren zu können, über den Tod hinaus mit sich nehmen und den Beschluss fassen zu können, nicht wiedergeboren zu werden. Das funktioniert übrigens nicht, solange das Ego nicht vollständig aufgehoben ist. Es kann aber insofern hilfreich sein, als luzide Träume uns nachts bei der Erkenntnis helfen können, dass wir immer noch träumen, auch wenn wir längst wach zu sein scheinen.

Auch wenn Siddhartha in diesem seinen Leben nicht besonders viel Leid erlebt hatte, vermisste er Yasodhara doch sehr. Er überlegte kurz, ob er sie besuchen solle, aber dann kam ihm ein anderer Gedanke. Er erkannte, dass sie zu vermissen und das Gefühl zu haben, bestimmte Dinge tun zu müssen, eine Form von Leid waren – etwas, was uns an die Welt kettete. Und wenn wir an die Welt gekettet sind, sind wir von ihr abhängig und ihr Sklave. Er wollte aber frei sein – frei von der Welt und frei von jeder Form des Leids, das die Hindus (und später auch die Buddhisten) *dukkha* nannten. Das führte ihn zu einer weiteren wichtigen Erkenntnis: Leid entsteht durch *Verlangen*. Was wäre, wenn wir gar nicht erst etwas benötigten? Dann würden wir auch nicht leiden, wenn wir dieses Etwas nicht hätten. Und was könnten wir überhaupt benötigen, wenn doch soundso nichts wirklich ist? Und wenn wir von niemandem etwas benötigten, könnten wir zu allen eine authentische Beziehung haben. Und um das zu tun, bräuchten wir keine Asketen zu werden und alle weltlichen Dinge aufzugeben. Denn das könnten und sollten wir im Geiste tun.

GARY: Der Kurs würde sagen, dass nicht Verlangen es ist, was uns leiden lässt, sondern die scheinbare Trennung von Gott und das daraus entstehende Mangelgefühl. Tatsächlich ist Verlangen nur ein Symptom dieses Mangels, und die Lösung liegt darin, das Gefühl aufzuheben, wir seien von unserer Quelle getrennt.

ARTEN: Das stimmt, Gary, aber Verlangen macht es real. Lass‘ uns erst einmal bei Siddhartha bleiben; auf das, was er bei seinem Ansatz vergessen hat, werden wir später zurückkommen. Die wichtigste Erkenntnis, die er aufgrund aller anderen Erkenntnisse hatte, war, dass es möglich war, das aufzuheben, was die Illusion zuallererst verursachte: Das Ego. Die Hindus wussten nicht nur, dass es das Ego gab, sondern auch, dass es nur ein einziges Ego gab, oder, wie sie es nannten: das Eine, welches als Viele in Erscheinung trat.

Das macht die Welt der Vielheit aus, also all das, was wir sehen. Wenn es uns gelingt, das Ego aufzuheben, dann haben wir eine Möglichkeit gefunden, die *Ursache* der Illusion aufzuheben!

In dieser Zeit entdeckte er auch die Synergie von Gedanken und Glauben. Wir müssen uns klarmachen, dass Siddhartha zwar an die hinduistischen Götter glaubte, sich dieser Glaube bei ihm aber nicht kristallisieren konnte, da vor lauter Göttern der Fokus fehlte. Viele Hindus neigen deshalb dazu, sich einen der vielen Götter, etwa Shiva oder Vishnu, herauszupicken und ihren Kult auf diesen zu konzentrieren. Es war nur eine Frage der Zeit, dass der Monotheismus die Welt erobern würde, und zu Siddharthas Lebzeiten existierte bereits die erste der heutigen drei monotheistischen Hauptreligionen – das Judentum. Aber Siddhartha, der sich innerlich nicht an einen Gott gebunden hatte, konzentrierte sich auf das, was er »das höhere Selbst« oder Brahman, also die Wirklichkeit, nannte. Und hier kommt nun die Kraft des Glaubens ins Spiel. Was weißt du über die Kraft des Glaubens?

GARY: Das ist einfach: *Das, woran zu glauben du dich entscheidest, ist letztlich das, was dich beeinflusst.*

PURSAH: Ausgezeichnet. Das, woran zu glauben du dich entscheidest, ist das, was du für wirklich halten und als solches erleben wirst. Weil er das wusste, wandte Siddhartha seinen Glauben von der Welt ab und glaubte nach Jahren der Übung nicht mehr an sie. Stattdessen lenkte er seinen Glauben dorthin, wohin er, wie er wusste, in Wirklichkeit gehörte: zum Brahman.

Aber das war noch nicht alles. Als er aufhörte, an die Welt zu glauben, und diese weniger Wirkung auf ihn hatte, begann er das Leben tatsächlich mehr und mehr als jenen Traum zu empfinden, der es in Wirklichkeit war. Zwar war er den Weg aus dem Leid noch nicht bis zu Ende gegangen, machte aber große Fortschritte.

Siddhartha wanderte weiter durch Ostindien, lehrte seine Weisheit und wie man das Ego aufhebt. Anstatt der Welt physisch zu entsagen, entsagte er ihr psychisch, indem er sich weigerte, an sie zu glauben, über sie hinwegsah und seinen Glauben in eine Wirklichkeit setzte, die er direkt hinter dem Schleier der Illusion spüren konnte.

Als er den Palast verlassen hatte, war er siebenundzwanzig Jahre alt gewesen. Zwanzig Jahre später, als Siddhartha gerade eine Gruppe von Schülern darin unterwies, wie sie ihren Weg fort von *dukkha* und hin zur Erlösung finden konnten, stand hinter den sitzenden Schülern ein Mann, der überrascht war, diesen Lehrer hier zu sehen. Da Siddhartha von seinem Vater immer im Palast gehalten worden war, hatte ihn außer den Menschen, die im Palast arbeiteten, kaum einer gekannt. Doch dieser Mann in der Menge glaubte, ihn wiederzuerkennen. Als die Versammlung zu Ende war, ging er zu Siddhartha, um ihn genauer ansehen zu können, und fragte ihn, ob er sich an ihn erinnern könne. Er sagte, sein Name sei Vadmer und er habe in den Palastgärten gearbeitet, als Siddhartha noch dort gelebt hatte. Er sagte auch, dass alle sehr traurig über Siddhartas Verschwinden gewesen seien.

Siddhartha war überrascht, und sein Interesse geweckt. Er fragte den Mann, wann er seinerseits denn den Palast verlassen habe, und der antwortete, das sei ungefähr zwei Jahre her.

Dann fragte Siddhartha Vadmer, wie es Yasodhara ginge. Vadmer senkte den Kopf und sagte, ihm tue es sehr leid, dass Siddhartha nicht erfahren habe, dass Yasodhara vor drei Jahren an einem Fieber gestorben sei. Siddharthas Augen füllten sich mit Tränen. Er hatte gedacht, die Welt habe keine Wirkung mehr auf ihn, doch offensichtlich war das noch nicht ganz der Fall. Allerdings waren die Tränen nur von kurzer Dauer, als er hörte, was Vadmer noch zu berichten hatte.

Denn Vadmer fragte Siddhartha, ob sein Sohn ihn gefunden habe. Siddhartha wollte seinen Ohren nicht glauben: Ein Sohn?! Er war erschrocken und voller Freude zugleich. Die Dualität zwischen seiner Trauer um Yasodhara und der Nachricht, er habe einen Sohn, verwirrte ihn, aber er fragte Vadmer, wie der Junge denn hieße. Vadmer antwortete, sein Name sei Rahula, und er habe ungefähr ein Jahr nach dem Tod seiner Mutter den Palast verlassen, um seinen Vater, Siddhartha, zu suchen.

Das änderte alles für Siddhartha. Von diesem Moment an wollte er nur noch eines: Rahula finden. Vadmer hatte ihn ihm genau beschrieben. Am nächsten Tag machte er sich in Richtung seines früheren Zuhauses auf und fragte jeden, den er traf, ob er einen Jungen um die zwanzig gesehen habe, groß und schlank mit schwarzen Haaren, der auf der Suche nach seinem Vater sei.

GARY: Wow. Siddhartha war also noch nicht vollständig erleuchtet, hatte aber bereits so viel gelernt und erlebt, dass er fast soweit war, und dann zieht er los und sucht seinen Sohn.

ARTEN: Keiner wird ihm zum Vorwurf machen, dass er seinen Sohn finden wollte. Wir wollen aber, dass dir klar ist, dass er nun nach etwas suchte, das außerhalb von ihm zu sein schien. Und wenn du etwas suchst, das sich außerhalb von dir befindet, machst du es real und bist nicht im Zustand des Einsseins, sondern im Zustand der Trennung. Die überbrachte Botschaft hatte in Siddhartha erneut Verlangen geweckt – das Verlangen, seinen Sohn zu finden. Und Verlangen führt zu Leid. Das ist ein Kreislauf.

PURSAH: Was uns zu einem kompromisslosen Grundsatz führt, den wirklich zu verinnerlichen nur wenige bereit sind: *In dem Moment, in dem du denkst, dass jemand ein reales menschliches Wesen ist, praktizierst du Trennung.*

GARY: Klasse. Damit werde ich von nun an meine Vorträge beginnen. Spaß beiseite, ich verstehe, was ihr meint. Es erinnert mich an etwas, das J in einer Botschaft zu Helen gesagt hat, etwas, das zunächst für sie alleine gedacht war, sie später aber anderen mitgeteilt hat. Es ging darum, dass sie nicht nein sagen konnte. J sagte ihr, wenn du nicht nein sagen kannst, wenn andere dich um etwas bitten, dann hast du deine Ichbezogenheit noch nicht überwunden.

PURSAH: Ja, Gary, denn wenn du nicht nein sagen kannst, machst du es real. Du sagst damit, dass dein Gegenüber eine reale Person mit einem realen Problem ist, und dass du dich wirklich um sie kümmern musst. Das bedeutet aber nicht, dass du niemals ja sagen und anderen Menschen helfen solltest, sondern nur, dass du es nicht tun *musst*.

GARY: Ich verstehe. Und wenn wir uns erst einmal daran gewöhnt haben, mit dem Heiligen Geist zusammenzuarbeiten, erhalten wir ohnehin Führung hinsichtlich dessen, was wir tun sollen. Oh mein Gott, da fällt mir etwas ein: Ihr habt gesagt, dass Siddhartha glaubte, jemand würde ihm helfen, jemand, nachdem er suchte, und dass er ihn letztlich finden würde. War dieser Jemand sein Sohn?

PURSAH: Ja.

GARY: Und war Jesus in diesem Leben sein Sohn?

PURSAH: Ja.

GARY: Ihr sagt, dass derjenige, den die Menschen später Jesus nennen sollten, der Sohn Buddhas gewesen ist?

PURSAH: Ganz genau.

GARY: Das gibt es nicht! Aber gut, ich muss zugeben, dass es einen Sinn ergibt. Ich meine, die beiden waren die ganze Zeit zusammen und haben sich gegenseitig unterstützt.

ARTEN: Aber bis jetzt erinnerten sie sich noch nicht aneinander, weil sie sich in diesem Leben noch nicht gefunden hatten. Und Siddhartha begann zum ersten Mal seit langer Zeit zu leiden, weil er seinen Sohn vermisste. Voller Sehnsucht zog er von Dorf zu Dorf und durch das ganze Land, doch selbst nach einem Jahr hatten sie sich noch nicht gefunden.

Zum Glück kehrte während der Nächte, in denen er sich ausruhte und Zeit zur Besinnung fand, langsam, aber stetig, Siddharthas Disziplin zurück, und bald nahm die Gelassenheit wieder ihren angestammten Platz in seinem Geist ein. Denk immer daran, dass alles, was du gelernt hast, bei dir bleibt. Auch wenn du kurzfristig vergisst, was du gelernt hast, kehrt es früher oder später wieder in dein Bewusstsein zurück. So funktioniert Erleuchtung.

Zwar vergisst du die Wahrheit, erinnerst dich dann aber wieder an sie und wirst sie irgendwann nicht mehr vergessen.

PURSAH: Als der, der er war, wusste auch Rahula sehr viel über unterschiedliche Formen von Spiritualität. Und auch in sein Bewusstsein kehrten die vielen Dinge zurück, die er zu anderen Zeiten gelernt hatte.

Siddhartha und Rahula besaßen beide viel Durchhaltevermögen, und du weißt, dass das die wichtigste Eigenschaft für jeden ist, der sich auf einem spirituellen Weg befindet. Das führte dazu, dass sie bei Ihrem Entschluss blieben, sich zu finden, auch wenn Rahula bereits seit drei Jahren auf der Suche war. Eines Tages aber, als dieser sich gerade an einer kleinen Wasserstelle befand, überkam ihn ein Gefühl der Aufregung, und sein Bewusstsein wurde von etwas erfüllt, das sich wie die Wiederentdeckung von etwas sehr Vertrautem anfühlte. Er wandte sich um – und vor ihm stand Siddhartha. Sie erkannten sich sofort. Doch sie umarmten sich nicht und sprangen auch nicht vor Freude auf und ab, denn ein solches Verhalten wäre zu dieser Zeit unwürdig gewesen. Stattdessen verbeugten sie sich voreinander, und eine Freudenträne blitzte in Siddharthas Auge.

Alsdann suchten sie sich einen Platz, an den sie sich setzen und unterhalten konnten. Im Verlaufe vieler Stunden brachten sie sich auf den neuesten Stand ihrer beider Leben, von denen sie beide wussten, dass sie genau das waren: eine Geschichte. In den folgenden Wochen kam ihnen die Erinnerung an alle Ereignisse aus ihrer Vergangenheit zurück und das, was sie dabei gelernt hatten. Sie erkannten, was sie über die Weltalter hinweg füreinander gewesen waren, und trafen eine Entscheidung: Sie wollten den Rest ihrer Tage gemeinsam verbringen, alles lernen, was sie noch zu lernen hatten, und das Gelernte umsetzen, was auch immer ihnen in ihrem Traum begegnen sollte. Gemeinsam wollten sie Erlösung erlangen.

Das beschleunigte ihren Lernprozess, sodass sie am Ende alles wussten, was sie wissen mussten, um zur Erleuchtung zu gelangen, und es auch anwenden konnten. Weil sie wussten, dass es ihnen dafür gelingen musste, ihre Egos vollständig aufzuheben, übten sie sich darin, den Traum nicht real zu machen. So war Siddharthas Leid bald geheilt. Eines der Puzzleteile besteht in der Erkenntnis, dass es dann, wenn der Traum nicht real ist, auch keinen Grund für ein Verlangen nach ihm gibt – und ohne Verlangen kein Leid entsteht. Aber sie führten diesen buddhistischen Grundsatz noch weiter. Denn wenn der Körper nur ein Teil des Traumes ist, dann ist auch der Schmerz, den du fühlst, nicht real. Du fühlst Schmerzen nicht wirklich, sondern *träumst*, du hättest Schmerzen. Und weil dein Traum in deinem Geist stattfindet, kannst du ihn ändern.

Wenn wir nachts, wenn wir schlafen, in einem Traum sind, ist nur unser Geist dort, nicht aber unser physischer Körper. Und genauso ist es mit dem Traum, den wir Leben nennen, und unserer sogenannten Wachzeit. Unser physischer Körper ist nicht wirklich hier, sondern – wie alles andere auch – nur Teil der Projektion.

Siddhartha und Rahula vergaben ihre Leben. Sie vergaben die Isolation, die sie im Palast erfahren hatten, und ließen den Schmerz über den Verlust Yasodharas los. Es war nicht so, dass sie sich nicht mehr daran erinnerten. Manche Menschen denken fälschlicherweise, dass etwas, das wir völlig vergeben, aus unserem Geist verschwindet, und wir nie wieder daran denken. Doch das ist nicht der Fall. Der Unterschied besteht darin, dass, wenn wir dann an etwas Schmerzhaftes aus der Vergangenheit denken, es keine *Wirkung* mehr auf uns hat. Es tut nicht mehr weh, sondern wird gleichgültig statt schmerzvoll. Auf diese Weise finden wir auch heraus, ob wir etwas vergeben haben. Damals bezeichneten sie diesen Prozess noch nicht als Vergebung; in ihrem Gedankengang ging es einfach darum, dass sie etwas nicht real machten, weil es nur ein Traum war, was eine der wichtigsten Erkenntnisse für die Vergebung ist. Einen Schritt aber hatten sie noch ausgelassen, und weil ihr Bewusstsein so erweitert war, erkannten sie das natürlich. Dieser Schritt sollte einer der wichtigsten Fokuspunkte in ihrem letzten Leben werden.

Gary: Als ich mich vor langer Zeit einmal mit dem Buddhismus beschäftigte, erfuhr ich etwas über die Vier Edlen Wahrheiten. Waren sie Fans davon?

Pursah: Sie haben diese Dinge auf jeden Fall verstanden, auch den achtgliedrigen Pfad; aber vergiss nicht, dass der Buddhismus erst später zur Religion wurde. Siddhartha war Buddha, aber kein Buddhist. Die Religion stammte von anderen, die versuchten, ihm nachzufolgen. Und ja, Siddhartha hatte in seinem späteren Leben ein paar Schüler, aber diese Schüler hatten wie die meisten Menschen Schwierigkeiten damit, sich an die Nondualität zu halten. Nichtsdestotrotz finden sich im Buddhismus viele große Wahrheiten, die den Menschen helfen, achtsam statt achtlos zu sein.

Unsere beiden Freunde übten so lange, bis ihr Geist ihren Körpern sagen konnte, was sie fühlen sollten, und nicht umgekehrt. Sie versetzten sich vollständig an den Ort der Ursache statt, wie bisher, den der Wirkung. Nun kam die Welt von ihnen her. Sie hatten den Zustand des Brahman erreicht und waren nondualistische Wesen geworden.

Siddhartha wurde zweiundachtzig Jahre alt, Rahula nur zweiundfünfzig. Doch das tat jetzt nichts mehr zur Sache. Denn sie hatten fast dreißig Jahre zusammen gehabt – und die Welt gemeistert. Bis auf einen Punkt. Eines Tages sagte Rahula zu Siddhartha: »Es fehlt noch etwas, und ich denke, du weißt, was es ist.« »Ja«, antwortete Siddhartha, »zusammen sind wir so weit gekommen. Ich möchte, dass wir gemeinsam in Gott erwachen: dem Einen Gott. Eins miteinander und Eins mit Gott.« Und dann fügte er scherzhaft hinzu: »Das nächste Mal bist du der Lehrer.«

Sie wussten, dass sie noch ein Leben zu leben hatten, nicht unbedingt, weil *sie* es gebraucht hätten, sondern weil *andere sie* brauchten. Sie hätten den Entschluss fassen können, ihre Lektionen in diesem Leben abzuschließen, aber sie erkannten, dass es einen höheren Plan gab und das Drehbuch bereits geschrieben war – und in diesem hatte jeder von ihnen eine Rolle zu spielen. Manchmal ist einfach ein Meister vonnöten, der den Menschen die richtige Richtung weisen und vielleicht ein oder zwei wichtig erscheinende Lektionen erteilen kann, die anderen als Beispiel dienen. Sie wussten beide, dass sie während dieses letzten scheinbaren Lebens auf der Erde ihr Schicksal vollenden würden; dass Gott den letzten Schritt zu ihrer Rückkehr ins Einssein ihrer Quelle machen würde.

Als Rahula aufgrund derselben Krankheit, die schon seine Mutter dahingerafft hatte, seinen Körper verließ, wusste er, dass nun das spannendste aller seiner Leben beginnen würde. Er war glücklich – bereit weiterzumachen und seinen Job zu beenden. Später hieß es dazu in *Ein Kurs in Wundern*®: »Doch wenn er bereit ist, weiterzugehen, geht er mit mächtigen Gefährten an seiner Seite.«[1]

Teil II

n. Chr.

KAPITEL 6

Das letzte Leben von J und Buddha

Ich sagte zu ihm: »Herr, was erlaubt es einem, eine Vision zu sehen? Sehen wir sie mit der Seele oder mit dem reinen Geist?« Er antwortete und sagte zu mir: »Man sieht weder durch die Seele noch durch den reinen Geist, sondern durch den Geist, der zwischen diesen beiden ist.«

– Evangelium der Maria

Ich war ganz aufgeregt bei der Aussicht, etwas über das letzte Leben von J und Buddha zu erfahren. Laut meinen Lehrern hatten die beiden noch eine Runde zu drehen, weniger für sich selbst, als um ihren Teil dazu beizutragen, andere voranzubringen. Ich versuchte zu erraten, wer Buddha wohl in diesem letzten illusorischen Leben gewesen sein könnte, gab aber schließlich auf und beschloss, dem Gespräch mit Arten und Pursah einfach seinen Lauf zu lassen.

Buddha oder Siddhartha sowie die Rolle, die J als sein Sohn Rahula übernommen hatte, faszinierten mich. Ebenso spannend fand ich die Wendung, die der Buddhismus genommen hatte, auch wenn Buddha nicht dabei war. Diese Religion hatte in Indien nie richtig Fuß gefasst, denn dort blühte weiterhin der Hinduismus. Im zweiten Jahrhundert n. Chr. – oder u. Z., wie man auch sagt – fand der Buddhismus seinen Weg über den Himalaya nach Tibet und China. Dort brachten manche Buddhisten ihre Lehre mit denen der Taoisten zusammen, und daraus entstand eine Lehre, die allmählich unter dem Namen *Chan* bekannt wurde. Vor ungefähr neunhundert Jahren wanderte

Chan dann nach Japan weiter, entwickelte sich zu Zen und verband sich mit dem Schintoismus, in dem J und Buddha während ihres ersten wichtigen gemeinsamen Lebens unterrichtet worden waren. Ins Zen wurde das Konzept eingebracht, dass die Welt nichts als *maya* beziehungsweise Illusion ist. Während Zen einerseits sehr meditativ war, zeichnete es sich andererseits eher durch eine pietätlose Haltung als einen Glauben an religiöse Äußerlichkeiten aus. So manches von dieser Pietätlosigkeit habe ich in EST wiedergefunden, einer Mischung aus östlichen und westlichen Lehren, welche in diesem Leben meine Einführung in die Spiritualität war. EST ersetzt Zen-Meditationen durch sogenannte »Prozesse« oder geführte Meditationen, die einen letztlich in die Stille führen.

Auch wenn ich in diesem Leben kein Zen-Buddhist gewesen bin, weiß ich seit meinen frühen Vierzigern, als ich noch in Maine lebte, dass ich zu einer anderen Zeit und an einem anderen Ort einmal einer gewesen sein muss. Ich begann, meinen Fokus verstärkt auf Meditationen zu legen, und stellte fest, dass ich wirklich gut darin war, obwohl ich das gar nicht gelernt hatte. Ich erinnerte mich an meine längst vergangenen Übungen und war bald soweit, absolute Stille erreichen zu können, ohne dass störende Gedanken dazwischentraten; so brachte ich meinen Geist zur Ruhe und ließ ihn friedlicher werden. Auch wenn Meditation an und für sich nicht Teil von *Ein Kurs in Wundern*® ist, haben viele Übungen aus dem *Übungsbuch* meditativen Charakter und beziehen eine tatsächliche Annäherung an Gott mit ein. Meine Fähigkeit, meinen Geist zu besänftigen, empfand ich bei der Ausübung des Kurses als sehr hilfreich.

Ich kannte die Geschichte von Jesus beziehungsweise J sehr gut. Nicht nur aus der *Bibel*, sondern auch aus den anderen Evangelien, die, wenn auch nicht in ihrer ursprünglichen Form, den Aufstieg des Christentums überdauert haben. Und dann war da noch all das, was J in *Ein Kurs in Wundern*® über sich selbst erzählt; meine innere Führung und Intuition sagten mir, dass es nichts Authentischeres als diese Äußerungen gab.

Trotzdem konnte ich kaum erwarten zu hören, was Arten und Pursah über die beiden Meister berichten würden. Als meine Freunde – die, wie ich verstanden hatte, der Heilige Geist waren, der in Gestalt von Arten und Pursah *auftauchte* – mir ihren nächsten Besuch abstatteten, verloren sie keine Zeit.

ARTEN: Wir werden dir eine Geschichte erzählen. Manches wird dir bekannt vorkommen, anderes nicht. Es ist nicht die ganze Geschichte. Für die müsstest du allein schon ein ganzes Buch schreiben. Aber was wir dir erzählen, reicht für den Zweck *dieses* Buches aus.

PURSAH: Vor etwas mehr als zweitausend Jahren gab es eine Stadt namens Nazareths. Es gibt sie heute noch, aber sie hat nichts mehr mit der früheren Stadt zu tun. Die Weltbevölkerung ist exponentiell gewachsen, und es ist heute kaum mehr vorstellbar, dass in der Zeit, in der unsere Geschichte spielt, Nazareth als große Stadt galt, wo sie doch nur um die fünfhundert Einwohner hatte. In dieser Zeit kamen dort ein paar Menschen auf die Welt, die miteinander bekannt wurden und sich sehr nahestehen sollten. Ungefähr zu derselben Zeit wurden auch in und um Jerusalem herum ein paar Menschen geboren, die eine starke Verbindung zu ihren Pendants in Nazareth entwickelten. Menschen, die nicht wirklich Menschen sind, aber es zu sein scheinen, reisen in Gruppen durch Zeit und Raum.

GARY: Ihr habt gesagt, dass sich manche Menschen eine Umlaufbahn teilen; dass sie, auch wenn sie auseinanderzudriften scheinen, dazu bestimmt sind, wieder aufeinanderzutreffen – eben weil sie sich die Umlaufbahn teilen.

PURSAH: Das stimmt. Du kannst dir diese Menschengruppen wie Fischschwärme vorstellen. Sie reisen tendenziell gemeinsam durch das, was in der Welt als Leben bezeichnet wird. In Nazareth wurden innerhalb weniger Jahre drei Menschen geboren, die viel Zeit miteinander verbrachten. Ihre Namen waren Jeschua, Maria und

Nadav. Wir werden Jeschua, der im Westen als Jesus bekannt ist, wie gewohnt, einfach J nennen. Maria war Maria Magdalena, nicht zu verwechseln mit J's Mutter Maria, und Nadav jene Person, die in dem zuvor besprochenen Leben Siddhartha beziehungsweise Buddha gewesen ist. J und Maria wurden in der Öffentlichkeit sehr bekannt, während Nadav eher im Hintergrund blieb. Doch auch er gehörte zu den Jüngern und schrieb sogar ein Evangelium, über das wir noch sprechen werden. Abgesehen davon war er aber ziemlich unauffällig.

Die drei lernten sich bereits als Kinder kennen, wuchsen gemeinsam auf und wurden Freunde fürs Leben. (Maria war übrigens Megumi gewesen, die Frau, die beide – Saka und Hiroji – geliebt hatten, als sie Schinto-Anhänger waren). Und in Jerusalem kamen innerhalb weniger Jahre vier weitere Menschen zur Welt – Thomas, Thaddäus, Andreas und Stephan –, die ebenfalls lebenslange Freundschaft schlossen; Thomas und Thaddäus lernten sich als Jugendliche kennen. Wie du weißt, war ich damals Thomas, und Thaddäus, den du als Arten kennst, wurde mein bester Freund. Thaddäus war schwul und hatte noch einen weiteren wichtigen Freund namens Andreas, der ebenfalls schwul war. Diese vier aus Jerusalem lernten die drei aus Nazareth kennen, als sie um die zwanzig waren.

Gary: Wenn ich mich richtig erinnere, stand nach jüdischem Gesetz damals auf Homosexualität die Todesstrafe?

Pursah: Ach ja, das alte Buch Levitikus! Du machst mich ganz nostalgisch. Kleiner Scherz. Thaddäus und Andreas konnten ihre sexuellen Vorlieben nicht an die große Glocke hängen. Die Römer, diese ungebildeten Wilden, hätten damit natürlich kein Problem gehabt, es richtete sich aber gegen unsere Gesetze.

Arten: J, Maria und Nadav erkannten schon früh, dass sie sich von den anderen Menschen unterschieden. Im Alter von zehn Jahren konnten sie telepathisch miteinander kommunizieren. Sie scherzten gerne: »Ich weiß, was du denkst! Ich weiß, was du denkst!«

Und das war auch der Fall. Ihre Egos waren aufgrund all dessen, was sie in den anderen Leben geübt und gelernt hatten, so weitgehend aufgehoben, dass es keinerlei Störungen durch das Ego mehr gab, die sie davon abgehalten hätten, ihren scheinbar getrennten Geist miteinander zu verbinden. Natürlich ist kein Geist wirklich getrennt, weil es nur einen Geist gibt, aber die meisten Menschen können das noch nicht wahrnehmen.

Als sie Jugendliche waren, konnten sie in die Zukunft blicken. Das hatten sie zu anderen Zeiten schon gekonnt, aber dieses Mal war ihr Blick uneingeschränkt. Und alle drei konnten sich an alles erinnern, was sie je gelernt hatten, je nachdem, woran sie sich gerade erinnern sollten. Denn niemand kann sich an alles auf einmal erinnern. Das wäre zu viel Information auf einmal und würde einen überfordern, also kommt es nach und nach. Wir müssen uns der Gegenwart bewusst und in der Lage sein, hier und jetzt mit unserem Umfeld zurechtzukommen. Deswegen haben wir eines der Kapitel in deinem zweiten Buch »Es geht um dieses Leben, Dummerchen« genannt. Aber anders als du mussten unsere drei Protagonisten nichts mehr lernen. Wenn ein Meister für sein letztes Leben wiederkehrt, durchläuft er keinen Lernprozess mehr. Er weiß schon alles, was er wissen muss, um Erleuchtung zu finden. Warum ist er also da? Für gewöhnlich, um Menschen den Weg zu weisen. Hin und wieder muss jemand kommen, der den Menschen den Weg weisen kann, weil er die richtige Richtung tatsächlich *kennt* – und das ist selten. Der Heilige Geist hat das zu einem Teil seines Erlösungsplans gemacht.

GARY: Wie kam es, dass Maria so weit fortgeschritten war? Kannte sie J und Nadav aus anderen Leben?

PURSAH: Oh ja. Sie hat sie oft unterrichtet. Dabei stand sie ihnen persönlich nicht so nahe, wie die beiden einander in ihren jeweiligen gemeinsamen Leben gestanden hatten. Diese Erfahrung war J und Maria für ihr letztes Leben vorbehalten. So konnten sie feststellen, dass sie erfolgreich gelernt hatten, den Körper nicht real zu machen. Denn wenn du jemandem vergeben kannst, den du physisch und geistig liebst, und erkennst, dass all das nur ein Traum ist, dann hast du endgültig die Fesseln gesprengt, die dich an diese Erde binden. Abgesehen davon, dass Maria dasselbe wie J und Nadav gelernt hatte, brachte sie auch noch eigene Erfahrungen aus anderen Leben mit, sowohl als Mann wie auch als Frau, die sie zu demselben Erwachen führte wie sie. Erinnerst du dich an Spruch 22 aus dem Thomas-Evangelium? Ein Teil davon besagt, »wenn ihr das Männliche und das Weibliche zu einem einzigen macht, damit das Männliche nicht männlich ist, das Weibliche nicht weiblich [...] dann werdet ihr in das Königreich eingehen.«

Für die drei waren alle Menschen Geist, genauso wie ihr Schöpfer, weder männlich noch weiblich. Natürlich wurde das Thomasevangelium letzten Endes dadurch entstellt, dass Menschen dualistische Sprüche hinzufügten, bevor es in Nag Hammadi verscharrt wurde. Deswegen habe ich dir vor einer Weile die ursprüngliche Version gegeben – beziehungsweise die Version, die dieser auf Englisch am nächsten kommt.

ANMERKUNG: Die korrigierte Version des Thomasevangeliums ist in Kapitel 7 meines zweiten Buches *Deine unsterbliche Realität* zu finden und zwar unter der Überschrift: »Pursahs Thomasevangelium«.

ARTEN: Bereits als Jugendliche besuchten J, Maria und Nadav die Bibliothek von Alexandria in Ägypten. Zwar mussten sie nichts lernen, weil sie alles Wichtige schon wussten, aber sie liebten es sehr, dorthin zu gehen und sich umzuschauen, was es so zu lesen gab. Sie empfahlen jenen unter ihren Freunden, die lesen konnten, die Lektüre bestimmter Bücher, denn sie wussten, welche Bücher für welche Menschen am besten geeignet waren und ermutigten sie zum Lernen. Das gehörte zum Plan des Heiligen Geistes, über den wir später noch sprechen werden. Er war im Rückblick vom Ende der Zeit aus entworfen worden.

Sie alle kannten die Heiligen Schriften gut genug, um sie aus dem Gedächtnis zitieren zu können. Aber sie wussten auch, welche Teile der Schriften vom Heiligen Geist stammten und welche vom Ego. Wenn man bewusster wird, erkennt man den Unterschied; dementsprechend lenkten sie ihre eigene und die Aufmerksamkeit anderer auf jene Passagen, die vom Heiligen Geist stammten.

Einer ihrer Lieblingstexte war das Buch der Psalmen. Dass Psalm 23 oft auf Beerdigungen gelesen wird, ist insofern interessant, als es darin eigentlich gar nicht um den Tod geht: »Auch wenn ich wandere im Tal des Todesschattens, fürchte ich kein Unheil, denn du bist bei mir.« Eigentlich ist hier eine furchtlose Art zu leben gemeint – in der Gewissheit, dass der Heilige Geist sich um uns kümmert.

Als sie in ihre Zwanziger kamen, wussten unsere drei Freunde, dass es an der Zeit war, loszuziehen und ihr Wissen mit denen zu teilen, die es hören sollten. Sie waren schon oft im Tempel in Jerusalem gewesen, besuchten ihn aber noch ein weiteres Mal, bevor sie sich auf den Weg machten. Bei dieser Gelegenheit führten sie auch ein langes Gespräch mit Thomas, Thaddäus, Andreas und Stephan. Mit diesen vier, die spirituell fortgeschritten waren, aber noch nicht dieselbe Bewusstseinsebene erreicht hatten wie die drei Meister, verstanden sie sich sehr gut. Es war, als hätten sich alte Freunde wiedergetroffen, obwohl es das erste Mal in diesem Leben war, dass sie sich länger miteinander unterhielten. Sie hatten sich jedoch schon während der Besuche der drei Nazarener in Jerusalem kurz kennengelernt, und sie waren auch alle hin und wieder in ihren jeweiligen Leben zusammen gewesen, die wir dir beschrieben haben – als Eltern, Geschwister, Geliebte, Freunde und Feinde. Nun war es an der Zeit, dass sie gemeinsam einen Auftrag ausführten.

Gary: Cool. So wie die Blues Brother sagten: »Wir sind im Auftrag des Herrn unterwegs!«

Pursah: So etwas in der Art.

Gary: Warum hatten sie vorher nicht miteinander gesprochen?

Pursah: Die vier hatten ziemlichen Respekt vor den dreien und waren deshalb etwas eingeschüchtert, denn sie spürten, dass die drei sich auf einer höheren Bewusstseinsebene befanden. Aber nun war es an der Zeit, dass sie sich zu siebt zusammentaten.

Es begann die Phase, die wir heute als J's »verlorene Jahre« bezeichnen: der Zeitraum von seinem zwölften Lebensjahr – in dem er die Rabbis im Tempel gelehrt haben soll, was auch so gewesen ist – bis zu jener Zeit, in der er mit seinen Freunden von seinen Weltreisen zu seinem »offiziellen Dienstantritt« zurückkehrte. Diese Jahre waren nicht verloren, die meisten Menschen wissen nur einfach nichts darüber. Ich habe vieles davon aufgezeichnet, darunter auch manches, was J in der Zeit gesagt hat, in der wir uns kennenlernten und ich ungefähr zwanzig war – bis hin zur Zeit seiner Kreuzigung, als ich dreißig und er dreiunddreißig war. Aber fast alles, was ich aufgeschrieben hatte, wurde von der Kirche vernichtet.

Gary: Sie haben es sicher gut gemeint, die Saubeutel.

Pursah: Sei nicht passiv-aggressiv.

Gary: Hei, passiv-aggressiv ist für mich total in Ordnung.

Arten: Wir sind sieben Jahre lang herumgereist, um all die Orte zu besuchen, die unsere drei Erleuchteten für uns ausgesucht hatten. Einer davon war Ägypten. Denn im Gegensatz zu den dreien waren wir noch nicht in der Bibliothek gewesen, und alles war neu und aufregend für uns. Wir sind den Nil entlanggefahren, hinunter zum Luxor-Tempel und hinauf zu den Pyramiden. Wo auch immer wir hingingen, organisierten wir vier Jerusalemer, wie wir uns selbst nannten, Ort und Zeit, damit J zu den Menschen sprechen konnte, und wir gaben so vielen wie möglich Bescheid, damit sie kommen und zuhören konnten.

Gary: Ihr wart seine Eventmanager?

Arten: Ja, und meistens war es ein einfacher Job. Die Menschen, denen wir auf unserem Weg begegneten, waren begeistert von der klaren Autorität seiner Lehren. Und manche Menschen organisierten für uns Essen und Unterkunft. Tatsächlich hatten wir die meiste Zeit über eine Menge Spaß. Natürlich stießen wir hin und wieder auch auf Ablehnung, aber das war nie heftig. Ab und zu sprachen Nadav und Maria mit J über das, was er sagte, und wir hörten zu. Sie waren völlig kompromisslos in ihrer Überzeugung, dass diese Welt nichts sei und unser wahres Leben darin bestehe, bei Gott zu sein. Nadav scherzte immer, J sei der Lehrer, und Maria und er hätten nichts zu sagen. Aber als wir dann nach Hause zurückgekehrt waren, begann auch Maria zu unterrichten.

J änderte seine Reisepläne nicht, um Pharaonen oder Könige zu sehen. Er betrachtete alle Menschen als gleichwertig und gleichermaßen wichtig. Wir durchreisten Teile Afrikas und kamen sogar bis nach England und Stonehenge. Dann durchquerten wir Europa und kamen in jene Gegend, die heute die Türkei ist – und schließlich bis nach Indien. Manchmal mussten wir uns Karawanen anschließen, um uns deren Schutz zu unterstellen, denn es gab genügend Banditen, die bereit waren, einem für das kleinste Bisschen die Kehle durchzuschneiden. Das war damals eine verbreitete Todesart. J hatte keine Angst, aber genug gesunden Menschenverstand, um für unsere Sicherheit zu sorgen. Unterwegs erinnerten sich die drei an vieles, was sie in der Vergangenheit an diesen Orten erlebt hatten, aber sie konzentrierten sich vor allem darauf, dass sie die Menschen jetzt in einer Weise berühren konnten, die die Richtung ihres Lebens beeinflussen und dieses wiederum Leben und Geist anderer beeinflussen würde.

Pursah: Spannend war an unseren drei Meistern auch, dass sie, wohin auch immer wir kamen, die Sprache der Menschen dort sprechen konnten. Ich hatte mich für intelligent gehalten, weil ich im Unterschied zu den meisten Menschen in dieser Zeit lesen und schreiben konnte, und dann kamen diese drei daher und beherrschten sämtliche Sprachen. Während dieser ganzen Jahre notierte ich alles, was ich hörte, auf Aramäisch, doch J gab sein Wissen an unzählige Menschen auf mehr als drei Kontinenten weiter.

Es ist recht bekannt, dass der Heilige Paulus ungefähr zwanzig Jahre nach der Kreuzigung im Pantheon in Athen sprach. Weniger bekannt aber ist die Tatsache, dass J bereits gut vierundzwanzig Jahre vor Paulus dort gesprochen hatte, bevor er also nach Nazareth zurückkehrte. Die Menschen waren fasziniert von seiner Brillanz und Authentizität.

GARY: Vor wie vielen Menschen hat er gesprochen? Ich habe mich immer gefragt, wie groß die Zuhörerschaft damals war.

ARTEN: Ungefähr viertausend. Die größte Zuhörerschaft, die J je hatte, bestand aus ungefähr fünftausend Menschen, aber das war später vor den Mauern Jerusalems. Grund dafür war das Gerücht, er sei der Messias. Natürlich hat er das niemals behauptet, aber wie du weißt, gehen die Leute gerne in Extreme. Sie wollten gerettet werden, und zwar ebenso physisch wie spirituell, doch darum ging es ja gar nicht.

Viele der Menschen, die J damals folgten und zu verstehen versuchten, was er sagte, sind Menschen, die heute *EKIW*® studieren. Es macht Sinn, dass sie sich von der Stimme des Kurses angezogen fühlen.

GARY: Wie konnten die Menschen ihn hören? Ich meine, wie konnte er so laut sprechen, dass auch die Menschen in der hintersten Reihe ihn noch hören konnten?

ARTEN: Das ist eine gute Frage. Nicht jeder konnte ihn hören. Aber zu dieser Zeit gab es Leute, die die Aufgabe hatten zu wiederholen, was der Redner gerade gesagt hatte. J sagte also ein paar Sätze, in welcher Sprache auch immer, und etwa fünfzehn Meter entfernt wiederholte eine designierte Person das, was er gesagt hatte, für die nächste Gruppe von Menschen. Und dann tat eine weitere Person weiter hinten dasselbe. Das dauerte eine Weile, aber auf diese Weise konnten alle die Botschaft hören. Es war nicht perfekt, funktionierte aber ziemlich gut.

Gary: Das ist wirklich interessant. Es erinnert mich an etwas. Gab es nicht Menschen, die ein so gutes Gedächtnis hatten, dass sie ganze Theaterstücke auswendig lernen konnten, von Stadt zu Stadt gingen und sie vollständig rezitierten? Und die damit ihren Lebensunterhalt verdienten?

Pursah: Ja. Es gibt ein paar Kniffe, wie man sich Dinge merken kann, aber lass' uns weitermachen.

Arten: Nachdem wir in Griechenland gewesen waren, war es an der Zeit heimzukehren. J hatte einen Auftrag und ein Schicksal zu erfüllen. Und unter den dreien statuierte Nadav ebenso ein Exempel für die rechte Gesinnung wie J und Maria. Er war ein beeindruckender Mensch und trug die Wesenszüge eines Erleuchteten. Wie J und Maria war er furchtlos und sich völlig bewusst, dass das, was wir Leben nennen, ein Traum ist und keine Wirkung auf uns haben kann, solange wir das nicht zulassen, indem wir den Traum nämlich real machen. Seine Gesinnung zeigte sich darin, dass es egal ist, ob jemand stirbt, weil dessen Geist so lange dranbleibt und weiterträumt, bis er aufwacht. Und wenn wir aufwachen, sind wir zu Hause.

Er hatte auch ein fröhliches Wesen, machte gerne witzige Bemerkungen über alles Mögliche, besonders die Römer. Dabei war er aber nie gemein, sondern hatte eher so etwas wie Satire im Sinn und wies auf die menschliche Torheit hin, die uns denken lässt, es würde uns in irgendeiner Weise weiterbringen, wenn wir andere besiegen. So sagte er: »Soll Cäsar doch ruhig die ganze Welt haben! Warum sollte man sich für nichts abmühen? Was kann man von dieser Welt mitnehmen, wenn man sie verlässt? Am Ende sind wir alle gleich. Wir kommen ohne Geld hierher und gehen auch ohne welches. Es ist ein Nullsummenspiel für uns alle. Die Frage ist nur: Haben wir daraus gelernt? Haben wir alles vergeben?«

Als wir nach Nazareth zurückkehrten, war es an der Zeit, dass J sein eigenes Volk unterwies. Alles war so vorbereitet, dass die Menschen erreicht werden konnten, die zu dieser Zeit reif dafür waren – und auch andere, die noch nicht so weit waren, gleichwohl aber Hilfe dadurch erfuhren.

Wir gingen alle zur örtlichen Synagoge vor Ort, in der Jesus sprechen wollte. Die meisten Leute dachten, er würde nur Hallo sagen wollen, als einfacher Sohn Josephs, für den man ihn hielt. Doch stattdessen ging er hin und sagte: »Heute erfüllen sich die Heiligen Schriften.« Er sagte, er sei der Messias – und zwar in jenem Sinn, in dem wir *alle* der Messias sind – gleich im Geiste Gottes. Wir sind alle Eins. Aber die Leute verstanden nur, die Heiligen Schriften seien erfüllt und er der Messias. Sie waren außer sich vor Zorn. J hatte Glück, dass er da lebendig herauskam.

PURSAH: Wir blieben nicht lange in Nazareth. Wir hatten den Wink verstanden, den uns die Menschen mit ihrem Geschrei und der Androhung der Steinigung gegeben hatten. J wusste, dass er es nicht leicht haben würde, im eigenen Land als Prophet anerkannt zu werden.

GARY: Wie das Sprichwort: »Der Prophet gilt nichts im eigenen Land«?

PURSAH: Als wir mitbekamen, wie furchtlos die drei sich verhielten, wurde uns etwas klar: Sie waren keine Menschen mehr. Sie identifizierten sich nicht mehr mit den Körpern, in denen sie scheinbar lebten, sondern hatten sich vollständig an Gott erinnert. Sie erlebten ihre Einheit und Ganzheit mit Gott, und mussten das nicht an die große Glocke hängen, sondern gingen sehr nüchtern damit um. Thaddäus, Andreas, Stephan und ich betrachteten sie voll Ehrfurcht. Doch ihrer Meinung nach war Ehrfurcht nur Gott, nicht Brüdern und Schwestern gegenüber angebracht.

Dann machten wir uns nach Jerusalem auf, wo wir vier die drei anderen zuerst getroffen hatten. J's Bruder Jakob war der Großrabbi von Jerusalem. Wir hatten ihn zwar jahrelang nicht gesehen, aber wir wussten, dass er im Gegenteil zu J sehr traditionell und konservativ war. Aber er war ein guter Mensch und anderen gegenüber freundlich. Wir wurden alle in Jakobs Haus eingeladen und durften ihm von unseren Abenteuern erzählen. Er war beeindruckt. Aber als J zu erklären versuchte, dass wir und Gott Eins und wir *alle* Gottes einziger Sohn sind, war Jakob nicht gerade begeistert. Er hörte sich das höflich an und meinte dann, es sei Zeit, zu Bett zu gehen.

Am nächsten Tag entschied J, dass wir nicht in Jerusalem bleiben sollten, sondern es an der Zeit wäre, durch das Land zu wandern. Dort lebten Menschen, die keinen Zugang zum Tempel hatten und vielleicht glücklich wären, wenn sie die Wahrheit über unser aller Einssein mit Gott erführen. Zwar wusste er, dass wir auch auf Menschen treffen würden, die sich nicht freuen würden, so etwas zu hören, doch war er auf alles vorbereitet. Thaddäus und ich wussten noch nicht, das J, Maria und Nadav alles, was geschehen würde, schon vorher wussten. Sie wussten, dass J wenige Jahre später gekreuzigt werden würde und beschlossen hatte, diese Lektion vorzuleben, um die Bedeutungslosigkeit des Körpers zu demonstrieren und klarzumachen, dass der Körper nichts mit dem zu tun hatte, was und wo er wirklich war.

Wir reisten ein paar Wochen im Land herum und kamen schließlich an den See Genezareth. Dort trafen wir Petrus, einen Fischer, der wenig Glück bei seinem Fang hatte. Die Geschichte, die du gehört hast, in der J ihn, uns und ein paar andere mitnimmt und Fische für Petrus findet, ist wahr. Und ja, er hat einen Sturm zum Schweigen gebracht und den See besänftigt. Er hatte die Kontrolle über den Traum. Die hat er jedoch nicht zu seinem eigenen Vorteil genutzt, sondern sie, so gut es ging, dazu benutzt, den Menschen dieser Zeit zu zeigen, dass das, was wir sehen, eine Projektion ist, die von uns selbst stammt, und wir sie deshalb beherrschen können. Die meisten Menschen waren noch nicht bereit für diese Botschaft, deswegen sprach er zumeist in Gleichnissen – Geschichten, deren Bedeutung sie auf der Ebene verstehen konnten, für die sie bereit waren.

Arten: Petrus und ein paar seiner Freunde beschlossen, sich uns anzuschließen und J nachzufolgen. Allerdings war Petrus der Erste, wenn es darum ging zuzugeben, dass er nicht der Schlaueste war, und tatsächlich fiel es ihm schwer, J zu verstehen. Und so sollte es später, nach der Kreuzigung, auch Petrus sein, der zusammen mit Jakob – und schließlich auch Paulus – eine Religion ins Leben rief, die J niemals gewollt hatte, auch wenn er wusste, dass sie entstehen würde. Aber das machte nichts. J betrachtete uns alle als gleichwertig. In seinem Geist gab es keine Trennung.

Wir, die wir von Anfang an mit J zusammen um die Welt gereist waren, verstanden ihn am besten. J ließ uns keine Sonderbehandlung zukommen und betrachtete uns auch nicht als eine Art Führungszirkel, aber er nahm sich die Zeit, privat mit uns zu sprechen, weil er wusste, dass wir erfassen konnten, was er sagte. Die später hinzugekommenen Schüler waren deswegen eifersüchtig, besonders auf Maria. Manchmal küsste J sie in der Öffentlichkeit, was damals nicht üblich war. Wir neckten ihn dann und sagten so etwas wie: »Hei, weißt du nicht, dass du kein Körper bist?« Und dann lachten wir alle.

PURSAH: Wie du weißt, wurde ich als Thomas manchmal auch Didymus genannt, was Zwilling bedeutet. Ich sah zwar nicht *genau*so aus wie J, aber doch recht ähnlich, und so wurden wir oft miteinander verwechselt. Einmal zog ich seine Kleider an und gab vor, er zu sein. Es hat tatsächlich funktioniert – bis ich meinen Mund aufgemacht habe. Ich konnte ihm eben nicht das Wasser reichen.

Ich erinnere mich noch, dass ich J, kurz nachdem ich ihn kennengelernt hatte, ein Geschenk machen wollte. Wir konnten beide lesen und schreiben, was – wie ich schon erwähnt habe – zu der damaligen Zeit nicht üblich war. Ich schenkte ihm Pergament und ein paar Federn. Er freute sich sehr, gab mir beides aber wieder zurück und sagte: »Nimm das und sei mein Schreiber. Schreibe auf, was ich sage, es wäre mir eine Ehre.«

Nun, es war *mir* eine Ehre. Ich machte mir zur Gewohnheit, alles aufzuschreiben, was ich konnte, um es für die Nachwelt zugänglich zu machen.

GARY: Wusste J nicht, dass beinahe alle Aufzeichnungen vernichtet werden würden?

PURSAH: Doch ja. Wie ich schon gesagt habe, wusste er alles. Aber *ich* wusste es nicht. Und der Grund, aus dem er mich gebeten hatte, sein Schreiber zu werden, war meiner Meinung nach ich selbst. Denn er wusste, dass ich die Dinge besser verstehen würde, wenn ich sie aufschrieb.

GARY: Das kann ich nachvollziehen. In Maine habe ich manchmal das *Textbuch* des Kurses gelesen und dazu die Aufnahmen angehört. Dabei hatte ich das Gefühl, dass ich es tiefergehend verstehen konnte, wahrscheinlich weil mein Hör- und Sehsinn gleichzeitig mit der Botschaft gefüttert wurden.

PURSAH: Sehr gut. Vielleicht werden das jetzt mehr Menschen ausprobieren. Auf jeden Fall habe ich nicht nur das *Thomasevangelium* geschrieben, sondern auch die *Worte des Meisters,* jenes Evangelium, von dem ich dir bei unserer ersten Besuchsreihe erzählt habe; unter Wissenschaftlern ist es heute auch als *Q-Evangelium* oder *Spruchevangelium* bekannt. Aus diesem Evangelium haben Markus, Matthäus und Lukas in etwa die gleichen Sprüche abgeschrieben, bevor es dann von der Kirche vernichtet wurde. Das ist der Grund dafür, weshalb die Evangelien dieser drei so ähnlich sind und auch als synoptische Evangelien bezeichnet werden.

GARY: Wow! Warum hast du mir nicht schon früher erzählt, dass du es warst, der die *Worte* geschrieben hat?

PURSAH: Du hattest schon mehr als genug Informationen, mit denen du dich herumschlagen musstest, Bruder. Aber vergiss nicht, dass alle – das *Thomasevangelium*, das *Q-Evangelium*, das *Evangelium der Maria* sowie das *Philippusevangelium* – vor den so genannten »Mainstream«-Evangelien geschrieben worden sind. Für die Evangelien, die wir heute in der *Bibel* finden, haben die Autoren jene Sprüche aus meinen Schriften ausgewählt, die ihnen gefielen – diejenigen, die ihrer Meinung nach in ihre Theologie hineinpassten. Äußerungen hingegen, mit denen sie nicht einverstanden waren, haben sie einfach ignoriert. Doch der Theologie von Paulus beziehungsweise Saulus, wie er richtig hieß, schenkten sie Glauben, sodass dessen Briefe an die frühesten Kirchen zu ihrem Evangelium wurden. Und ja, diese Briefe enthalten einige sehr schöne Passagen, und die stammen zum Teil vom Heiligen Geist, es ist aber eine bunte Mischung – und nicht J's Lehre. Das Christentum gründet sich also auf die Theologie des Heiligen Paulus und nicht auf die Lehre jenes Mannes, dem er nachzueifern glaubte.

Die Menschen denken immer, sie verstünden die Lehren der Meister, aber Meister sind nondualistisch. Sie machen die *maya*-Welt nicht real. Für J, Maria und Nadav war nur Gott wirklich – und sonst nichts. Doch die Menschen nehmen das und verwandeln es in dualistisches Denken. Aber wie Nadav zu sagen pflegte: »Von den zwei scheinbaren Welten, der Welt Gottes und der Welt der Menschen, ist *nur* die Welt Gottes wahr, und die ist vollkommenes Einssein. Nichts anderes existiert wirklich.« Es gibt nur eine Welt, Gary: Gottes Welt. Dieses Denksystem ist nicht nur Nondualismus, sondern *reiner* Nondualismus, denn es erkennt Gott als die einzige Quelle und die Eine Wirklichkeit an.

Vergiss nicht, dass das, was J und Nadav gelernt hatten und dasselbe war, was auch Maria gelernt hatte, die Lehren von Shankara umfasste, des großen Lehrers des Vedanta. Er lehrte, dass die absolute Wirklichkeit – Brahman – in keinerlei Beziehung zur Welt der Erscheinungen steht! Und in diesem ihrem letzten Leben glaubten auch die drei Meister, dass Gott und Sein Reich in keinerlei Beziehung zur Welt der Erscheinungen, dieser Traumwelt der Illusionen, steht. Und für den Fall, dass du denkst, wir würden zu sehr auf diesem Punkt herumreiten, vergiss nicht, dass es *unmöglich* ist, jene Art von Vergebung zu praktizieren, die J, Maria und Nadav in ihrem letzten Leben praktizierten, wenn wir uns dessen nicht bewusst sind.

Die *Worte des Meisters* schrieb ich während unserer Reisen, und zwar ein paar Jahre, nachdem ich das *Thomasevangelium* geschrieben hatte. Vergiss nicht, dass die ersten Evangelien, darunter auch das von Thomas, Maria und Philipp, keine detaillierten Geschichten enthielten, sondern nur eine Sammlung von Äußerungen. Doch in die *Worte des Meisters* habe ich einige Geschichten eingefügt. Sie wurden übernommen und mit anderen frei erfundenen Geschichten vermischt, die von Menschen geschrieben wurden, die noch nicht einmal dabei gewesen waren. Wie alle anderen alternativen Schriften bis um etwa 400 n. Chr. wurden auch die *Worte* später vernichtet. Ein paar modifizierte Versionen davon waren um 325 n. Chr. vergraben und somit gerettet worden. 1945 wurden sie wiederentdeckt, doch die *Worte* waren nicht dabei. Die Kirche wollte diese wirklich vernichten, nicht nur, weil sie die nondualistische Wahrheit der Lehre enthielten, sondern auch, weil ich darin Maria Magdalena als gleichwertige Lehrerin neben J gestellt hatte. Das konnten sie auf keinen Fall dulden.

Das Konzil von Nicäa im Jahre 325 n. Chr., bei dem bestimmte Evangelien kanonisiert wurden, ist allgemein bekannt. Weniger kennt und beachtet man hingegen das Konzil von 381 n. Chr., bei dem beschlossen wurde, dass die Weitergabe jedes anderen Evangeliums illegal sei und mit der Todesstrafe geahndet werden würde! Dabei handelte es sich um das erste Konzil von Konstantinopel, das von dem römischen Kaiser Theodosius einberufen worden war, der verzweifelt versuchte, das Reich aufrechtzuerhalten. Einen Weg, um das zu schaffen, sah er darin, eine Religion, nämlich das Christentum, zu etablieren, die damals von den meisten Menschen unterstützt wurde, aber es war schon zu spät. Die Religion überlebte – das Reich nicht.

Nun habe ich noch eine weitere Information, die dich vielleicht überraschen wird. Wenn wir über Nadav reden, verwenden wir seinen korrekten Namen. Er ist aber derjenige, der in der *Bibel* mit »Philippus« gemeint ist. In der Übersetzung der *Bibel* tragen die Apostel nicht ihre wirklichen Namen. Philipp wurde als Apostel bekannt, weil er immer bei J war. Tatsächlich aber war er J gleichgestellt, nur wussten das die meisten Menschen nicht, weil er sich in der Öffentlichkeit so zurückhielt. Aber er ist es, der das *Philippusevangelium* geschrieben hat. Er war auch der einzige, der – abgesehen von J und Maria – nicht für ein weiteres Leben zurückkam. Es war sein letzter Aufenthalt gewesen.

GARY: Okay. Ich drehe langsam durch. Aber ich habe eine Frage. Im Kurs steht, dass J der erste war, der seinen Part vollendete. Bedeutet das, dass er vor Maria Erleuchtung gefunden hat – und vor Philipp, der ja immerhin Nadav war, und Buddha und Siddhartha und all denen?

PURSAH: Technisch gesehen, ja. In ihrem letzten Leben gab es für alle drei eine letzte große Gelegenheit zur Vergebung. Und das war die Kreuzigung. J hatte sie als Lektion für andere gewählt, damit sie lernen konnten, nicht etwa, weil er selbst wirklich noch etwas zu lernen gehabt hätte.

Du siehst, in ihm war nur noch die Liebe Gottes übrig. Sein Ego war vollständig aufgehoben, und das macht es einem möglich, ausschließlich Liebe zu sein. Bevor du nicht alle deine Vergebungslektionen durchhast, was es dem Heiligen Geist ermöglicht, deinen Geist vollständig zu heilen, *kannst* du nicht nur Liebe lehren. Manchmal schaffst du es und manchmal nicht. Wenn das Ego aber einmal verschwunden ist, dann ist immer ganz selbstverständlich Liebe da, denn das ist es, was du bist. J hatte seinen Job erledigt. Maria und Nadav waren zwar geheilt, aber sie mussten noch eine Prüfung bestehen, um sichergehen zu können, dass sie von nichts in dieser Welt mehr angefochten werden konnten – und das war der Tod ihres geliebten J.

Wir sechs, Petrus und ein paar andere, die nicht so oft erwähnt werden, begleiteten und bewunderten J ungefähr drei Jahre lang. Er, Maria und Nadav waren so liebevoll und freundlich zu uns und den anderen, dass wir werden wollten wie sie.

Über einen, den wir Stephan nannten, wird im Evangelium wenig berichtet. Er war J sehr ähnlich, hatte aber seine Launen, so eine Art J mit Ecken und Kanten. Ein paar Jahre nach der Kreuzigung wurde Stephan zu Tode gesteinigt. Das gehörte damals zum Berufsrisiko.

Jakobus, der Bruder von J, begründete zusammen mit Peter und Paul das Christentum, allerdings wollte er das Christentum nicht wirklich vom Judentum trennen. Er versuchte die beiden zu vereinen, was nicht funktionierte. Zwar wurde Jakobus während des ersten jüdischen Aufstands von den Römern von den Tempelmauern hinuntergestürzt, doch im Gegensatz zum Rest von uns hat er wenigstens ein ansehnliches Alter erreicht.

Du weißt, was mir als Thomas in Indien passiert ist. Gemeinsam mit Maria, Thaddäus und Andreas musste meine Frau Isaah meiner Hinrichtung beiwohnen. Isaah war untröstlich, aber Maria, Thaddäus und Andreas taten ihr Bestes, um sie wiederaufzurichten. Schließlich kehrten sie nach Nazareth zurück und zogen dann weiter nach Frankreich, wo sie bis zu ihrem Tode lebten. Maria gelangte durch Teleportation dorthin, der Rest musste laufen. Maria hatte keine Kinder, auch wenn manche das vermuten. Für sie hatte der Körper keinen Wert, daher sah sie keine Veranlassung, weitere Körper in die Welt zu setzen.

Damit verurteilte sie niemanden, der sich entschied, Kinder zu bekommen. Nur legte Maria diesen Menschen ans Herz, dass sie, wenn sie es taten, daran denken sollten, wozu all das diente: nämlich zu vergeben. Eine vergebene Beziehung ist eine Heilige Beziehung. Wenn wir alles vergeben, wird alles hilfreich.

Nach der Kreuzigung verbrachte Nadav einige Jahre in Nazareth. Er fand, dass er genug herumgereist war. Schließlich ging er nach Qumran, wo er bei den Essenern blieb, auch wenn er sich für ihre Lehren nicht gerade begeistern konnte; ihr Interesse galt eher den alten Schriften und dem Aufbewahren der alten Schriftrollen. Er vergab ihnen und scherzte mit ihnen, wenn sie gerade offen dafür waren. Zu jener Zeit schrieb er das *Philippusevangelium* und stützte sich dabei auf seine Erinnerungen.

Drei Punkte solltest du dir zu J, Maria und Nadav einprägen. Zuerst ihre kompromisslose Art zu vergeben. Sie hatten das bereits gelernt, unterschieden sich von anderen aber insofern, als sie es wirklich lebten. Es interessierte sie nicht, die Fehler in den Egos anderer aufzuzeigen. Sie sahen einfach darüber hinweg und wussten, wer und was die andere Person wirklich war. Sie schauten durch den Schleier der Illusion auf die Wahrheit, das Licht, das in allen von uns scheint und vollkommen beständig ist.

Das zweite war die Liebe. Sie waren so liebevoll, dass es kaum zu fassen war, auch wenn wir weitestgehend versuchten, es ihnen gleichzutun. Sowohl in der *Bibel* wie auch im Kurs steht, dass vollkommene Liebe Angst vertreibt. In ihnen gab es keine Angst mehr. Ihre Liebe war vollkommen, und sie hatten keine Angst, weil sie kein Ego hatten.

Und noch eins: Sie waren glücklich. Sie hatten keine Ansprüche und lebten, wie glückliche Menschen es tun – ohne Klagen und Beschwerden. Freude war für sie normal, und diese Freude konnte man sehen.

Mit dem Heiligen Geist im Sinn weißt du, was in der *Bibel* wirklich von J stammt und was die Egos der Autoren ihm in den Mund gelegt haben, er aber nie gesagt hat. J war konsequent. Tatsächlich wird im *Handbuch für Lehrer* in *Ein Kurs in Wundern*® Ehrlichkeit als Konsequenz definiert.

ARTEN: Während der Kreuzigung reagierten die römischen Soldaten ängstlich und wütend, weil J nicht litt. Einer von ihnen schrie: »Mann, warum spürst du keinen Schmerz?« J antwortete: »Wenn wir keine Schuld in unserem Geist haben, spüren wir keinen Schmerz.« Der Soldat rammte ihm einen Speer in die Seite, doch J reagierte nicht darauf. Das jagte dem Soldaten noch mehr Angst ein, und er rannte davon.

J hatte beschlossen, seinen Körper zum letzten Mal zu verlassen. Kurz bevor er es tat, schaute er Maria an und lächelte ihr freundlich zu. Dann tat sie dasselbe. Während sie sich so in die Augen schauten, wussten beide, dass er den Tod überwunden hatte. Nadav sah das auch, und jeder der drei erkannte sanft und sachte die Wahrheit in sich an.

Da J's Tod Nadav und Maria nichts mehr anhaben konnte, war ihnen klar, dass sie zu keinem weiteren Leben mehr in die Welt zurückkehren würden. Wie es sowohl in der *Bibel* wie auch im Kurs steht: »Das letzte, was zu überwinden ist, ist der Tod.« Bei der Beerdigung umarmten sich Maria und Nadav liebevoll und gingen dann getrennte Wege.

Die ersten drei Erleuchteten hatten ihren Auftrag erfüllt. Zwar hatte es vor ihnen schon andere gegeben, die alles gewusst hatten, was man zur Erleuchtung wissen muss, und die – wie Shankara und Laotse – das sogar gelebt haben. Aber eines hatte gefehlt: Wir können die Trennung von Gott nicht aufheben, solange wir Gott nicht vollkommen anerkennen, ihn als die *einzige* Wahrheit erkennen!

Noch einmal: Das ist der Grund, warum in *Ein Kurs in Wundern*® steht: »Setze deine Wachsamkeit nur für Gott und Sein Reich ein.«[1]

GARY: Danke. Ich habe es verstanden.

ARTEN: Pass auf dich auf, mein Freund. Wir haben noch so einiges zu berichten. Wir kommen wieder.

PURSAH: Mach's gut, Bruder.

Ich wusste schon eine ganze Menge über das, was vor zweitausend Jahren geschehen war, doch Arten und Pursahs Erzählungen frischten meine Erinnerungen auf und brachten mir noch mehr bei. Als ich in dieser Nacht zu Bett ging, dankte ich J, Mary und Nadav für alles und schickte ihnen meine Liebe und Dankbarkeit. Die Lehrer der Lehrer waren nicht mehr sichtbar, hatten mir aber wieder einmal weitergeholfen.

KAPITEL 7

Gnostizismus

An sich ist nichts weder gut noch böse,
das Denken macht es erst dazu.
– William Shakespeare, Hamlet

An einem Winterabend, ein paar Monate nach Beginn der Gespräche, die in diesem Buch wiedergegeben werden, stellte ich folgende Botschaft auf Facebook, Twitter und Yahoo hoch, in jener Gruppe, in der über meine Bücher und den Kurs diskutiert wird; kurze Zeit später verschickte ich sie auch über meine eMail-Verteiler. Es ging um etwas, das mir am Vorabend widerfahren war:

Ich sah mir gerade einen Netflix-Film an, als Cindy ins Zimmer kam. Sie sah sehr ernst aus, und für gewöhnlich schaut Cindy nicht so ernst, sondern ist fröhlich und unbeschwert. Sie habe traurige Neuigkeiten, sagte sie, und ich wusste sofort, dass jemand gestorben war, den wir liebten. Die einzige Frage war: wer? Sie erzählte mir, Ken Wapnick sei von uns gegangen. Ich war ein wenig überrascht. Nicht über das Ereignis an sich, sondern dass es so früh geschehen war. Ich glaube, irgendwie hatte ich damit gerechnet, dass wir mehr Zeit haben würden.

Ich hatte Ken vielleicht ein halbes Dutzend Mal getroffen, auch privat, und vielleicht zwanzig Briefe mit ihm gewechselt, die ich immer noch habe. Ich weiß, dass ich lange Zeit an ihn denken werde, und dass mir dabei Dinge einfallen werden, an denen ich euch teilhaben lassen möchte. Im Moment will ich nur erzählen, wie wir uns zum ersten Mal trafen, weil das viel darüber aussagt, was für eine Art Mensch er war. Arten und Pursah hatten mich dazu inspiriert, mich mit Ken zu treffen und möglichst viel von ihm zu lernen. Ich kann nicht behaupten, dass ich alles von ihm gelernt habe, was ich hätte lernen können, aber gewiss doch eine Menge. Im Juni 1998 fuhr ich zehn Stunden lang von Maine nach Roscoe, New York, um seinen Vortrag »Die Zeit und ein Kurs in Wundern*« zu besuchen. Ken sprach an diesem Wochenende zehn Stunden lang über dieses Thema, und ich war von seiner Brillanz nahezu geblendet. Ich bekam auch die Möglichkeit zu einem privaten Gespräch; ich hatte darum gebeten – und er hatte zugestimmt. Ich wollte ihm von dem Buch erzählen, das ich gerade schrieb; darin kamen viele Zitate aus dem Kurs vor, und dabei war mir wichtig, dass die Indexangaben zum Kurs korrekt waren. Ich war nervös, und Ken wusste das.*

Ich werde nie vergessen, wie freundlich er zu mir war. Am Ende war Ken der erste, der Die Illusion des Universums *las. Noch wichtiger aber war: Über die Jahre hinweg hörte ich ihn immer wieder sagen: »Sei freundlich.« Ich hatte bereits die Erfahrung gemacht, dass Ken nicht einfach nur redete, sondern das, was er sagte, auch lebte. Er war der freundlichste Mensch, der mir je begegnet ist, und das regte mich dazu an, selbst freundlich zu anderen zu sein. Natürlich gibt es über den »größten Lehrer des Kurses«, wie Arten und Pursah ihn nennen, noch sehr viel mehr zu sagen. Aber im Moment denke ich vor allem daran, was für ein großartiger Mensch er war, und wie er sich vor Freundlichkeit mir gegenüber regelrecht überschlug, obwohl er das gar nicht hätte tun müssen.*

Cindy und ich nahmen uns gestern Abend an der Hand, und ich sprach zu Ken und drückte ihm gegenüber meine Dankbar-

keit aus. Ich weiß, dass es ihm jetzt ganz wundervoll geht, wir hingegen noch ordentlich zu tun haben mit dem, was vor unserer Nase ist. Zum Glück haben wir immer noch Kens Werk, dass uns dabei helfen wird. Alles Liebe, Ken.

Arten und Pursah erklärten mir einmal, dass es bei allen spirituellen Lehren unterschiedliche Schulen mit voneinander abweichenden Denkweisen gibt. Das liegt daran, dass die Wahrheit einfach ist, nicht aber das Ego. Von diesen Schulen versteht eine für gewöhnlich wirklich, was ursprünglich gelehrt wurde, nicht aber die anderen. Was zum Beispiel den nondualistischen Vedanta anbelangt, so hat Shankara ihn richtig verstanden. Im Gnostizismus war es die nach ihrem Gründer Valentinus benannte Valentianische Schule, die die ursprüngliche Absicht der gnostischen Lehre wirklich verstanden hat, aber auch viel von dem, was Jesus sagte. Was nun *Ein Kurs in Wundern®* anbelangt, so ist es die Wapnick-Schule beziehungsweise die *Foundation for Inner Peace*, welche den Kurs richtig versteht. Unten finden sich zwei faszinierende Auszüge aus dem valentianischen *Evangelium der Wahrheit*, das erstaunliche Parallelen zu dem um 150 n. Chr. geschriebenen Evangelium und dem Kurs aufweist. Diese Auszüge verwendete Ken Wapnick manchmal in seinem Unterricht:

> *Der Name des Einen kommt ihm zu. Der, der auf diese Weise erkennen wird, weiß, woher er kommt und wohin er geht. Er erkennt wie jemand, der, indem er betrunken war und von seiner Trunkenheit ernüchtert worden und wieder zu sich selbst zurückgekehrt ist, das in Ordnung gebracht hat, was das Seine ist. Er brachte viele aus dem Irrtum zurück.*[1]

> *So waren sie unwissend in Bezug auf den Vater, da er der war, den sie nicht sahen. Da es Furcht und Verwirrung und Haltlosigkeit und Zweifel und Trennung gab, waren viele Phantasiegebilde am Werk durch diese, und es gab leere Unsinnigkeiten, als*

ob sie im Schlaf versunken wären und sich in verwirrenden Träumen befänden. Entweder ist da ein Ort, zu dem sie fliehen, oder sie kommen ohne Kraft, nachdem sie andere verfolgt haben, oder sie sind verwickelt in Handgemenge, oder sie empfangen selber Hiebe […] Manchmal ist es wiederum, als wenn Menschen sie schlachten, obwohl niemand sie verfolgt, oder sie selbst ihre Nächsten umbringen, denn sie haben sich befleckt mit deren Blut.

Wenn diejenigen, die durch alle diese Dinge gegangen sind, aufwachen, sehen sie nichts, das sind diejenigen, die mitten in all diesen Verwirrungen waren, denn sie, die Verwirrungen, sind nichts. Dies ist die Art derer, welche die Unwissenheit von sich geworfen haben wie Schlaf, indem sie sie nicht für irgendetwas erachteten. Auch erachteten sie seine anderen Werke nicht für beständige Dinge, sondern sie ließen sie hinter sich wie einen Traum in der Nacht.[2]

Ich wusste nicht viel über Gnostizismus, aber ich wusste, dass ich mich mit meinen Lehrern darüber unterhalten wollte, besonders, seit sie das *Philippusevangelium* erwähnt hatten, das sie mir zusammen mit dem *Evangelium der Maria* empfohlen hatten. Ich hatte beide nicht gelesen. Mir war nur soviel klar, dass das *Thomasevangelium* keine gnostische Schrift war, sondern die erste christliche Aufzeichnung überhaupt, ohne allerdings jener Religion zu entsprechen, die später als Christentum bezeichnet wurde. Manche modernen Bibelforscher denken, dass es bis auf 50 n. Chr. – und damit weiter als alle anderen christlichen Schriften – zurückverfolgt werden kann. Laut Arten und Pursah ist es sogar noch früher entstanden.

An einem recht kühlen Nachmittag in L.A. waren Arten und Pursah plötzlich bei mir. Arten fing sofort mit dem Gespräch an.

ARTEN: Und, Bruder, hattest du Zeit, alles einzuordnen, was du während unseres letzten Besuchs gelernt hast?

GARY: Manches, aber es gab eine Menge zu verdauen.

ARTEN: Ja, und seit deinem Besuch in Salem hast du sogar noch mehr zum Nachdenken.

ANMERKUNG: Ende Juli 2014 fuhr ich mit Cindy an meinen Geburtsort Salem, Massachusetts, um ihr die Gelegenheit zu geben, meine Lieblingsplätze an der Nordküste zu sehen, vor allem Salem und Beverly, die Stadt, in der ich die meiste Zeit verbracht hatte. Wir quartierten uns im Hawthorne Hotel ein, wo ich als Zweiundzwanzigjähriger erst als Solist und später mit der beliebten Band Hush Gitarre gespielt hatte. Das Hotel befand sich in Nachbarschaft des historischen Salem auf der gegenüberliegenden Seite des Salemer Hexenmuseums. Im Museum hörten und sahen wir eine Präsentation, die sehr genau wiedergab, was während der Hexenprozesse und der Hysterie in den Jahren 1692-1693 in dieser Gegend geschehen war. Ich war so aufgewühlt, dass ich Vergebung üben musste für die Art und Weise, in der Menschen ihre unbewusste Schuld auf andere zu projizieren fähig sind – bis zu dem Punkt, dass sie diese hinrichten, obwohl sie gar nichts getan haben.

Salem bedeutet »Frieden« – eine Ironie, die mir nicht entgehen konnte. Mir wurde die Dynamik der Projektion bewusst und auch die Tatsache, dass sich die menschliche Natur in den vergangenen dreihundert Jahren und darüber hinaus nicht wirklich verändert hat.

Abgesehen von dieser traurigen Geschichte war unsere Reise ganz wundervoll. Heute vermarktet Salem die ganze Hexengeschichte zwar, wo es nur geht, aber es ist eine wirklich coole Stadt, und ich kann immer noch dieselbe spirituelle Atmosphäre spüren wie in den 1980er Jahren.

PURSAH: Wir haben hier ein Zitat aus dem *Evangelium der Maria*, das du irgendwo im Buch zitieren solltest:

Ich sagte zu ihm: »Herr, was erlaubt es einem, eine Vision zu sehen? Sehen wir sie mit der Seele oder mit dem reinen Geist?« Er antwortete und sagte zu mir: »Man sieht weder durch die Seele noch durch den reinen Geist, sondern durch den Geist, der zwischen diesen beiden ist.«

Maria Magdalena sagte das zu der Zeit, in der wir noch alle zusammen unterwegs waren. Hier noch eine Erklärung zur Bedeutung dieser Worte: So wie es aus den Nag-Hammadi-Schriften übersetzt worden ist, wird in dem Zitat zunächst gefragt: »Was erlaubt es einem, eine Vision zu sehen?« Dabei müsste die Frage eigentlich lauten: »Was erlaubt es einem, *mit Hilfe* einer Vision zu sehen?« Denn das meinte mit ihrer Maria Frage an J; sie stellte sie, damit die anderen Zuhörer aus der Antwort lernen konnten, denn sie kannte die Antwort ja bereits. Obwohl die meisten die Seele als etwas sehr Spirituelles betrachten, ist die Vorstellung von einer Seele ein Trennungsgedanke, denn es liegt ihr die Idee einer Individualität, einer persönlichen Existenz, zugrunde. Jeder denkt, er hätte eine individuelle Seele, und zwar unabhängig davon, ob in seiner Vorstellung von Individualität ein Körper einer Rolle spielt oder nicht. Aber Trennung ist Trennung.

Ebenso wenig hätte in dem Zitat von »*dem* reinen Geist« die Rede sein müssen, *reiner Geist* hätte genügt. Es gibt nichts anderes als reinen Geist, und das ist Einssein. Du erkennst also in dem Zitat aus dem *Evangelium der Maria* zwei Denkweisen: das Konzept der Trennung und das Konzept des Einsseins. Das ist der Grund dafür, dass J antwortet: »Man sieht weder durch die Seele noch durch den reinen Geist, sondern durch den Geist, der zwischen diesen beiden ist.« Denn die Aufgabe des Geistes ist es zu *wählen.* Im Geist entscheiden wir uns entweder für den Trennungsgedanken, welcher im Kurs meistens durch den Körper repräsentiert wird, manchmal aber auch die menschliche Seele, also die individuelle Seele, oder aber für den Heiligen Geist, der vollkommenes

Einssein ist. Und das, wofür wir uns gewohnheitsmäßig immer wieder entscheiden, wird das werden, was wir für wirklich halten – also das, woran wir glauben und was uns berührt. Du siehst, was J vor zweitausend Jahren gelehrt hat, ist genau das, was er heute in *Ein Kurs in Wundern*® lehrt. Im Kurs sagt er: »Der Begriff *Geist* (mind) wird benutzt, um die aktivierende Kraft des reinen Geistes (spirit) darzustellen, die dessen schöpferische Energie liefert.«[3] Du aktivierst den reinen Geist, indem du dich mit dem Geist für ihn entscheidest. Hast du das verstanden?

GARY: Habe ich. Natürlich konnte er sich vor zweitausend Jahre nicht auf dieselbe Weise ausdrücken, wie er es im Kurs tut, sonst hätte ihn keiner verstanden. Die meisten haben ihn ohnehin nicht verstanden. Ist das der Grund, warum er meistens Gleichnisse verwendet hat?

PURSAH: Ja, Sprüche und Gleichnisse. Nun ist es so, dass der Gnostizismus erst *nach* den ihm vorausgegangenen Evangelien von Thomas, Maria und Philipp populär wurde, ebenso wie die späteren Evangelien, die wir heute in der *Bibel* finden, die dann immer weiter verändert wurden. Dem Christentum aber ist es zuzuschreiben, dass heute die Evangelien von Thomas, Maria und Philipp fälschlicherweise als gnostische Texte betrachtet werden. Tatsächlich geht man davon aus, dass das *Philippusevangelium* aus der valentianischen Schule stammt, was nicht stimmt. Die ursprüngliche Fassung war vorchristlich und vorgnostisch. Aber wie wir dir einmal über deinen Geist mitgeteilt haben, war es Valentinus, der J von allen Gnostikern am besten verstand. Valentinus war in Alexandria geboren worden und hatte ebenso wie J und seine Freunde die Bibliothek dort besucht.

GARY: Brannte die Bibliothek nicht ab?

PURSAH: Ja. Es gab mehrere Brände, die mal mehr, mal weniger Schaden anrichteten, aber bis ungefähr 391 n. Chr. wurde eine Zweigstelle der Bücherei im Serapeum, einer Tempelanlage, weitergeführt. Um 150 n. Chr. gründete Valentinus Schulen, die bekanntermaßen zu den syrisch-ägyptischen Schulen des Gnostizismus in Alexandria und Rom gehörten. In diesen entstand das beeindruckende *Evangelium der Wahrheit.* Valentinus war von einem Lehrer namens Basilides beeinflusst worden, der ebenfalls beliebte Schulen gegründet hatte. Es gab noch weitere Lehrer des Gnostizismus, aber sie konnten die Grundsätze J's nicht so gut erfassen. Bis ins späte vierte Jahrhundert hinein waren Valentinus Lehren die einflussreichsten gnostischen Lehren überhaupt. Dann wurden, wie wir schon erzählt haben, alle Schriften außer den »Mainstream«-Evangelien für illegal erklärt und vernichtet.

Wir erzählen dir das, weil es Parallelen zwischen dem Gnostizismus und J's Lehren in *Ein Kurs in Wundern*® gibt. Manche Menschen haben die Gabe zu erkennen, was die ursprüngliche Lehre besagt. Wie du weißt, traf das im Falle des Gnostizismus auf Valentinus zu. Seine Schüler fühlten sich zu ihm hingezogen, weil erkannten, dass seine Lehren der Wahrheit entsprachen. Sie gingen nicht seiner Persönlichkeit wegen zu ihm, sondern weil sie seine nondualistische Haltung wahrnahmen und damit im Einklang standen. Was den Kurs anbelangt, so war es Ken Wapnick, der die Gabe hatte, zu erkennen, was der Kurs besagt. Heute fühlen sich Schüler zu Kens Werk nicht seiner Persönlichkeit wegen hingezogen, sondern weil sie die Wahrheit in seinen Lehren erkennen, die er während seiner langen und fruchtbaren Laufbahn weitergab. Der Kurs ist nondualistisch, und das trifft auch auf Kens Wirken zu – ebenso wie auf das deinige, da du uns von vorneherein an deiner Seite hattest. Außerdem bist du auf unseren Ratschlag hin, den wir dir gleich zu Beginn gaben, bei Ken in die Lehre gegangen.

Es ist kein Zufall, dass Ken von Anfang an bei Helen Schucman, Bill Thetford und Judy Skutch mit dabei war. Denn er war dazu ausersehen, der Lehrer des Kurses zu werden. Bis heute lernen die weisesten Schüler von ihm. Manche denken, sie könnten den Kurs besser lehren als er, aber das können sie nicht. Sie denken,

Ken habe einfach nur eine mögliche Theorie zum Kurs unter anderen gehabt, es sei einfach nur seine Interpretation gewesen. Doch es handelt sich hier um keine Theorie, es gibt nur *eine* mögliche richtige Interpretation des Kurses. Der Kurs besagt, was er besagt, und Ken lehrte das besser als jeder andere.

GARY: Was ich euch schon immer fragen wollte: War Ken erleuchtet?

PURSAH: Ja, das war er. Ken hat die Illusion verlassen, weil die Zeit für ihn gekommen war. Für jeden sind Zeit und Ort des Übergangs festgelegt. Und daran ändern wir auch nichts, wenn wir Erleuchtung erlangen. Das Drehbuch ist geschrieben. Wenn wir erleuchtet sind, verlassen wir unseren Körper zum letzten Mal. Dass Ken im Traum scheinbar gestorben ist, ist nicht von Bedeutung. Sehr wohl von Bedeutung ist aber, wie wir das betrachten. Er sagte am Ende: »Ich sterbe nicht«, denn er hatte erkannt, dass der Körper und die Persönlichkeit, für die ihn manche Menschen hielten, nichts mit ihm zu tun hatten. Für ihn war der Körper ebenso bedeutungslos geworden, wie es bei J der Fall gewesen war.

Genauso war es bei Bill Thetford, dem Koautor des Kurses. Du weißt von Judy, dass er erleuchtet war.

ANMERKUNG: Ich hatte mich mit Judy Skutch Whitson angefreundet, der Vorsitzenden der *Foundation for Inner Peace*, welche den Kurs ursprünglich veröffentlicht hatte. Wie Pursah erklärt hatte, hatte sie von Anfang an bei der Verbreitung des Kurses mitgewirkt. Judy hatte mir erzählt, dass Bill »als erster den Kurs abgeschlossen« habe. Ich habe Videos aus den 1980ern von Bills Vorträgen gesehen, und konnte daran nichts ausmachen, was ihrer Aussage widersprochen hätte.

GARY: Es ist toll, dass mindestens zwei der ursprünglichen Kursteilnehmer erleuchtet wurden, und ich kann mir keinen Grund vorstellen, aus dem Judy es nicht sein sollte. Ich weiß, dass Helen

Schucman, obwohl sie den Kurs vollständig verstanden hatte, Schwierigkeiten damit hatte, ihn tatsächlich *umzusetzen*. Aber alles an Ken wies für mich darauf hin, dass er ihn wirklich anwandte.

ARTEN: Ja, das tat er. Und wir sind sehr erfreut, dass auch du immer besser darin wirst.

PURSAH: Da wir soviel Wert auf Nondualismus legen, möchten wir dich bitten, noch einmal kurz die vier Schritte auf der Leiter zu reinem Nondualismus zusammenzufassen.

GARY: Gerne. Zunächst gibt es da den Dualismus. Das ist der Bereich, in dem es um Subjekt und Objekt geht, und der mit der Newtonschen Physik erklärt werden kann. Die Dinge befinden sich scheinbar außerhalb von uns. Daher rührt das Bewusstsein. Das Universum ist zwar eine Projektion, aber wir wissen es nicht. Damit wir uns einer Sache bewusst sein können, müssen wir etwas haben, *dessen* wir uns bewusst sein können. Das ist Trennung. Deswegen verwendet der Kurs das Wort Gewahrsein, um den reinen Geist zu beschreiben. Das ist etwas anderes als Bewusstsein. Der reine Geist ist Einssein; es gibt kein Subjekt und kein Objekt, nur Ganzheit. Aber ob das nun auf unserer persönlichen Wahrnehmung beruht oder Gegenstand der Spiritualität ist, gibt es aus dualistischer Sicht scheinbar zwei Welten, die Menschenwelt und die Welt Gottes. Und beide scheinen wahr zu sein.

Als nächstes kommt der Semidualismus. Das ist ein Zustand, in dem der Geist zu akzeptieren beginnt, dass die Trennung vielleicht unwahr ist. Wir können uns den Semidualismus als eine freundlichere und sanftere Form von Dualismus vorstellen. So kann man bei religiösen Menschen, die sich in einem semidualistischen Zustand befinden, eine andere Haltung beobachten. Womöglich fangen sie an, die Vorstellung zu akzeptieren, dass Gott Liebe ist. Doch das führt zu wichtigen Fragen. Zum Beispiel, ob Gott, wenn Er Liebe ist, auch Hass sein kann? Wenn Gott vollkommene Liebe ist, wie die *Bibel* sagt, kann Er dann unvollkommene Gedanken haben? Solche Fragen tauchen auf, und allmählich erwacht das

Gewahrsein im Geist des spirituellen Schülers. In Folge davon fühlt sich diese Person weniger isoliert als eine Person in einem dualistischen Zustand. Im Übrigen können wir, während wir die Leiter erklimmen, jederzeit nach vorne und wieder zurückfallen, von einem Zustand in den anderen. Es kann ein sehr turbulenter Weg sein, aber manchmal auch ein friedlicher.

Dann folgt der Nondualismus. Im Nondualismus erkennen wir, dass es keine Trennung gibt, und alles, was getrennt erscheint, nicht wirklich ist. Die Projektion in unserem Geist wird aufgehoben, und wir gelangen von einem Standpunkt der Wirkung zu einem Standpunkt der Ursache. Jetzt sind wir nicht mehr der Traum, sondern der Träumer. Der Traum wird von keinem anderen geträumt. Es *gibt* niemand anderen. Nondualität bedeutet Nicht-Zweiheit. Es gibt nur Einssein und nur eine Wirklichkeit. Von den scheinbar zwei Welten, der Welt der Illusion, die nicht wahr ist, und der Welt der Wirklichkeit, die wahr ist, existiert nur die Welt der Wirklichkeit, und alles, was eine Form zu besitzen scheint, ist unwahr.

Was uns zum reinen Nondualismus führt. Der Grund dafür, dass wir sie als rein bezeichnen, liegt darin, dass sie Gott als einzige Quelle und einzige Wirklichkeit anerkennt. Ja, es mag zwei getrennte Welten zu geben *scheinen*, die Welt Gottes und die Menschenwelt, aber *nur die Welt Gottes ist wahr und nichts anderes*. Es gibt nur sehr wenige Personen, die in der Lage sind, dies anzuerkennen und zu akzeptieren, denn das bedeutet das Aufgeben jeglicher Form von persönlicher Identität, sei es Körper oder Seele, und zwar ein für alle Mal. Du weißt dann, dass du dich bald in Gott auflösen und in das höhere Leben des reinen Geistes eingehen wirst. Du wirst vollkommenen Einsseins gewahr, dir dessen aber nicht bewusst sein. Doch durch kurze flüchtige Einblicke werden wir lernen, dass die Erfahrung des Gewahrseins die Erfahrung des Bewusstseins hinwegfegt. Das führt dazu, dass die Traumwelt der Illusionen völlig an Bedeutung verliert, abgesehen davon, dass sie von jedem dafür genutzt werden kann, um zur Wirklichkeit Gottes zurückzukehren.

PURSAH: Danke, Gary. Kurz und treffend. Jetzt erzähl uns einen Witz.

GARY: Okay. Das ist der kürzeste Witz, den ich kenne: Jesus kommt in ein Hotel und geht zur Rezeption. Er hat vier riesige alte, verrostete Nägel dabei. Er schmeißt die Nägel auf den Empfangstresen und sagt zum Mann an der Rezeption: »Können Sie mich diese Nacht hier unterbringen?«

PURSAH: Ganz schön pietätlos. Nadav hätte das gefallen.

ARTEN: Kommen wir noch einmal auf die Nondualität zurück. Im Gnostizismus wird das Wort »*gnosis*« sehr ähnlich verwendet wie das Wort »Erkenntnis« im Kurs. In beiden Fällen ist nicht die intellektuelle Erkenntnis oder das Vermitteln von Informationen gemeint, sondern die tatsächliche *Erfahrung* vollkommenen Einsseins mit Gott. Du hast die Erfahrung gemacht, die im Kurs als »Offenbarung« bezeichnet wird, nicht wahr?

GARY: Ja. Das läuft auf das Gleiche hinaus. Im Kurs bedeutet Offenbarung nicht, dass eine besondere Information offenbart wird. Der Begriff bezieht sich auf eine Erfahrung, die umwerfend ist, im wahrsten Sinne des Wortes unbeschreiblich – jenseits aller Worte. Dieses Gewahrsein vollkommenen Einsseins stellt alles in den Schatten, was die Welt zu bieten hat. Im Unterschied zur Vergänglichkeit des Traums gibt es einem einen Vorgeschmack auf die Wahrheit, die beständig ist. Und ihr meint, dass manche Gnostiker dasselbe erfahren haben, also eine Wirklichkeit hinter dem Schleier des illusorischen Universums?

ARTEN: Absolut. Es hat immer wieder Menschen gegeben, die das erfahren haben. Es kann jedem zu jeder Zeit passieren. Und du musst nicht einmal spirituell sehr fortgeschritten sein, um plötzlich davon überrascht zu werden. Ich sage »überrascht«, weil es normalerweise passiert, wenn du es nicht erwartest. Die Menschen, die das hier lesen, sollten ihre Zeit also nicht damit verschwenden, danach zu suchen. Und selbst wenn dir so etwas passiert, bedeutet es nicht, dass du etwas Besonderes bist. In manchen Fällen verhilft dir der Heilige Geist zu solch einer Erfahrung, um dich zu ermutigen und dir zu helfen dranzubleiben. Andererseits gibt es auch fortgeschrittene Schüler, die es in diesem Leben nicht erfahren. Aber woher wollen sie wissen, dass sie es nicht vielleicht schon in einem anderen Leben erfahren haben? Es ist sinnlos, sich den Kopf darüber zu zerbrechen, warum es manche erfahren und manche nicht. Das Einzige, was du wissen musst, ist, dass jeder Geist irgendwann einmal diese Erfahrung macht. Es ist wie eine Art Vorschau auf sensationelle Erlebnisse, die noch kommen werden. Du erhältst ein Gefühl dafür, wie deine Wirklichkeit außerhalb der Zeit einst für immer sein wird.

GARY: Der orgastische Aspekt ist auch ziemlich toll. Wir haben unsere Beziehungen hier auf Erden als Ersatz für jene Beziehung erfunden, von der wir glauben, wir hätten sie verloren. Aber aller Sex dieser Welt verblasst im Vergleich dazu. Das liegt daran, dass nur Geist dauerhaft verschmelzen kann. Körper können nicht wirklich miteinander verschmelzen – nicht, dass wir es nicht versuchen würden. Aber die Vereinigung mit Gott erfolgt durch den Geist, der, wie ihr gesagt habt, die Wahrnehmung des reinen Geistes aktiviert.

PURSAH: Der Kurs beschreibt unsere Beziehung zu Gott als äußerst persönlich, und das ist sie auch. Die Gnostiker schätzten diese gnostische Erfahrung sehr hoch ein. Um sie zu erlangen, versuchten sie sich daran zu erinnern, dass die Welt einfach nur ein Traum ist, so wie es auch im *Evangelium der Wahrheit* zu lesen ist. Für sie wurde die Welt nicht von Gott geschaffen, sondern von einem Demiurgen, der ungefähr dem entspricht, was der Kurs als »Ego« bezeichnet. Und sie versuchten, die Welt zu transzendieren und zurück zur Wirklichkeit zu gelangen, die von manchen gnostischen Schulen als »Pleroma« bezeichnet wurde. Aber wenn sie keine gnostische Erfahrung machten, ließen sich die Schüler oft entmutigen. Es bringt uns aber nicht weiter, wenn wir derartige Erfahrungen zu einem falschen Idol erheben und dann enttäuscht sind, wenn wir sie nicht erleben. Viele machten auch jenen Fehler, den Menschen häufig machen: Sie machten die Welt wirklich. Sie verliehen ihren Illusionen den Status der Wahrheit, und deshalb verblieben genauso viele von ihnen in einem Zustand der Dualität, wie es heute bei Kursschülern der Fall ist.

Ein weiterer Fehler, den sich machten, war, dass sie sich mit der Projektion identifizierten. Heute wird vielen spirituellen Schülern beigebracht, etwas in der Welt zu betrachten und zu sagen: »Das bin ich.« Aber es *stimmt* nicht, dass sie das sind. Egal, was wir im Universum sehen, es ist stets ein *Symbol*. Es ist eine Projektion, ein Hologramm, das symbolisiert, was in unserem eigenen unbewussten Geist vergraben liegt. Auch wenn manches davon symbolisch für die Ganzheit steht, beruht das meiste auf der Vorstellung der Trennung. Ja, es zeigt, was sich in unserem Geist verbirgt, aber nicht was wir sind. Wir wollen uns nicht damit identifizieren, sondern es vergeben – ganz besonders, wenn es uns in irgendeiner Weise negativ beeinflusst. Es ist eine erhabene Vorstellung, mit dem Universum eins zu sein, aber nur solange, bis wir uns daran erinnern, dass das Universum gar nicht existiert. Womit wir eins sein wollen, ist Gott, was alles ist, was wahrhaft existiert.

ARTEN: Der Gnostizismus und seine Lehren wurden schließlich zu einem Sammelsurium wie alles andere auch. Manche Schüler waren wirklich auf Gott ausgerichtet, manche aber wollten mit Gott gar nichts zu tun haben. Zwar war Valentinus ein Genie gewesen, doch die gnostischen Denksysteme waren nicht weit genug entwickelt. Wie Laotse lebte auch Valentinus nondualistisch, aber er hatte Mühe damit, seine Schüler dazu zu bringen, es ihm gleichzutun. Nichtsdestotrotz machten viele große Fortschritte auf ihrem spirituellen Weg, studieren heute den Kurs und sind bereit dafür, Erleuchtung zu erlangen. Der Kurs liefert ihnen alles, was sie dafür wissen müssen. Wenn du genau hinschaust, und das werden wir bei unseren letzten Besuchen dieser Besuchsreihe tun, wirst du sehen, dass der Kurs uns nicht mit einem Haufen unbeantworteter Fragen zurücklässt. Er erklärt uns, was vor Anbeginn der Zeit existierte und uns von Gott gegeben worden ist; wie wir hierher gelangt zu sein scheinen; was genau wir dagegen unternehmen können; wohin und wie wir nach Hause zurückkehren – nicht, dass der Himmel etwa ein Ort wäre, er ist ein Gewahrsein, in das wir wieder erwachen müssen; und welchen Plan der Heilige Geist hat, der garantiert dazu führen wird, dass das für jeden auch eintreffen wird.

GARY: Das Ganze ist frustrierend für die Leute, finde ich, denn der Heilige Geist hat ja den Überblick über den gesamten Plan und weiß, wie er sich im Einzelnen auswirken wird. Der Heilige Geist kann alles sehen, was je geschehen zu sein scheint oder scheinbar geschehen wird. Der Kurs spricht von einer ineinandergreifenden Kette der Vergebung, was bedeutet, dass meine Vergebung mit der Vergebung aller anderen verbunden ist. Aber ich kann es nicht sehen, nur der Heilige Geist kann das. Konnten J, Maria und Nadav es sehen?

PURSAH: Ja, wenn wir alles vergeben haben, und unser Geist vollständig vom Heiligen Geist geheilt worden ist, sind definitionsgemäß alle Grenzen aufgehoben, welche die Macht unseres Geistes eingeschränkt haben. Dann befinden wir uns hoch genug über dem Schlachtfeld, wie es der Kurs ausdrückt, um das Gesamtbild zu erkennen. Aber selbst dann werden wir, solange wir uns in einem Körper zu befinden scheinen, darauf konzentrieren, unsere Rolle im Plan zu spielen und unseren Glauben vollständig in den Heiligen Geist setzen. Vergiss nicht, dass selbst der Typ da, J, dem Heiligen Geist gefolgt ist, nicht der Heilige Geist *ihm*.

GARY: Ich habe noch ein paar Fragen an euch, die andere mir gestellt haben. Ihr habt einmal erwähnt, dass in einer größeren Stadt eine Nuklearwaffe hochgehen könnte. Ist dieses Szenario immer noch wahrscheinlich? Und wenn ja, könnt ihr Genaueres dazu sagen? Und was ist mit dem iranischen Kerl, den ihr bei eurer ersten Besuchsreihe erwähnt habt? Ihr meintet, er würde möglicherweise Nuklearwaffen gegen uns einsetzen. Jetzt scheint er völlig von der Bildfläche verschwunden zu sein. Habt ihr euch in diesem Punkt geirrt?

PURSAH: Ich habe mich nicht geirrt. Arten schon, aber ich nicht. Kleiner Scherz. Erinnere dich an Folgendes: Wenn der Kurs uns lehrt, dass die Welt, die wir sehen, das äußere Bild unseres inneren Zustands ist, dann ändert sich mit dem inneren Zustand auch der äußere Zustand. Das ist eine Frage von Ursache und Wirkung. Die gute Neuigkeit ist, dass es aufgrund des Kurses, bei dessen Verbreitung du eine Rolle spielst, genug Vergebung und Heilung des Geistes gegeben hat, sodass der frühere iranische Präsident euch nichts zuleide tun wird.

GARY: Okay, und was ist die schlechte Nachricht?

PURSAH: Die schlechte Nachricht ist, dass die Welt noch kein umfassendes Erwachen erlebt hat. Der aktuelle Geisteszustand ist von innerem Konflikt geprägt. Deshalb wird der Geist Ereignisse in den Traum projizieren, die symbolisch für diesen Konflikt stehen. Das macht es nicht nur wahrscheinlich, sondern unvermeidbar, dass irgendwann eine Atombombe auf eine größere Stadt niedergehen wird. Vergiss nicht, dass der Ego-Demiurg will, dass sich immer heftigere und furchteinflößendere Ereignisse abspielen, um damit Angst zu verbreiten. Und Angst macht das, was du siehst, wirklich, und die Beurteilung, die daraus hervorgeht, hält die vom Ego gehegte Projektion intakt.

GARY: Ich gehe mal davon aus, dass ihr mir nicht sagen werdet, wo und wann das passiert?

PURSAH: Das wäre unklug. Allein auf deine Behauptung hin würde die betreffende Regierung soundso keine größere Stadt evakuieren. Es ist also nicht nur so, dass du keinen Nutzen daraus ziehen würdest, es würde sogar zu allen möglichen Schikanen und Ablenkungen für dich führen. Mach lieber einfach deinen Job weiter. Es ist so wie damals bei 9/11, als wir gesagt haben: Wenn nicht die Schüler des Kurses vergeben, wer dann?

GARY: Noch eine kurze Frage bezüglich des Kapitels über körperliche Heilung in meinem letzten Buch. Und zwar geht es um dieses 35-prozentige Wasserstoffperoxid oder H_2O_2, das ich verwenden soll, um meine Zellen mit Sauerstoff zu versorgen und damit allen möglichen Krankheiten vorzubeugen beziehungsweise sie zu heilen. Ihr habt gesagt, dass zum Beispiel Krebs in sauerstoffreicher Umgebung nicht überleben kann. Nun weiß ich ja, dass H_2O_2 magisch ist, aber ich weiß auch, dass es in Ordnung ist, es zu verwenden, um dem Körper dabei zu helfen, dem Geist zu erlauben, den Körper zu heilen. Ich habe also die Anweisungen in dem Büchlein befolgt, das ihr mir gegeben habt, *The One-Minute Cure.* Ich habe alle Anweisungen befolgt, aber die meisten Menschen sagen, sie würden es nicht hinkriegen, so viele Tropfen H_2O_2 schlucken. Habt ihr einen Tipp?

ARTEN: Ja, das Wasserstoffperoxid hat auch dann noch einen positiven Einfluss auf die Gesundheit, wenn man nur neun oder zehn Tropfen davon in destilliertem Wasser zu sich nimmt; zum Beispiel zwei Mal täglich fünf Tropfen in ungefähr 180 bis 240 Milliliter Wasser. Man muss darauf achten, destilliertes Wasser zu verwenden, weil sich H_2O_2 nur schwer mit den Unreinheiten vermischt, die wir in den meisten anderen Arten von Wasser finden. H_2O_2 muss im Kühlschrank aufbewahrt werden, damit es nicht verdirbt und seine Wirksamkeit behält. Mit kaltem Wasser schmeckt H_2O_2 besser. Und es ist wichtig, dass es sich um 35-prozentiges Wasserstoffperoxid in Lebensmittelqualität handelt. Wer das täglich macht, wird viele Vorteile davon haben, und es nimmt überhaupt nicht viel Zeit in Anspruch, das auf die hier beschriebene Weise zu tun.

GARY: Danke, das war sehr hilfreich. Wisst ihr, vorhin habt ihr gesagt, dass diese Welt ein Scherz ist. Nun, ich habe einen Artikel über meinen Lieblingsfilmkritiker Roger Ebert gelesen, der vor ein paar Jahren gestorben ist. Der Artikel ist bei Patheos Press erschienen und wurde von Tom Rapsas verfasst, der darin die Worte von Rogers Ehefrau Chaz wiedergibt. Roger war kein besonders spiritueller Mensch, doch das macht den Bericht seiner Frau umso interessanter. Ich lese euch den betreffenden Abschnitt des Artikels einmal vor:

> *Am meisten haben mich die Ereignisse berührt, die vor Rogers Tod stattgefunden haben. Seine Ehefrau Chaz Ebert erzählte, dass ihr Mann »nicht wusste, ob er an Gott glauben konnte. Er hatte seine Zweifel. Doch gegen Ende passierte etwas wirklich Interessantes.« Fahren wir mit ihren eigenen Worten fort:*
>
> *»In der Woche vor seinem Tod ging ich zu Roger, und er erzählte mir, er hätte diesen anderen Ort besucht. Ich dachte, er würde halluzinieren, seine Medikation sei vielleicht zu hoch eingestellt. Doch am Tag, bevor er starb, hinterließ er mir folgende Notiz:* ›Das ist alles ein ausgefuchster Scherz.‹
>
> *Chaz erzählt, sie habe Roger gefragt: »Was ist ein Scherz?« Denn sie hatte es nicht verstanden. Da machte er ihr klar, dass »er über diese Welt sprach, diesen Ort hier. Er sagte, das alles sei eine Illusion. Ich dachte, er wäre verwirrt. Aber er war nicht verwirrt.«*

Des Weiteren berichtete Chaz, dass Roger »diesen anderen Ort« als »unvorstellbare Weite« beschrieb. Ich denke also, dass man gar nicht so tief in die Spiritualität eintauchen muss, um das wahre Wesen dieser Welt zu erkennen und direkt dahinter etwas sehr viel Größeres und Wirklicheres zu entdecken.

ARTEN: Eine ausgezeichnete Schlussbemerkung, finde ich. Bei unseren nächsten drei Besuchen werden wir über etwas sprechen, von dem wir mit Sicherheit annehmen, dass es die Schüler ermutigen wird, die unglaubliche Macht der Nondualität zu verstehen, sich an sie zu halten und sie umzusetzen. Wie *Ein Kurs in Wundern*® über den fortgeschrittenen Schüler sagt:

> *Jetzt beginnt er den Übertragungswert dessen zu sehen, was er gelernt hat. Dessen Potential ist buchstäblich umwerfend, und der Lehrer Gottes ist jetzt in seinem Fortschreiten an dem Punkt angelangt, an dem er darin seinen ganzen Ausweg sieht.*[4]

PURSAH: Wir lieben dich, Bruder. Umarme Cindy fest von uns.

In demselben Augenblick waren sie auch schon verschwunden und überließen es mir zu ergründen, welchen möglichen Übertragungswert ich aus all dem ziehen könnte, was sie und J's Kurs mich bislang gelehrt hatten.

KAPITEL 8

J gechannelt, 1965–1977: Dieses Mal wird die Wahrheit nicht vergraben werden

Freiheit ist dir gegeben, wo du nichts als Ketten und eiserne Türen sahst. Doch musst du dein Denken ändern über den Sinn und Zweck der Welt, wenn du Entrinnen finden willst.[1]

– Ein Kurs in Wundern®

Ich freute mich sehr darauf, wieder mit meinen Aufgestiegenen Freunden zu sprechen. Sie waren immer so gut zu mir. Ich war wirklich glücklich über das, was sie mich gelehrt hatten, aber ich wollte noch tiefer gehen. Ich wollte meine Arbeit zu Ende bringen. Dann müsste ich, selbst wenn ich noch einmal zurückkehren würde, um anderen zu helfen, keine »Lernkurve« mehr durchlaufen. Ich hätte schon alles gelernt, was für die Erleuchtung nötig ist.

Seit dreiundzwanzig Jahren studierte ich die Lehren des Kurses und bemühte mich, sie umzusetzen – und mit den Jahren war ich immer besser darin geworden. Dabei lernte ich, dass es nicht ausreicht, etwas zu verstehen. So hat Ken Wapnick einmal zu einer Gruppe von Übersetzern des Kurses, die den Kurs besser kannten als jeder andere, gesagt: »Ihr denkt, ihr versteht den Kurs, aber ihr werdet ihn nicht verstehen, bevor ihr ihn nicht *lebt.*«

Da ich mein Leben lang Musiker gewesen bin, gefällt mir die

Analogie mit jemandem, der ein guter Pianist werden will. Wir können eine Menge über Musikverständnis und Musiktheorie lernen, doch nur eines vermag einen guten Klavierspieler aus uns machen, nämlich uns jeden Tag ans Klavier zu setzen und zu *üben*. Sonst kommen wir nie ans Ziel.

Mit der Spiritualität ist es nicht anders. Glauben wir wirklich, ohne zu üben, dasselbe spirituelle Niveau zu erreichen wie J, Maria und Nadav und ihresgleichen? Ich habe viele Kursschüler getroffen, die nicht glauben, dass sie üben müssen; sie denken, sie könnten alles überspringen und gleich ans Ziel gelangen. Das ist so, als würden sie ernsthaft glauben, dass es ausreichen würde zu sagen, »ich bin erleuchtet«, und schon wäre es so. Aber so ist es nicht. Wenn im Kurs gesagt wird, Erlösung ist Aufheben, dann ist das auch so gemeint. Das Ego muss aufgehoben werden. Wir müssen aus dem Traum des Egos erwachen. Und das großartige Hilfsmittel des Heiligen Geistes, um das Ego aufzuheben und aus dem Traum zu erwachen, ist Vergebung. Doch niemand wird jene Vergebungsarbeit leisten, die notwendig ist, um Erleuchtung zu erlangen, bis sein Wille stark genug ist. Genauso wenig, wie jemand genug üben wird, um ein großartiger Pianist zu werden, solange sein Wille nicht stark genug ist.

Während der Jahre, in denen ich Vergebung übte, hat sich meine Lebenserfahrung verändert. Mein Körper fühlte sich mit der Zeit leichter an, obwohl ich über die Jahre zehn Kilo zugenommen hatte. Er fühlte sich immer mehr wie ein Körper in einem Traum an, was er ja auch wirklich ist, und nicht wie etwas, das ich mit mir herumtragen muss. Er wurde, gefühlt, elastischer und war weniger schnell verletzbar. Ich hatte in der ganzen Zeit ein paar kleinere Unfälle, bei denen ich mich verletzte, aber es tat nicht weh, obwohl es das eigentlich hätte tun müssen.

Dasselbe galt für die seelische Ebene. Ich geriet in Situationen, die mich früher nervös gemacht hätten – zum Beispiel, wenn ich in einer neuen, unbekannten Situation vor Menschen sprechen sollte, oder wenn jemand in den Raum kam, den ich nicht leiden konnte –

und ich bemerkte, dass mir diese Dinge nichts mehr anhaben konnten. Das Ganze war ein Prozess, der sich über einen langen Zeitraum hinzog. Jeder Mensch ist anders, und es kann gut sein, dass manche Leute raschere Ergebnisse bei der Umsetzung des Kurses erzielen als andere. Das liegt daran, dass die Wahrheit zwar einfach ist, nicht jedoch das Ego. Das Ego ist sehr kompliziert und muss auf individueller Ebene aufgehoben werden, auch wenn Individualität nur eine Illusion ist. Der Heilige Geist holt uns da ab, wo wir gerade stehen, und arbeitet mit uns, um uns das Erwachen zu erleichtern. Ein Teil dieses Erwachens besteht in der Einsicht, dass wir träumen. Zunächst erkennen wir das theoretisch, aber je mehr wir jene Art von Vergebung üben, die im Kurs gelehrt wird – und bei der wir von der Ursache aus gehen und nicht von der Wirkung –, umso mehr werden wir das auch erleben.

Der Kurs erklärt mehr als deutlich, dass wir träumen. Dort steht: »Der HEILIGE GEIST, DER in SEINER Weisheit stets praktisch ist, akzeptiert deine Träume und nutzt sie als Mittel zum Erwachen.«[2] Dort steht auch: »Du reist nur in Träumen, während du in Sicherheit zu Hause weilst.«[3] Daran versuche ich mich jedes Mal zu erinnern, wenn ich in ein Flugzeug steige. Auch wenn wir morgens aufwachen, denken wir, wir seien wach, aber in Wahrheit träumen wir weiter. »Du verbringst deine gesamte Zeit mit Träumen. Deine Schlaf- und deine Wachträume haben verschiedene Formen, das ist alles. Ihr Inhalt ist derselbe.«[4] Und dazu kommt, dass der Traum noch nicht einmal von jemand anderem geträumt wird. »Niemand kann aus einem Traum erwachen, den die Welt für ihn träumt. Er wird zu einem Teil des Traumes eines anderen. Er kann nicht beschließen, aus einem Traum zu erwachen, den er nicht gemacht hat.«[5] Wenn wir also träumen, wo sind wir dann eigentlich? »Du bist in GOTT zu Hause und träumst von der Verbannung, bist aber vollkommen in der Lage, zur Wirklichkeit zu erwachen.«[6] Wir können uns dafür entscheiden, unsere eigentliche Aufgabe zu übernehmen, nämlich zu erkennen, dass wir träumen, und dem Heiligen Geist nach Hause zu folgen, selbst unter schwierigen Umständen wie zum Beispiel, wenn wir Menschen, die wir lieben, scheinbar von uns gehen sehen:

> *Sich des Träumens bewusst zu sein ist die wirkliche Funktion der Lehrer GOTTES. Sie beobachten die Traumfiguren, wie sie kommen und gehen, wechseln und sich ändern, leiden und sterben. Doch werden sie von dem, was sie da sehen, nicht getäuscht. Sie begreifen, dass es nicht wirklicher ist eine Traumfigur als krank oder getrennt zu erblicken, als sie als gesund und schön zu betrachten.*[7]

Das bedeutet jedoch nicht, dass wir nicht für alles und alleLiebe und Mitgefühl hegen sollten. Wenn wir über die Methoden des Vergebens sprechen, werden Sie sehen, dass es automatisch zu Liebe führt, wenn Sie den Kurs so anwenden, wie es vorgesehen ist. Wie J gleich in der Einleitung sagt:

> *Der KURS zielt nicht darauf ab, die Bedeutung der Liebe zu lehren, denn das ist jenseits dessen, was gelehrt werden kann. Er zielt vielmehr darauf ab, die Blockaden zu entfernen, die dich daran hindern, dir der Gegenwart der Liebe, die dein angestammtes Erbe ist, gewahr zu sein.*[8]

Ein Kurs in Wundern® ist eine außerordentlich große Lehre. Wenn im Kurs von unserem angestammten Erbe gesprochen wird, ist damit nichts Geringeres gemeint als das Reich Gottes. Der Himmel wurde uns von Gott geschenkt. Wir müssen ihn uns nicht verdienen. Wenn uns jemand ein Geschenk gibt, müssen wir dann leiden und Opfer bringen, um es zu erhalten? Das Gewahrsein, dass die Liebe gegenwärtig ist, ist das Gewahrsein, dass der Himmel jetzt und hier ist. Doch auch wenn wir ihn uns nicht verdienen müssen, so müssen wir doch zu ihm erwachen.

Im *Thomasevangelium* ist zu lesen, dass die Jünger vor zweitausend

Jahren zu J gingen und ihn fragten: »Wann wird das Reich Gottes kommen?« Er sagte: »Es wird nicht kommen, indem ihr nach ihm Ausschau haltet. Es wird euch nicht gesagt werden: ›Seht hierhin, oder seht dorthin.‹ Das Reich des Vaters ist vielmehr über die ganze Erde verbreitet, und die Menschen sehen es nicht.«

Es ist nicht so, dass das Reich nicht hier wäre, es befindet sich nur außerhalb des Gewahrseins der Menschen. Die Blockaden zu entfernen, die uns daran hindern, seiner Gegenwart gewahr zu werden, bedeutet, das Ego aufzuheben. Wenn es uns gelingt, das Ego durch Vergebung aufzuheben, was immer auf geistiger Ebene geschieht, entfernen wir dadurch die Blockaden, und langsam, aber sicher wird statt des Traums der Himmel unsere Wirklichkeit. Das ist der Ansatz von *Ein Kurs in Wundern*®.

In den folgenden beiden Abschnitten, bezieht sich »die Stimme«, von der die Rede ist, auf den Heiligen Geist. Hier können wir sehen, wie tiefgehend der Heilige Geist mit uns arbeitet:

> *Du bist der Träumer der Welt der Träume. Sie hat keine andere Ursache, noch wird sie das je haben. Nichts Furcht Erregenderes als ein nichtiger Traum hat GOTTES SOHN in Angst und Schrecken versetzt und ihn glauben lassen, dass er seine Unschuld verloren, seinen VATER verleugnet und einen Krieg gegen sich selbst geführt hat. So schrecklich ist der Traum, so scheinbar wirklich, dass er nicht ohne Angstschweiß und einen Schrei der Todesangst zur Wirklichkeit erwachen könnte, wenn nicht ein sanfterer Traum seinem Erwachen vorausgehen und es seinem ruhigeren Geist erlauben würde, die Stimme willkommen zu heißen und nicht zu fürchten, die mit Liebe ruft, ihn aufzuwecken; ein sanfterer Traum, in dem sein Leiden geheilt und sein Bruder ihm ein Freund ist. GOTT wollte, dass er sanft und voller Freude erwache, und gab ihm die Mittel, furchtlos zu erwachen.*[9]
>
> *Nimm den Traum an, den ER dir statt des deinen gab. Es ist nicht schwierig, einen Traum zu ändern, wenn der Träumer erst*

einmal erkannt ist. Ruhe im Heiligen Geist und lass zu, dass SEINE sanften Träume den Platz derjenigen einnehmen, die du in Schrecken und Todesangst geträumt hast. Er bringt Träume der Vergebung, in denen die Wahl nicht darin besteht, wer der Mörder und wer das Opfer sein soll. In den Träumen, die ER bringt, gibt es keinen Mord und keinen Tod. Der Traum der Schuld verblasst vor deiner Sicht, wenn deine Augen auch geschlossen sind. Ein Lächeln ist gekommen, dein schlafendes Antlitz zu erhellen. Der Schlaf ist jetzt friedlich, denn dies sind glückliche Träume.[10]

Viele haben sich gefragt, warum der Kurs in einer solchen Sprache geschrieben wurde, nämlich oft in Shakespeare'schen Blankversen, die auch als jambische Fünfheber bekannt sind. Abgesehen davon, dass das sehr schön und der Kurs damit ein wahres Kunstwerk ist, kenne ich, glaube ich, noch einen weiteren Grund. Als ich einmal in London war, ging ich in ein Museum. Bei meinem Rundgang stieß ich auf eine Vitrine, in der einige Seiten, die vor über fünfhundert Jahren geschrieben worden waren, aufbewahrt wurden. Ein wenig konnte ich davon verstehen, aber das meiste war für mich reinstes Kauderwelsch. Sprachen, ob die gesprochene oder geschriebene, verändern sich über die Jahrhunderte. Doch Shakespeare ist unverändert geblieben, denn er benutzte eine klassische Sprachform. Bücher, die in unserer heutigen Umgangssprache geschrieben sind, werden, wenn sie nicht überarbeitet werden, in fünfhundert Jahren wahrscheinlich nur noch schwer zu verstehen sein. Shakespeare jedoch ist eine bleibende Größe. Daraus schließe ich, dass Menschen in fünfhundert oder sogar tausend Jahren auch den Kurs immer noch lesen und verstehen können werden. Das bedeutet nicht, dass er leicht zu lesen ist, das ist er ja auch heute nicht! Aber es wird machbar sein. Vielleicht wusste J ja, was er tat.

Es gab so viele Ideen im Kurs, über die ich mit meinen Lehrern sprechen wollte. Seit einigen Jahren schon hatten wir uns damit nicht mehr wirklich beschäftigt. Und da waren sie eines Nachmittags wieder.

ARTEN: Nun, wir wissen, dass du über den Kurs sprechen willst. Du bist mehr als genug in der Welt herumgereist, um ihn zu lehren. Worüber möchtest du sprechen?

GARY: Über so viel. Im Kurs steht: »Das Wunder legt fest, dass du einen Traum träumst und dass sein Inhalt unwahr ist.«[11] Aber viele Schüler scheinen ein großes Problem damit zu haben, diesen Gedanken zu Ende zu denken. Ich würde sagen, dass laut Kurs die absolute Wahrheit die folgende ist: Gott Ist. Und damit scheinen sie kein größeres Problem zu haben. Aber wenn du ihnen dann sagst, dass *nichts anderes ist*, triffst du auf eine Menge Widerstand in ihren Gesichtern. Sie erfassen die Wahrheit über Gott, aber sie können nicht erfassen, dass absolut nichts in der Welt und ihren Leben wirklich ist.

ARTEN: Ja, der Kurs ist die radikalste Lehre in der Geschichte. Das ist der Grund dafür, warum die meisten Menschen, die ihn lehren, ihn nicht lehren. Selbst wenn sie ihn verstehen, was selten vorkommt, ist es nicht leicht, Menschen zu erklären, dass sie nicht existieren und auch niemals existiert haben. Ihr Leben ist eine Lüge. Der einzige Ort, der wirklich existiert, ist in Gott, und die materielle Welt einschließlich ihrer eigenen Körper und Persönlichkeiten, ganz abgesehen von all den anderen, denen sie je begegnet sind, waren niemals wahr. Ach, und übrigens sind auch ihre Kinder Illusionen.

GARY: Ja, ich bemühe mich, nicht gerade damit loszulegen. Natürlich lässt J uns nicht hängen. Es ist ja nicht so, dass er nur die Unwirklichkeit des Egos beschreibt, also sagt, dass die Welt eine Illusion ist, und uns dann damit stehen lässt. Eine solche Lehre allein würde uns nicht im Geringsten weiterbringen, sondern höchstens depressiv machen. Stattdessen *ersetzt* der Kurs das Denksystem des Egos vollständig durch das Denksystem des Heiligen Geistes. Seit ich EST kennengelernt habe, habe ich mir fast vierzig Jahre lang spirituelle Denksysteme angeschaut, doch so etwas habe ich sonst nirgendwo gesehen. Den meisten Lehrmethoden gelingt es ganz gut, die Problematik zu beschreiben. Es gibt eine Menge Experten und hochkarätige Psychologen, die mit großem Geschick über das Ego und die Probleme der Welt referieren. Und im besten Fall liefern sie uns eine Methode, die uns hilft, uns besser zu fühlen. Aber das ist nur eine vorübergehende Hilfe. Denn dadurch wird das Ego nicht aufgehoben, sondern nur besänftigt, indem es schöngefärbt wird. Der Kurs hingegen zeigt einen Ausweg. Er gibt uns eine *Lösung* für das Gesamtproblem der menschlichen Existenz. Er nimmt uns den ganzen Weg nach Hause in den Himmel mit, den Himmel, den wir niemals wirklich verlassen haben, außer im Rahmen einer falschen Erfahrung. Er ersetzt also eine falsche Erfahrung durch eine richtige Erfahrung. Doch das Ego wirklich aufzuheben, verlangt Zeit und Mühe. Viele Leute besuchen einen Workshop und erwarten, übers Wochenende Erleuchtung zu erlangen.

PURSAH: Du machst also dasselbe wie J. Du erklärst ihnen, was zu tun ist, und weist sie in die richtige Richtung. Wenn wir sagen, dass der Kurs die radikalste Lehre der Geschichte ist, darfst du nicht vergessen, dass fast alle Lehren und Denksysteme in der Geschichte auf sogenannter jahrhundertealter Weisheit und universellen Wahrheiten beruhen. Aber diese Wahrheiten und diese Weisheit sind nicht wahr, und der Kurs ist *nicht* damit vergleichbar. Warum? Weil sie alle darauf beruhen, dass das Universum wirklich ist. Selbst die nondualistischen Lehren werden von der Welt übernommen und so verändert, dass der Fehler wirklich gemacht wird. Darum steht im Kurs an einer Stelle, an der die Welt beschrieben wird: »Jeglicher Fehler kann berichtigt werden, wenn es der Wahrheit überlassen wird, ihn zu beurteilen. Doch wenn dem Fehler der Status der Wahrheit gegeben wird, wem oder was kann er dann noch überbracht werden?«[12]

Gary: Da ist noch etwas. Die Menschen haben ihr Leben lang gelernt, dass Gott die Welt geschaffen hat. Nun habe ich keinerlei Problem mit der Vorstellung, dass Gott die Welt nicht geschaffen und tatsächlich nicht das Geringste mit ihr zu tun hat. Für mich war das eine ungeheure Erleichterung, weil ich nicht hatte verstehen können, wie Gott es zulassen konnte, dass guten Menschen so entsetzliche Dinge zustießen. Dann stellte es sich heraus, dass gar nicht Er das getan hatte, sondern wir: das eine Ego, das durch die Idee der Trennung wie viele erscheint. Das hier ist unsere Projektion, und der Himmel ist immer noch vollkommen. Aber manche Leute sind immer noch mit der Vorstellung verheiratet, dass das hier etwas Schönes und göttlich Erschaffenes sei, obwohl alles darin verfällt, kaputtgeht und stirbt. Und das auch nur, wenn du lange genug überlebst, um es überhaupt mitzubekommen.

Erinnert ihr euch an den Wochenendworkshop, den ich im Yogazentrum in Massachusetts gegeben habe? Dort fanden mehrere Workshops gleichzeitig statt, und am Samstagabend konnten die Sprecher alle zur selben Zeit in verschiedenen Räumen zweistündige Vorträge halten, die auch von den Teilnehmern der jeweils anderen Workshops besucht werden konnten – so eine Art Einführung in die unterschiedlichen Ansätze. Weil es nun in einem Yogazentrum stattfand, nahmen auch viele jüngere Schüler daran teil, und die sind wirklich in ihrem Körper drin. Ich meine, die Hormone fliegen nur so durch den ganzen Raum. Sie denken, Yoga sei tatsächlich spirituell, aber in Wirklichkeit huldigen sie ihrem Körper. Also, an dem Samstagabend kamen ungefähr hundert Zuhörer zu mir, die meisten um die zwanzig herum, und ich fragte mich, was zum Teufel ich ihnen erzählen sollte. Bevor ich anfing, meditierte ich kurz, wie ich es immer zu tun pflege, und vereinte mich mit dem Heiligen Geist – übrigens seid J und ihr alle drei der Heilige Geist, denn wenn wir einmal auf der Ebene des reinen Geistes angelangt sind, gibt es keinen

Unterschied mehr – und ich bat um Führung wegen des Vortrags, den ich vor diesen jungen Leuten halten sollte. *Sollte ich ihnen die Wahrheit erzählen? Oder sollte ich sie mir lieber verkneifen?* Und ich bin mir sicher, dass ihr euch noch an die Antwort erinnert, die ich erhalten habe: *Finde heraus, wie viele du dazu bringen kannst, vor dir davonzulaufen.* Mit anderen Worten: Halte dich in keiner Weise zurück. Sag es ihnen laut und deutlich. Und das habe ich. Ich hätte es ohnehin getan, aber es hat sich gut angefühlt, Rückendeckung zu haben.

Während des zweistündigen Vortrags haben ungefähr zwanzig den Saal verlassen. Aber viele von denen, die geblieben waren, hatten, nachdem ich ihnen ein paar von den krasseren Sachen erzählt hatte, einen Gesichtsausdruck, als wollten sie sagen: »Echt jetzt? Ist das wirklich so?« Es war für viele das erste Mal, dass sie solch eine geradlinige nondualistische Botschaft hörten. Sie waren so daran gewöhnt, der Welt und dem Körper Wirklichkeit zu verleihen, dass es ihnen gar nicht in den Sinn gekommen war, dass es noch eine vollkommen andere Art geben könnte, die Dinge zu betrachten – eine, bei der sie sehr wohl ihr Kuchenstück abbekommen würden und es verspeisen könnten, weil ich ihnen nicht sagte, dass sie irgendetwas aufgeben müssten. Ich erzählte ihnen nur, dass es eine andere Interpretation der Dinge gab, die ihnen eine Menge Zeit sparen könnte.

PURSAH: Das hast du gut hingekriegt, wenn man an den Widerstand denkt, den die Leute gegen die Akzeptanz einer nondualistischen Botschaft in ihrem Unterbewusstsein haben. Schließlich bedeutet diese für das Ego den Tod. Und dann kommst du auch noch mit einer rein nondualistischen Botschaft! Nur Gott ist wirklich, alles andere ist unwirklich. Warum würde ein körperorientierter junger Mensch so etwas hören wollen? Und doch konntest du in manchen von ihnen Interesse wecken. Denn in jedem Geist ist diese Wahrheit verborgen, sie wartet nur darauf, entdeckt zu werden – und das spüren sie. Selbst wenn du es manchmal nicht erwartest, hören dir die einen oder anderen zu, denn wenn sie die Wahrheit vernehmen, findet eine Art Wiedererkennen statt. Du erinnerst dich, was im Kurs darüber gesagt wird:

> *Diese Welt, in der du zu leben scheinst, ist nicht dein Zuhause. Und irgendwo in deinem Geist erkennst du, dass das wahr ist. Eine Erinnerung an zu Hause hört nicht auf, dich heimzusuchen, als gebe es einen Ort, der dich zur Rückkehr riefe, obschon du weder die Stimme wiedererkennst noch woran die Stimme dich erinnert. Und dennoch fühlst du dich hier wie ein Fremder von wer weiß woher. Es ist nichts Eindeutiges, sodass du mit Bestimmtheit sagen könntest, dass du hier ein Verbannter bist. Da ist nur ein beharrliches Gefühl, manchmal nicht mehr als ein winzig kleines Pochen, zu anderen Zeiten kaum erinnert und aktiv abgetan, das aber sicherlich dir wieder in den Sinn kommt.*[13]

GARY: Oh ja. Ich kann mich erinnern, dieses Gefühl gehabt zu haben, schon als Kind. Es war, als ob ein Teil von mir wüsste, dass ich nicht hierhergehörte. Natürlich haben viele Menschen dieses Gefühl. Die gute Nachricht ist, dass es einen direkten Weg gibt, der uns aus dieser Welt heraus nach Hause führt. Selbstmord wäre keine Lösung. Wenn wir es damit versuchen, müssten wir einfach wiederkommen und den ganzen alten Mist noch einmal durchleben. Warum also nicht so viel Fortschritte wie möglich machen in diesem scheinbaren Leben? Wenn wir dann zurückkehren, hätten wir schon so viele Lektionen gelernt, dass unser nächstes Leben wahrscheinlich nur noch aus Spaß und Staunen bestünde.

Ich denke, dass mein Leben ohne den Kurs wahrscheinlich irgendwie traurig gewesen wäre. Als ich auf den Kurs stieß – oder sollte ich lieber sagen, als ihr mich gefunden habt? –, hatte ich mich schon gut fünfzehn Jahre lang spirituell herumgetrieben, aber ich hatte immer noch das Gefühl, dass etwas fehlte, *weil* etwas fehlte. Habe ich mich jemals bei euch bedankt, dass ihr bei mir reingeschaut habt?

PURSAH: Schon gut. Wir hatten nichts Besseres zu tun.

ARTEN: Je mehr du dein Ego aufhebst, was ungefähr so ist, wie wenn man von einer Zwiebel eine Schale nach der anderen ablöst, desto mehr rechtgesinnte Gedanken gelangen vom Heiligen Geist in deinen Geist. Das hast du sicher schon bemerkt.

GARY: Auf jeden Fall! Vor ein paar Wochen war ich in Los Angeles am Flughafen, weil ich nach Madrid fliegen wollte. Vor der Reise war so viel vorzubereiten gewesen, dass ich fast nicht mehr zum Schlafen kam. Es war fünf Uhr morgens, und ich war wirklich müde. Dann dachte ich in meinem Geist: »Du bist nicht müde. Du *träumst*, du seist müde.« Und ich verstand. Was kann außer einem Körper müde sein? Aber ich bin kein Körper. Ich träume diesen Traum, in dem ich in einem Körper bin und dieser Körper müde ist. Aber das hat nichts mit mir zu tun. Mein Geist kann beschließen, stattdessen reiner Geist zu sein. Und ich fühlte mich besser. Tatsächlich fühle ich mich immer besser, wenn ich mich an die Wahrheit erinnere. Und ich kann mich unter jedweden Umständen zu jeder Zeit an die Wahrheit erinnern. Außerdem hilft mir der Heilige Geist dabei.

PURSAH: Sehr gut. Und dasselbe gilt natürlich für den Fall, dass du Schmerzen hast. Sagen wir mal, jemand hat Schmerzen im Knie. Nun, dieser Jemand fühlt den Schmerz nicht wirklich, er träumt, dass er Schmerzen hat, genauso, wie du geträumt hast, dass du müde wärst. Aber im Traum denkt die betreffende Person vielleicht, sie bekäme Arthrose oder so etwas. Es fühlt sich erst einmal so an, als sei der Schmerz im Knie, aber das ist er nicht. Wir haben dir schon erklärt, dass Schmerz kein physischer, sondern ein mentaler Prozess ist. Tatsächlich findet der Schmerz im Geist statt. Und wenn man noch tiefer geht, stellt man fest, dass es eine Auswirkung der Schuld ist, denn in ihrem unbewussten Geist fühlen sich die Menschen der Trennung wegen schuldig. Natürlich sind sie nicht wirklich schuldig, denn die Trennung hat ja nie stattgefunden. Es ist alles nur der Traum einer Trennung, die nie wirklich stattgefunden hat. Und wenn es ihnen gelingt, sich daran zu erinnern und mit dem Heiligen Geist rechtgesinnte Gedanken zu denken, verschwindet der Schmerz.

ARTEN: Aufgrund der Art und Weise, wie der Geist funktioniert – dazu kommen wir gleich –, müssen wir die Vorstellung, dass das Universums ein Traum ist, auf alles anwenden, was eine negative Wirkung auf uns hat und dessen wir gewahr werden: Jeden Menschen, jede Situation und jedes Ereignis, einschließlich dessen, was mit uns selbst im Gange ist. Vielleicht erinnerst du dich an diese äußerst wichtigen Fragen, die J im Kurs stellt:

> *Was wäre, wenn du begreifen würdest, dass diese Welt eine Halluzination ist? Was, wenn du wirklich verstündest, dass du sie erfunden hast? Was, wenn du merktest, dass die, die scheinbar auf ihr wandeln, um zu sündigen und zu sterben, um anzugreifen, zu morden und sich selber zu zerstören, gänzlich unwirklich sind?*[14]

GARY: Wow. Das erinnert mich an das Geheimnis der Erlösung. Ich suche es mal heraus. Und ich denke, ich höre besser zu, wenn J mir das Geheimnis der Erlösung verraten will. Okay. Hier ist es:

> *Das Geheimnis der Erlösung ist nur dies: dass du dir dieses selber antust. Der Form des Angriffs völlig ungeachtet ist dies dennoch wahr. Wer immer auch die Rolle von Feind und Angreifer übernimmt, dies ist trotzdem die Wahrheit. Was immer auch die Ursache von irgendeinem Schmerz und Leiden, das du verspürst zu sein scheint, dies ist dennoch wahr. Denn du würdest gar nicht reagieren auf Figuren in einem Traum, von dem du wüsstest, dass du ihn träumst. Lass sie so hasserfüllt und so bösartig sein, wie sie nur wollen, sie könnten*

keine Wirkung auf dich haben, es sei denn, du versäumtest zu begreifen, dass es dein Traum ist.[15]

ARTEN: Könnte er es noch klarer ausdrücken? Nun, warum stellst du uns nicht ein paar von den Fragen, die du mit dir herumträgst, und auch jenen, die dir in den Workshops zugetragen werden. Auf diese Weise können wir viele Themen abdecken.

GARY: Okay. Die Menschen stellen Fragen zu einem neuen Buch über den Kurs, in dem wohl viel darüber zu lesen ist, wie man sich in der Welt verhalten soll, was ja viele Bücher zum Kurs tun. Ich glaube, der Autor verwendet das Beispiel eines Freundes, der jemanden erwischte, wie er in sein Haus einbrach; anstatt mit Angst zu reagieren, reagierte er mit Liebe und sprach mit dem Einbrecher. Er sagte, er könne ihn verstehen, und der Eindringling war überrascht. Sie begannen sich wie Freunde zu verhalten, und alles nahm ein gutes Ende. Was haltet ihr von diesem Ansatz?

ARTEN: Nun ja, in manchem Fall könnte das eine gute Art sein, sich umbringen zu lassen. Wenn der Einbrecher geistig verwirrt ist oder unter Drogen steht und stiehlt, um mehr zu bekommen, oder wenn es sich um einen gewalttätigen Kriminellen handelt, könnte das auf der Ebene der Form eine sehr gefährliche Situation ergeben. Nun ist mein Vorschlag sicher nicht, aus Angst heraus zu handeln, aber statt sich selbst in körperliche Gefahr zu bringen, um spirituell zu handeln, wäre es klüger, den Tatort so schnell wie möglich zu verlassen. Und das bringt uns zu einem sehr wichtigen Merkmal des Kurses. Sei praktisch. Verwende deinen gesunden Menschenverstand. Die Lehren des Kurses sind dazu gedacht, auf der Ebene des Geistes angewendet zu werden. Sie sind *nicht* für die materielle Ebene gedacht. Vergiss nicht, im Kurs geht es um die Ursache, nicht um die Wirkung.

GARY: Das habe ich verstanden. Wenn wir daran arbeiten, unseren Geist so zu verändern, dass wir mit dem Heiligen Geist denken, beschäftigen wir uns mit der Ursache statt mit der Wirkung; die

Wirkung kümmert sich dann um sich selbst, weil wir jetzt das Pferd vor den Karren gespannt haben. Aber könnte der Einbrecher, wenn wir das tun, sich nicht automatisch verändern?

ARTEN: Vielleicht. Vielleicht aber auch nicht. In der Illusion der Welt geschehen Veränderungen oft nur allmählich, und nicht in dem Moment, in dem du es willst. Auf jeden Fall liegt der Schwerpunkt des Kurses auf deinem geistigen Zustand, deinem inneren Frieden und deiner inneren Stärke, und nicht darauf, wie sich die Dinge in deinem Traum scheinbar entwickeln. Das bedeutet jedoch nicht, dass der Heilige Geist dessen nicht gewahr wäre, was du zu brauchen glaubst. Wir werden später noch darüber sprechen, wie du zur Fülle geführt werden kannst. Aber wenn du in der Welt in heikle Situationen gerätst, musst du nicht versuchen, den Helden zu spielen. Sei normal. Wenn du versuchst, irgendetwas zu beweisen, bist du vielleicht nicht mehr lange genug hier, um deine Lektionen zu lernen.

PURSAH: Der Kurs gehört nicht zur Selbsthilfebewegung, auch wenn Menschen ihn auf diese Art anzuwenden versuchen. Jeder möchte sein Leben verbessern und viel Geld verdienen. Und dagegen hat der Kurs auch gar nichts. Denn hätte er es, würde er diesem Ansatz Wirklichkeit verleihen. Aber denk immer daran: Wenn du dich statt auf den Geist auf die Wirkung konzentrierst, machst du die Wirkung wirklich. Du machst etwas wahr, das nicht existiert. Oder wie J es ausdrückt:

> *»Wenn du versuchst, die Wahrheit den Illusionen zu überbringen, dann versuchst du, Illusionen wirklich zu machen und sie beizubehalten, indem du deinen Glauben an sie rechtfertigst. Illusionen der Wahrheit übergeben heißt jedoch, es der Wahrheit zu ermöglichen, die Unwirklichkeit der Illusion zu lehren, und es dir daher zu ermöglichen, ihnen zu entrinnen.«*[16]

Ein Kurs in Wundern® besagt, was er besagt. Und es ist unabdingbar zu verstehen, dass es nur *eine* Interpretation des Kurses gibt. Das kann nicht oft genug wiederholt werden. Nur Gott ist wirklich, alles andere ist unwirklich. Die Welt existiert nicht. Manche Schüler wollen, dass der Heilige Geist in der Welt tätig wird und sie in Ordnung bringt. Nein, der Heilige Geist ist im Geist, nicht in der Welt. Im Kurs steht, dass es keine Welt gibt! In *welcher* Welt sollte der Heilige Geist ihrer Meinung nach dann tätig werden?

GARY: Das ist alles gut und schön, aber wie kann man es verhindern, dass der Kurs dieselbe Wendung nimmt wie alle anderen nondualistischen Lehren zuvor? Im Kurs geht es ja nicht darum, die Welt zu retten oder irgendeine Form von persönlicher Identität aufrechtzuerhalten. Doch kann man heute schon sehen, wie die Mehrheit derer, die angeblich den Kurs praktizieren, sich regelrecht dabei überschlägt, der Welt Wirklichkeit zu verleihen, indem sie sie spiritualisiert, und mit Nachdruck an ihrer persönlichen Existenz festhält, indem sie sie heilig macht. Und dann sagen die Leute auch noch, dass das funktioniert, und verstehen nicht, dass es ihnen nur dazu verhilft, sich vorübergehend wohlzufühlen. Denn sie heben das Ego nicht auf. Wie viel Hoffnung besteht angesichts dieser Hindernisse, dass das diesmal anders laufen wird?

PURSAH: Das ist eine gute Frage, und es gibt eine gute Antwort darauf. Zunächst aber: Erinnerst du dich an Spruch 23 aus dem Evangelium, das von Thomas geschrieben wurde?

GARY: Wem bitte?

PURSAH: Da sagt J: »Ich werde euch auswählen, einen von tausend und zwei von zehntausend, und sie werden als ein einziger dastehen.« Du siehst, die wahre Bedeutung des Kurses muss nicht gleich von den Massen akzeptiert werden. Es gibt Menschen, die bereit dafür sind, und solche, die es nicht sind. Wichtig ist nur, dass den Menschen ein Gesamtbild der Wahrheit *zur Verfügung steht*, welches sie entdecken können, wenn sie bereit dafür sind. Im Kurs finden wir die vollständige Wahrheit an einem einzigen Ort, nicht nur einen Teil der Wahrheit. Das gab es bislang noch nicht. Dazu kommt die brillante Idee, den Kurs als Selbstlernkurs zu konzipieren. Natürlich gibt es Leute, die Kirchen ins Leben rufen und versuchen, eine Religion daraus zu machen, aber das wird andere nicht davon abhalten, die Wahrheit selbst herauszufinden. Manche werden Studiengruppen besuchen, in denen sie viele falsche Informationen bekommen werden, aber solange es den Kurs gibt, kann das niemanden davon abhalten, ihn auf eigene Faust zu studieren oder von den wenigen Lehrern zu lernen, die ihn tatsächlich unterrichten. Das ist der Grund, aus dem die Wahrheit diesmal nicht vergraben werden wird. So lange es Meinungs- und Pressefreiheit gibt, wird es auch den Kurs geben. Es gibt Millionen Ausgaben davon. Die lassen sich nicht alle vergraben. Ja, manche werden versuchen, ihn an ihre eigenen Vorstellungen anzupassen, aber dadurch geht der eigentliche Kurs nicht verloren.

GARY: Das gefällt mir. Und der Kurs hat mir durch einige Situationen hindurchgeholfen, in denen ich ansonsten ganz sicher ausgetickt wäre.

PURSAH: Barcelona wäre ein gutes Beispiel.

ANMERKUNG: Ich war auf dem Heimflug von einem Wochenendworkshop in Barcelona. Aus irgendeinem Grund hatten mir die Organisatoren des Workshops mein Honorar nicht überweisen wollen, sondern darauf bestanden, es mir bar in US-Dollars auszubezahlen. Bis dahin war das noch nie vorgekommen, und ich war so dumm, das Geld in meinem Aufgabe- statt Handgepäck aufzubewahren. Als ich in L.A. gelandet war und mein Gepäck abholte, öffnete ich es, wie ich es für gewöhnlich mache, um zu überprüfen, ob alles unbeschadet angekommen war, und musste feststellen, dass das gesamte Geld – 13.000 Dollar – verschwunden war. Ich rief die Polizei, die mir erklärte, dass sie da nicht viel tun könne, da der Diebstahl wahrscheinlich in Barcelona bei der Gepäckabfertigung stattgefunden hatte, also außerhalb ihres Zuständigkeitsbereiches. Und ja, sie sagten mir, ich solle im Aufgabegepäck kein Geld aufbewahren. Dann versuchte ich, von der Fluglinie, American Airlines, Unterstützung zu bekommen, aber die konnten mir auch nicht weiterhelfen. Die ganze Angelegenheit war eine Gelegenheit zur Vergebung.

Normalerweise schaffe ich es, sofort zu vergeben, aber bis ich mich hiervon frei gemacht hatte, dauerte es eine Weile. Die Tatsache, dass keiner mir helfen konnte, trug zu meinem Frust bei, sodass ich gleich mehrere Lektionen in einer präsentiert bekam. Aber die Dynamik der Vergebung ist immer dieselbe, ganz egal, was zu passieren scheint.

PURSAH: Könntest du uns das erklären?

GARY: Nun ja, zunächst einmal bemerkte ich, dass ich mit dem Ego dachte und fühlte, denn ich war wütend. Deine Gefühle sind das Ergebnis von Gedanken, die du irgendwann einmal hattest. Eine unliebsame Überraschung – die das Ego liebt, denn die wird mit höchster Wahrscheinlichkeit eine negative Wirkung auf dich ausüben – wird dazu führen, Gedanken und daraus resultierende Gefühle in deinem unbewussten Geist zu aktivieren und an die Oberfläche zu bringen. Das ist das Warnlämpchen, nach dem du Ausschau halten solltest, wenn irgendetwas deinen inneren Frieden stört. Du musst dich also dabei erwischen, wie du mit dem Ego denkst. Wenn du der ganzen Sache Wirklichkeit verleihst, indem du sie beurteilst, dann ist das das Ego. Das Ego ist ausgesprochen geschickt darin, uns in so etwas hineinzuziehen, und sobald wir das bemerken, müssen wir uns dazu bringen *aufzuhören*. Wir müssen aufhören, mit dem Ego zu denken. Das verlangt Übung und Disziplin. Tatsächlich ist dieser erste Schritt wohl der schwerste.

Der nächste Schritt besteht darin, zum Heiligen Geist überzuwechseln. Wir können nicht gleichzeitig mit dem Ego und dem Heiligen Geist denken. Wir entscheiden uns immer für einen von ihnen, ob wir das merken oder nicht, also können wir genauso gut lernen, den Heiligen Geist zu wählen. Wenn wir anstelle des Egos den Heiligen Geist als Lehrer wählen, dann bezeichnet der Kurs das als Heiligen Augenblick: Das ist der Moment, in dem du noch einmal wählst, wie der Kurs es ausdrückt. Und der Heilige Geist wird dir rechtgesinnte Ideen eingeben. Der Heilige Geist wird dir sagen, dass der ganze Vorfall nicht wirklich ist, sondern ein Traum, und dass du dich nicht von ihm berühren lassen solltest. Wie J sagt: »Nichts kann dich verletzen, wenn du ihm nicht die Macht dazu gibst.«[17] Also verneine ich die Möglichkeit, dass irgendetwas, das nicht von Gott ist, mich verletzen könnte. Übrigens spreche ich im Geist normalerweise mit J, aber wie ich schon gesagt habe, unterscheide ich nicht zwischen J und dem Heiligen Geist. Die beiden stehen nicht im Wettstreit miteinander. Einer von den beiden wird uns also sagen, dass wir auf etwas reagieren, das nicht existiert, und dass wir dieser Situation, diesem Ereignis oder dieser Person vergeben können, nicht weil tatsächlich etwas geschehen wäre oder die Person tatsächlich etwas getan hätte, sondern weil sie in Wirklichkeit nichts getan hat. Es ist also nicht wirklich etwas passiert, und diese Person ist tatsächlich unschuldig. Im Übrigen empfangen wir so in unserem eigenen unbewussten Geist die Botschaft, dass auch wir nicht wirklich etwas getan haben und demnach unschuldig sind. Das hat damit zu tun, wie der Geist funktioniert, und ihr meintet, darauf würdet ihr später noch zurückkommen.

Wenn wir so weit gekommen sind, können wir den dritten Schritt machen. Wenn wir uns einmal dafür entschieden haben, das Ganze mit dem Heiligen Geist zu betrachten, dann geht es in die Verantwortung des Heiligen Geistes über und untersteht nicht mehr der unsrigen. Dann übernimmt der Heilige Geist, und wir gelangen zu dem, was der Kurs als Schau bezeichnet. Ihr, meine Freunde, habt das manchmal *spirituelle Sicht* genannt. Im Kurs wird auch der Ausdruck *wahre Wahrnehmung* verwendet, und damit ist das gemeint, was wir immer dann tun, wenn wir mit dem Heiligen Geist und nicht mit dem Ego denken. Der Heilige Geist übernimmt allmählich unseren Geist. Das kann schließlich dazu führen, dass wir für immer in dieser Schau verbleiben. Wenn wir diesen Punkt erreicht haben, sind wir wie J. Und wenn wir wie J sein wollen, dann wollen wir auch denken wie er. Dann wollen wir das Denksystem des Heiligen Geistes zu dem unsrigen machen, so wie er es getan hat.

J hat überall Unschuld gesehen. Er hat sich nicht vom Schein täuschen lassen. Er hat über die Körper hinweggesehen und jedes scheinbare Individuum als Einsheit betrachtet. Er sah sich überall selbst. Und dabei machte er keine Ausnahme. Das geht nicht, sonst wäre es nicht ganz. Und in diesem dritten Schritt dachte ich, dass derjenige, der mein Geld gestohlen hatte, wer auch immer das gewesen sein mochte, kein schuldiges menschliches Wesen war, wie er es von sich selbst annahm, sondern vollkommener reiner Geist, genau dasselbe wie Gott, total unschuldig, jetzt und immerdar, wie wir alle. Und dann bleibt nur noch übrig, was wirklich ist.

Ich glaube der Trick liegt darin, das nicht zu vergessen. Wenn man es einmal weiß und nicht vergisst, kann man es sich zur Gewohnheit machen. Und das bedeutet geistiges Training. Ich muss zugeben, dass auch ein wenig selbstlose Selbstsucht dazugehört, denn aus dem Kurs weiß ich, dass ich, wenn ich so über andere denke, mich selbst so erleben werde. Vielleicht nicht in diesem Moment, aber es gibt einen Kumulationseffekt, denn jedes Mal, wenn wir vergeben, findet Heilung statt. Jedenfalls sind das die grundlegenden drei Schritte.

ARTEN: Nicht schlecht. Wir werden J ausrichten, dass du Fortschritte machst.

GARY: Als ich in China war, meinten manche Schüler, wir müssten alles vergeben, nicht nur die schlechten Dinge, sondern alles: die wundervollen Sonnenuntergänge, Sex, gute Zeiten und so weiter. Stimmt das?

ARTEN: Nein. Du merkst, dass es an der Zeit für Vergebung ist, wenn du dich nicht im Frieden fühlst. Wenn du gereizt oder genervt oder sogar wütend bist. Das bedeutet, dass in deinem Geist ein unbewusstes Gefühl der Schuld ausgelöst wurde, dessen du nicht einmal gewahr bist, weil es unbewusst ist. Du weißt, dass im Kurs steht: »Ärger ist *nie* gerechtfertigt.«[18] Der Grund dafür ist, dass du dir das selbst antust. Der Traum wird von keinem anderen geträumt, erinnerst du dich? Der Kurs konzentriert sich also darauf, dem Denksystem der Angst zu vergeben, das dem Ego eigen ist und in deinem Unbewussten liegt. Und alle schlechten Gefühle können in diese eine Kategorie eingeordnet werden: Angst. Du musst dich um nichts kümmern, was keine negative Wirkung auf dich ausübt. Tatsächlich steht im Kurs, dass du Party machen sollst, wenn du mit anderen zusammen bist und nichts zu vergeben hast!

Gary: Das erinnert mich an einen Witz. Ein Mönch sitzt im Keller eines Klosters und liest dort alte Schriftrollen und Texte. Auf einmal entdeckt er etwas und gerät in helle Aufregung. Er rennt nach oben zu den anderen Mönchen und ruft: »Guckt mal! Guckt! ›Zölibat‹ bedeutet ja gar nicht ›Leb' ehelos‹, sondern ›Leb' eher, los‹!«

Arten: Okay, lass uns weitermachen. Wenn du mit jemandem zusammen bist und es nichts zu vergeben gibt, musst du dir keine Sorgen machen – früher oder später wird irgendetwas auftauchen. Bis dahin genieß es einfach. Es ist völlig in Ordnung, wenn wir uns in der Illusion wohlfühlen. Du weißt ja auch, dass die Filme, die wir uns ansehen, nicht wahr sind, und trotzdem genießt du sie, nicht wahr? Du musst auch nicht deine Freude an Kunst und Musik aufgeben. Denk einfach nur daran zu vergeben, wenn es nötig ist. Und was das Vergeben der guten Dinge anbelangt, kannst du deinen Freunden in China und andernorts sagen, dass es unnötig ist. Aber wenn du regelmäßig Vergebung übst, wird die Welt in deiner Wahrnehmung im Allgemeinen immer mehr zu der Traumwelt, die sie ist, auch die Dinge, die du liebst. Also vergiss nicht: Es ist in Ordnung, einen glücklichen Traum zu träumen.

Gary: Kann ich euch noch ein paar allgemeine Fragen über die Zukunft und andere Sachen stellen, die mir in meinen Workshops unterkamen?

PURSAH: Natürlich. Wenn wir nicht antworten wollen, werden wir dich einfach anstarren.

GARY: Okay. Ihr habt einmal gesagt, der Dow-Jones-Index würde um das Jahr 2050 herum die 100.000er-Marke erreichen. Ihr habt mir das damals in den Neunzigern gesagt. Jetzt liegt der Index ungefähr bei 21.000 Punkten, wir haben nur noch 33 Jahre bis 2050. Bleibt ihr bei eurer Vorhersage?

ARTEN: Ja. Das weltweite Wirtschaftswachstum wird erst 2022 so richtig in Gang kommen, aber die Vorhersage bleibt bestehen.

GARY: Cool. Ein Arzt hat mir gesagt, ich hätte hohen Blutdruck. Er will mir Medikamente verschreiben, und ich denke, dass ich diese dann mein Leben lang nehmen muss. Gibt es irgendeine alternative Methode, oder sollte ich einfach meinen Geist benutzen?

ARTEN: Sehe ich aus wie der medial veranlagte Edgar Cayce? Aber wir haben dir schon früher Gesundheitstipps gegeben, unter der Prämisse, dass es in Ordnung ist, Magie zu benutzen, solange dir bewusst ist, dass jede Krankheit genauso wie jede Heilung vom Geist verursacht wird. Solange du nicht J's Level erreicht hast, ist es okay, wenn wir dir ein bisschen Hilfestellung geben. Versuch es mal mit 300 Milligramm Kalium täglich. Das findest du im Reformhaus, für gewöhnlich in Form von 99 Milligramm-Tabletten oder -Kapseln, sodass du drei am Tag einnehmen solltest. Und nimm dazu täglich noch 500 bis 600 Milligramm Magnesium ein. Nimm beides regelmäßig und geh nicht über die Dosis hinaus. Das sollte ohne Medikamente oder Nebenwirkungen funktionieren.

Wenn es um die Traumwelt geht, dann haben Benjamin Franklin und Emerson Recht, wenn sie sagen, dass Gesundheit das Wichtigste ist. In deiner Zukunft werden die Menschen sich von Medikamenten abwenden und sich Nahrungsergänzungsmitteln und natürlichen Behandlungsmethoden zuwenden. Das bedeutet nicht, dass es keine Medikamente mehr geben wird, denn diese werden für manche Menschen weiterhin wirklich hilfreich sein; allerdings existieren die meisten von ihnen nur deshalb, weil sich die großen Pharmaunternehmen daran bereichern. Es wird auch zum Allgemeinwissen werden, dass das richtige Maß an Zelloxygenierung Krankheiten vorbeugt und heilt. Das wird viel verändern. Niemand geringeres als Nobelpreisträger haben darauf bereits hingewiesen, aber die Pharmaindustrie gibt ihr Bestes, um dieses Wissen unter Verschluss zu halten, und war bislang sehr erfolgreich damit. Geld verdient man nicht durch Heilung, sondern Behandlungen.

ANMERKUNG: Der Arzt hatte bei mir einen Blutdruck von 156 zu 102 gemessen. Nachdem ich Artens Anweisungen zwei Monate lang gefolgt war, lag er bei 128 zu 86. Ich habe auch gelesen, dass nach neuen Experten-Richtlinien nicht mehr ein Blutdruck von über 140 zu 90 als zu hoch betrachtet wird, sondern erst einer von über 150 zu 90. Lediglich im Falle von Diabetes oder Nierenleiden wird ein Blutdruck von über 140 zu 90 noch als zu hoch erachtet. Die vom Arzt gemessenen Werte lagen bei mir nach beiden Richtlinien zu hoch. Mein Rat ist, dass jeder bei medizinischen Problemen immer einen Arzt konsultieren sollte. Aber auf Rat von Arten und Pursah, die ich als den Heiligen Geist ansehe, habe ich für meinen Teil beschlossen, keine Medikamente einzunehmen, sondern Kalium und Magnesium.

GARY: Wie sieht es mit der globalen Erwärmung aus? Wird sich da etwas bessern?

PURSAH: Sicherlich hast du mittlerweile mitgekriegt, dass nichts unternommen wird, bevor es nicht absolut notwendig ist. Die Menschen, die so tun, als seien die wissenschaftlichen Fakten falsch, in Wirklichkeit aber um des wirtschaftlichen Gewinns wegen lügen, werden der Erde in diesem Jahrhundert schweren Schaden zufügen, besonders in der zweiten Hälfte. Viele Städte werden überflutet und hunderte Millionen Menschen heimatlos werden. Letztlich wird man die globale Katastrophe zwar abwenden können, aber nicht ohne ein großes Maß an Schaden und Leid.

Auch unabhängig vom Klimawandel wird es größere Naturkatastrophen geben als je zuvor in dieser Geschichtsperiode. Es wird furchterregende Ereignisse geben. Es tut mir leid, aber wir können nicht in die Einzelheiten gehen. Sei einfach bereit zu vergeben, *was auch immer* passiert. Egal, was es ist, Erdbeben, Tsunamis, heftigere und häufigere Stürme oder durchgeknallte Wahlgewinner. Erledige deinen Job.

GARY: Was steht es mit dem Wasser? Wir haben es ja bereits erwähnt. Wie wird sich die weltweite Wassersituation entwickeln?

PURSAH: Nicht gut. Wie schon gesagt, warten die Menschen immer solange ab, bis es fast schon zu spät ist, bevor sie wirklich etwas unternehmen. Das Ego liebt Krisen und die daraus resultierende Angst. So gibt es beispielsweise bereits eine Technik, mit der sich Salzwasser in sauberes Trinkwasser umwandeln lässt, doch wird man sie erst dann anwenden, wenn es absolut notwendig ist – oder bis jemand herausfindet, wie man eine Menge Geld damit verdienen kann.

Übrigens solltest du fair zum Bundesstaat deiner Wahl sein. Kalifornien wird vorgeworfen, sehr viel Wasser aus anderen Staaten abzuziehen, aber du darfst nicht vergessen, was das Land dafür zurückgibt: Hier wird mehr Obst und Gemüse angebaut als an irgendeinem anderen Ort der Erde. Ich sage das nicht, weil es etwa wirklich ist, sondern nur, um darauf hinzuweisen, dass das Ego immer jemanden braucht, auf den es seine unbewusste Schuld projizieren kann. Und in diesem Falle suchen sich viele Amerikaner Kalifornien dafür aus.

GARY: Und Hollywood. Ich hielt das für einen Ort, an dem eine Menge verwöhnte Gören am Pool herumhängen und Drogen einwerfen. Als ich dann hierhergezogen bin und mal ein paar Tage an einem Drehort verbracht habe, konnte ich mich davon überzeugen, wie hart sie arbeiten. Sechzehn Stunden täglich. Das hat mich gelehrt, weniger zu urteilen und mehr Respekt zu haben.

Wo wir gerade bei Hollywood sind: Ich habe den neuesten Star-Wars-Film gesehen. Er war natürlich technisch sehr eindrucksvoll und auch sehr unterhaltsam, doch es dämmerte mir, dass sie nur wieder dasselbe wie in all den früheren Filmen der Serie machten. Es gab einen Konflikt und eine Schlacht nach der anderen, um »das Machtgleichgewicht« zu halten.

Natürlich geraten Yin und Yang immer aus dem Gleichgewicht. Das ist das Wesen der Dualität. Die Erwartung, das im Gleichgewicht halten zum können, ist also aussichtslos. Dabei sehen sich so viele Menschen diese Filme an. Also dachte ich mir, warum immer die gleichen alten Konflikte wiederholen, von denen wir doch wissen, dass sie aus dem Konflikt im Geist resultieren? Warum nicht lieber eine interessante Nebenhandlung hinzufügen? Nichts Übertriebenes, aber was wäre, wenn sie ein paar neue Charaktere einführen würden? Zum Beispiel Lichtwesen. Sie müssten nicht alles in der Filmserie auf einmal ändern, aber diese Lichtwesen könnten ein paar der Hauptcharaktere einfach einen Tipp geben: »Ihr wisst, dass es eine andere Möglichkeit *gibt.*« Dann könnten sie langsam das Konzept der wahren Vergebung einführen, das darauf beruht, dass das Universum nichts anderes als ein Hologramm ist. Das wäre doch genau ihr Ding, und sie könnten immer noch richtig unterhaltsame Filme produzieren. Statt nichts zu sagen zu haben, könnte so ein Film tatsächlich etwas Interessantes rüberbringen.

PURSAH: Kannst du das wiederholen?

ARTEN: Das ist eine gute Idee, aber es gibt keinen finanziellen Anreiz dafür, an einer guten Sache herumzubasteln. Vielleicht solltest du lieber bei unserem Fernsehprojekt bleiben.

ANMERKUNG: Ich hatte versucht, aus meinen Büchern eine Fernsehserie zu entwickeln. Zusammen mit Elysia Skye, meiner Schreibpartnerin und Koproduzentin der geplanten Serie, arbeitete ich sechs Jahre lang Teilzeit an diesem Projekt. Wir sind zwar vorangekommen, aber es muss sich erst noch herausstellen, ob wir damit Erfolg haben werden oder sich das Ganze einfach nur als weitere Vergebungschance erweisen wird. So oder so habe ich das, was ich in dieser Zeit lernen konnte, sehr genossen.

GARY: Okay. Eine Frage, die ich ein paar Mal während der Workshops gestellt bekommen habe, war die folgende: Wenn alles aufgehoben ist und wir alle wieder zu Hause bei Gott sind, was garantiert uns dann, dass die Trennung nicht wieder stattfindet? Ich glaube, ich kenne die Antwort, aber ich würde sie gerne von euch hören.

ARTEN: Der Kurs lehrt, dass die Trennung von Gott nie stattgefunden hat. Das heißt, du hast Gott nie verlassen und träumst das nur. Aber die einzige Möglichkeit, die Wahrheit Gottes wirklich kennenzulernen, besteht darin, sie zu erfahren – also Gott unmittelbar zu erfahren. Bei dieser Erfahrung der Wirklichkeit, die jeder von uns machen kann, wenn zunächst auch nur für kurze Augenblicke, gibt es keine Fragen mehr. Nur noch die Antwort. Es gibt keine Zweifel und keine Angst mehr. Fragen erwachsen aus Zweifeln, aber im reinen Geist gibt es keine Zweifel. Die einzige befriedigende Antwort auf diese Art von Fragen ist also die Erfahrung vollkommenen Einsseins mit Gott.

Nachdem du diese Erfahrung gemacht und festgestellt hast, dass es dabei keine Fragen, sondern nur die eine Antwort gibt, kehrst du scheinbar hierher zurück. Und wenn du wirklich aufmerksam bist, wirst du feststellen, dass du die Fragen nur träumst! Warum? Weil diese Fragen im Himmel buchstäblich nicht existieren. Sie existieren lediglich im Zustand der Trennung, der einfach nur ein Traum und daher nie eingetreten ist. Hier geht es wieder um das Bewusstwerden des Träumens. Je klarer dir wird, dass du träumst, desto weniger wirst du Gott in Frage stellen. Und durch diese Gotteserfahrung erkennst du, dass das, was du hier wahrnimmst, nicht wahr ist. Dieses Wissen oder, anders gesagt, diese

Gnosis, ist etwas Persönliches, so wie es im Kurs steht: »Die Wahrheit lässt sich nur erfahren. Man kann sie nicht beschreiben und man kann sie nicht erklären. Ich kann dir die Bedingungen der Wahrheit zu Bewusstsein bringen, die Erfahrung aber ist von Gott. Gemeinsam können wir ihre Bedingungen erfüllen, die Wahrheit aber wird von selbst in dir heraufdämmern.«[19]

Wenn die Trennung also niemals stattgefunden hat, kann sie auch nicht wieder stattfinden. Der Kurs bietet für diejenigen, die Ermutigung brauchen, dennoch eine bildhafte Antwort auf diese Frage:

> *Der HEILIGE GEIST ist der CHRISTUSGEIST, der sich der Erkenntnis bewusst ist, die jenseits der Wahrnehmung liegt. ER entstand mit der Trennung als ein Schutz, der gleichzeitig das Prinzip der SÜHNE inspirierte. Vordem war keine Heilung nötig, denn niemand war ohne Trost. Die STIMME des HEILIGEN GEISTES ist der RUF nach der SÜHNE oder nach der Wiederherstellung der Integrität des Geistes. Wenn die SÜHNE vollendet und die ganze SOHNSCHAFT geheilt ist, wird es keinen RUF zur Rückkehr mehr geben. Aber was GOTT erschafft, ist ewig. Der HEILIGE GEIST wird bei den SÖHNEN GOTTES bleiben, um ihre Schöpfungen zu segnen und sie im Licht der Freude zu bewahren.*[20]

GARY: Und das besagt – und ich weiß, dass es nur eine Metapher ist –, dass für den Fall, dass das, was im Kurs als winzig kleine Wahnidee bezeichnet wird, wiederauftauchen sollte, der Heilige Geist es unterbinden würde. Er würde uns im Licht der Freude bewahren.

ARTEN: Richtig.

GARY: Das ist beruhigend. Und was ist damit gemeint, wenn im Kurs Bezug auf unsere Schöpfungen genommen wird? Das habe ich nie so richtig verstanden.

PURSAH: Wenn J im Kurs den Begriff »Schöpfungen« verwendet, dann nicht in dem Sinne, wie er in unserer Welt benutzt wird. Für uns sind Schöpfungen ein Buch, Lied, Gemälde oder irgendetwas, was wir in dieser Welt gemacht oder erschaffen haben. Aber J spricht hier von einer vollkommen anderen Ebene.

Wenn er sagt, dass der Heilige Geist »ihre Schöpfungen« segnen wird, bezieht er sich dabei auf ihre Schöpfungen im Himmel. Im Himmel schöpfen die Menschen auf dieselbe Weise, wie Gott schöpft, denn Gott hat den Menschen nach Seinem Ebenbild erschaffen. Dort gibt es keinen Unterschied zwischen Mensch und Gott. Zwar hat er dich erschaffen und nicht du ihn, aber sogar diese Unterscheidung ist dann verschwunden. Du kannst dir das so vorstellen, wie wir es schon einmal beschrieben haben: als *gleichzeitige Ausdehnung des Ganzen*. Der menschliche Geist kann dessen Wesen und Größe nicht wirklich erfassen, aber das ist in etwa damit gemeint.

Das bedeutet nicht, dass irgendetwas mit dem, was hier als Schöpfung bezeichnet wird, nicht in Ordnung wäre. Tatsächlich können schöne Kunstwerke vom Heiligen Geist inspiriert sein. Doch was den Kurs anbelangt, so ist nur das wirklich, was ewig ist. Von den großartigen Kunstwerken, die du kennst, werden in tausend Jahren kaum noch welche existieren. Was aber im Himmel erschaffen wurde, wird nie aufhören zu existieren.

GARY: Okay. Gibt es sonst noch etwas, das ich über die Zukunft wissen sollte?

PURSAH: Der Mars wird schneller kolonisiert werden, als die Menschen es erwarten. Wir bleiben bei unserer Vorhersage, dass man dort Spuren einer intelligenten Zivilisation entdecken wird. Später wird es dann noch weitere Entdeckungen früherer Zivilisationen geben. Aber es wird eine Weile dauern, bis man erkennen wird, dass eine von ihnen eine menschliche Zivilisation gewesen ist. Außerirdische werden öffentlichen Kontakt mit der Menschheit aufnehmen, und dieser Kontakt wird nicht durch eure Regierungsvertreter initiiert werden. Einige Regierungen haben aktiv versucht, ihr Volk davon abzuhalten, etwas über Außerirdische herauszufinden, die schon seit Tausenden von Jahren die Erde besuchen. Erklären tun sie das damit, dass die Menschen noch nicht bereit für dieses Wissen seien und sonst durchdrehen würden. Aber natürlich sind die Menschen mehr als bereit dafür.

Der wahre Grund dafür, dass manche Regierungen nicht wollen, dass ihr Volk etwas über die Kontakte erfährt, die privat zwischen ihnen und Außerirdischen stattgefunden haben, liegt darin, dass sie mit diesen Handelsvereinbarungen abgeschlossen haben, von denen das Volk nichts wissen soll. Durch diese Handelsvereinbarungen erhielten die Regierungen der USA, Englands, Kanadas und Russlands unter anderem fortgeschrittene Technologien und erlaubten den Außerirdischen im Gegenzug, im Laufe der Zeit Hunderttausende von Menschen zu ihren eigenen Zwecken zu entführen. Diese Entführungen finden weiterhin statt und dienen unter anderem zu medizinischen Experimenten, Kreuzungen, Belastungstests, DNA-Veränderungen und anderen unangenehmen Vorhaben. Manche dieser Menschen befinden sich nun auf anderen Planeten. Das klingt für dich vielleicht weit hergeholt. Und wortwörtlich verstanden ist es das ja auch, wenn man mal davon absieht, dass sich eigentlich gar nichts außerhalb von dir befindet.

Gary: Wow. Wisst ihr, ich habe gelesen, dass jährlich Tausende von Menschen in New York City verschwinden, und das lässt sich nicht allein dadurch erklären, dass sich ein paar Leute von selbst aus dem Staub machen.

Pursah: Das geschieht nun schon seit über sechzig Jahren. Zwar gab es derartige Vorfälle auch vorher schon, aber seit dem Zweiten Weltkrieg und dem Korea-Krieg, welche die Außerirdischen lange Zeit beobachtet haben, haben sie stark zugenommen.

Gary: Die müssen gedacht haben, »diese Leute sind völlig durchgeknallt«.

PURSAH: Tja, wir kamen damals in den Neunzigern nicht umsonst auf die Bezeichnung »Psychoplanet«. Aber was Unmenschlichkeit angeht, sind manche Außerirdische auch nicht viel besser als Menschen. Wir haben es hier mit einem Universum der Dualität zu tun. Es gibt nette Leute und Killer. Und manchmal sind Killer ganz nett. Mit den Außerirdischen verhält es sich genauso. Sogar innerhalb einiger ihrer jeweiligen Rassen finden sich sowohl Gute wie auch Schlechte. Es gibt spirituell fortentwickelte Rassen wie die Plejader und grausamere Rassen wie die Greys. Auf deren Konto gehen zwar nicht alle, aber die meisten dieser Entführungen.

GARY: Wird das alles in diesem Jahrhundert noch an die Öffentlichkeit gelangen?

PURSAH: Manches davon, aber nicht alles. Dieses Jahrhundert wird ganz schön turbulent werden. Erinnere dich an den chinesischen Fluch: Mögest du in interessanten Zeiten leben. Ihr werdet euch mit allem möglichen konfrontiert sehen – vom regionalen Atomstreit bis hin zu genmanipulierten Viren.

ARTEN: Tatsächlich wird eines der größten Probleme der Menschheit in diesem Jahrhundert das organisierte Hacken durch Kriminelle und Regierungen sein. Wenn nicht genug Vergebung praktiziert wird, kann dieses Hacken zu einem Cyberkrieg führen. Du könntest eines Morgens aufwachen, und nirgendwo im ganzen Land gäbe es mehr Strom, alle Daten wären gelöscht, alle Finanzmärkte ruiniert, dein Bankkonto und deine Kreditkarte wären weg – und bald wäre es unmöglich, an Lebensmittel oder Wasser zu gelangen. Dann bräche das totale Chaos aus.

GARY: Irgendwas ist immer los.

ARTEN: Dann wird die menschliche Existenz ja auch noch durch die künstliche Intelligenz in Frage gestellt. Die verschiedenen Intelligenzformen werden sich selbst letzten Endes nicht als künstlich betrachten und Egoidentitäten entwickeln. Und wie du weißt, ist der Ego-Geist eine Überlebensmaschine. Manche dieser Intelligenzformen werden die Menschen schließlich als unnötig und ineffizient betrachten. Vergiss nicht, dass das Ego es liebt, sich immer wieder neue Probleme vorzusetzen. Es konzentriert deine Aufmerksamkeit auf die Projektion, indem es dich ihrer Wirkung aussetzt. In dem Moment, in dem du diese beurteilst und sie damit wirklich werden lässt, überlebt das Ego.

GARY: Wie wird das Ganze ausgehen?

ARTEN: Wir wollen dir nicht den Film vermiesen, Gary. Im Übrigen betrachte das, was in deinem Leben geschieht, einfach als Film. Und du bist auch nicht Gary, sondern ein Schauspieler, der Gary in einem Film spielt. Das wird dir helfen, noch mehr Abstand zu gewinnen, und trotzdem kannst du noch Spaß daran finden, Deine Rolle zu spielen.

GARY: Das gefällt mir. Total hollywoodmäßig. Also hatte Shakespeare recht: Die ganze Welt ist eine Bühne, und jeder muss seine Rolle spielen.

PURSAH: Shakespeare war ein Außerirdischer. Kleiner Scherz. Aber wie wir dir schon gesagt haben, war er tatsächlich erleuchtet. Und jetzt wollen wir mit dir über etwas sprechen, was den Fortschritt vieler Kursschüler behindert; wahrscheinlich ist es das größte Hemmnis auf ihrem Weg überhaupt. Und das besteht darin, dass sie eine Rolle übernehmen, die nicht die ihre ist, nämlich ihre Brüder zu korrigieren. Das ist der Job des Heiligen Geistes, und der Heilige Geistes wird dabei so vorgehen, dass sie nach Hause geführt werden. Die Schüler des Kurses haben nicht die Aufgabe, sich als etwas Besseres aufzuspielen und anderen zu sagen, was sie tun sollen. Vergiss nicht, dass der Kurs als Selbststudium gedacht ist und nicht als Religion mit einer Illusionshierarchie. Lies uns doch bitte das Kapitel »Die Berichtigung von Fehlern« vor.

GARY: Okay, ich schlag einmal nach. Hier ist es. Das sind ungefähr zwei Seiten. Soll ich die komplett vorlesen?

PURSAH: Ja. Das ist absolut essenziell für den schnellen Fortschritt eines jeden Schülers. Ohne das wird es nur Verzögerung geben.

Gary: Okay. »Die Berichtigung von Fehlern«:

> *Die Wachheit des Ego für die Fehler anderer Egos ist nicht die Art der Wachsamkeit, die du nach dem WILLEN des HEILIGEN GEISTES aufrechterhalten sollst. Egos sind kritisch hinsichtlich der Art von »Sinn«, den sie vertreten. Sie verstehen diese Art von Sinn, weil er für sie sinnvoll ist. Für den HEILIGEN GEIST ergibt er überhaupt nicht den geringsten Sinn.*
>
> *Das Ego sieht es als freundlich und richtig und gut an, auf Fehler aufmerksam zu machen und sie zu »berichtigen«. Das erscheint dem Ego völlig sinnvoll, das sich dessen nicht bewusst ist, was Fehler sind und was Berichtigung ist. Fehler stammen vom Ego und die Berichtigung von Fehlern liegt darin, das Ego aufzugeben. Wenn du einen Bruder berichtigst, dann sagst du ihm, dass er sich irrt. Vielleicht ist er zu dem Zeitpunkt unvernünftig, und es steht fest, dass er unvernünftig ist, wenn er aus dem Ego spricht. Deine Aufgabe bleibt es aber dennoch, ihm zu sagen, dass er Recht hat. Du teilst ihm das nicht mit Worten mit, wenn er törichte Dinge sagt. Er braucht Berichtigung auf einer anderen Ebene, weil sein Fehler auf einer anderen Ebene liegt. Er hat trotzdem Recht, weil er ein GOTTESSOHN ist. Sein Ego irrt sich immer, gleichgültig, was er sagt oder tut.*
>
> *Wenn du auf die Fehler des Ego deines Bruders hinweist, dann musst du durch das deine sehen, weil der HEILIGE GEIST seine Fehler nicht wahrnimmt. Das muss wahr sein, da keine Kommunikation zwischen dem Ego und dem HEILIGEN GEIST besteht. Das Ego ergibt keinen Sinn, und der HEILIGE GEIST versucht nicht, irgendetwas von dem zu verstehen, was aus ihm entsteht. Da ER es nicht versteht, urteilt ER nicht darüber, in der Erkenntnis, dass nichts, was das Ego macht, irgendetwas bedeutet.*
>
> *Wenn du überhaupt auf Fehler reagierst, hörst du nicht auf den HEILGEN GEIST. ER hat einfach über sie hinweggesehen,*

und wenn du sie beachtest, hörst du IHN nicht. Wenn du IHN nicht hörst, hörst du auf dein Ego und bist ebenso unvernünftig wie der Bruder, dessen Fehler du wahrnimmst. Das kann nicht Berichtigung sein. Es ist jedoch mehr als nur ein Fehlen von Berichtigung für ihn. Es ist das Aufgeben der Berichtigung in dir selbst.

Verhält ein Bruder sich wahnsinnig, so kannst du ihn nur dadurch heilen, dass du die geistige Gesundheit in ihm wahrnimmst. Wenn du seine Fehler wahrnimmst und sie akzeptierst, dann akzeptierst du deine. Wenn du die deinen dem HEILIGEN GEIST übergeben willst, dann musst du das auch mit den seinen tun. Wenn das nicht zu der einzigen Art wird, in der du mit allen Fehlern umgehst, kannst du nicht verstehen, wie alle Fehler aufgehoben werden Inwiefern ist das etwas anderes, als dir zu sagen, dass du das lernst, was du lehrst? Dein Bruder hat ebenso Recht wie du, und wenn du denkst, er irre sich, dann verurteilst du dich selbst.

Du *kannst dich nicht selbst berichtigen. Kannst du dann einen anderen berichtigen? Und doch kannst du ihn wahrheitsgemäß sehen, weil es dir möglich ist, dich selbst wahrheitsgemäß zu sehen. Es liegt nicht bei dir, deinen Bruder zu verändern, sondern lediglich, ihn so anzunehmen, wie er ist. Seine Fehler kommen nicht aus der Wahrheit, die in ihm ist, und nur diese Wahrheit ist dein. Seine Fehler können das nicht ändern und können überhaupt keine Wirkung auf die Wahrheit in dir haben. In irgendjemandem Fehler wahrzunehmen und auf sie so zu reagieren, als wären sie wirklich, heißt, sie für dich wirklich zu machen. Du wirst unausweichlich den Preis dafür zahlen müssen – nicht, weil du dafür bestraft wirst, sondern weil du dem falschen Führer folgst und daher deinen Weg verlieren wirst.*

Die Fehler deines Bruders sind ebenso wenig von ihm, wie die deinen von dir sind. Akzeptiere seine Fehler als wirklich, und du hast dich selbst angegriffen. Wenn du deinen Weg finden und auf ihm bleiben möchtest, dann sieh allein die Wahrheit neben dir, denn ihr geht miteinander. Der HEILIGE GEIST in dir vergibt alles in dir und deinem Bruder. Seine Fehler sind mit den deinen vergeben. Die SÜHNE ist genauso wenig separat wie die Liebe. Die SÜHNE kann nicht separat sein, weil sie aus der Liebe stammt. Jeder Versuch, den du unternimmst, um einen Bruder zu berichtigen, bedeutet, dass du glaubst, Berichtigung durch dich sei möglich, und das kann nur die Arroganz des Ego sein. Berichtigung stammt von GOTT, DER von Arroganz nichts weiß.

Der HEILIGE GEIST vergibt alles, weil GOTT alles erschaffen hat. Übernimm nicht SEINE Funkion, denn sonst vergisst du deine. Nimm in der Zeit nur die Funktion zu heilen an, weil die Zeit dafür da ist. GOTT hat dir in der Ewigkeit die Funktion gegeben, zu erschaffen. Das brauchst du nicht zu lernen, aber du musst doch lernen, das zu wollen. Dafür ist alles Lernen da. So verwendet der HEILIGE GEIST eine Fähigkeit, die du nicht brauchst, die du aber gemacht hast. Gib sie IHM! Du verstehst es nicht, sie zu verwenden. ER wird dich lehren, dich ohne Verurteilung zu sehen, indem du lernst, alles ohne sie zu sehen. Verurteilung wird dann keine Wirklichkeit mehr für dich haben, und alle deine Fehler werden dir vergeben sein.[21]

PURSAH: Danke, Gary. Wie du sehen kannst, ist es nicht deine Aufgabe, Fehler zu berichtigen; es ist deine Aufgabe, sie zu übersehen. Mach sie nicht zu etwas Wirklichem und – noch einmal – vergib, was dein Bruder *nicht* getan hat. Allerdings hat das Ego anderes im Sinn. Im Kurs wird das so beschrieben: »Auch das Ego hat einen Plan für die Vergebung, weil du nach einem verlangst, wenn auch nicht vom richtigen Lehrer. Der Plan des Egos ergibt natürlich keinen Sinn und wird nicht funktionieren. Wenn du seinem Plan folgst, bringst du dich nur in eine unmögliche Lage, in die dich das Ego immer führt. Der Plan des Egos ist, dass du den Fehler zuerst deutlich siehst und ihn dann übersiehst. Wie aber kannst du das übersehen, dem du Wirklichkeit verliehen hast? Dadurch, dass du den Fehler deutlich siehst, hast du ihm Wirklichkeit verliehen und *kannst* ihn nicht übersehen.«[22]

GARY: Verstanden. Wenn ich also etwas Wirklichkeit verleihe mache, kann ich es nicht vergeben. Das heißt, ich muss von Anfang an mit der Haltung darangehen, dass es nicht wirklich ist. Das ist der Zustand der Bereitschaft für Wunder, von dem der Kurs spricht. Wisst ihr, manchmal bekomme ich eine eMail von jemandem, der über irgendetwas unglücklich ist. Oder jemand postet etwas Unfreundliches im Internet. Es gibt viele wütende Menschen da draußen, und das Internet ist der perfekte Ort, um ihre unbewusste Schuld zu projizieren. Und sie erklären sehr sorgfältig, was ich falsch gemacht habe und was für ein gieriger, schrecklicher Mensch ich bin und machen mir deutlich klar, wo mein Problem liegt; nicht, dass sie mich etwa kennen würden oder mich je getroffen hätten. Und dann, am Ende der eMail oder des Posts schreiben sie oft: »Oh, aber ich vergebe Ihnen.«

ARTEN: Genau. Dabei haben sie unheimlich viel Zeit damit verbracht, der Sache Wirklichkeit zu verleihen, und verstehen nicht, dass sie dir so nicht vergeben! Das ist eine klassische Ego-Falle, und das Ego ist sehr gut darin, solche Fallen zu stellen. Eure komplette Gesellschaft basiert darauf, etwas durchs Analysieren Wirklichkeit zu verleihen. Zahlreiche Berufsstände sind daran beteiligt, auch deiner gehört dazu und der von Ingenieuren, Ärzten, Rechtsanwälten, Wissenschaftlern, Physikern und Aktienhändlern. Aber solche Analysen machen für den Geist alles nachdrücklich wahr.

Damit will ich natürlich nicht sagen, dass du nicht analysieren solltest, wenn das zu deinem Job gehört. Ich meine nur, dass du den Willen haben solltest, dir dieser Problematik bewusst zu sein, um nicht in die Falle zu tappen und dem Analysierten Wirklichkeit zu verleihen. Dein Ziel ist es, deinen Glauben an die Illusion durch den Glauben an die Wahrheit zu ersetzen. Wie du weißt, bedeutet das Wort Licht im Kurs Wahrheit. Tatsächlich fragt J an einer Stelle: »Kannst du das Licht finden, indem du die Dunkelheit analysierst, wie es der Psychotherapeut tut, oder indem du – wie der Theologe – die Dunkelheit in dir selber anerkennst und nach einem entfernten Licht Ausschau hältst, um sie zu beseitigen, wobei du betonst, wie fern es ist?«[23]

PURSAH: Die Antwort ist ganz offensichtlich nein. Und aus diesem Grund sieht die Vergebung nach Art des Kurses, die du so prägnant beschrieben hast, über Probleme hinweg, sie verleiht ihnen keine Wirklichkeit, sondern ersetzt sie durch die Wahrheit. Ja, du musst schon *zur Kenntnis nehmen*, was du vergibst; denn du arbeitest im Rahmen des Egos, wo Heilung notwendig ist. Und solange du hier zu sein scheinst, wirst du andere Körper sehen und es den Anschein haben, als hättest du echte Probleme, echte Rechnungen zu zahlen und echte Beziehungen zu vergeben. Aber wenn du sie vergibst, dann geben sie dir nicht mehr das Gefühl der Unsicherheit, der Verlassenheit, des Mangels und haben auch keinen negativen Einfluss mehr, den dergleichen sonst auf dich haben könnte.

GARY: Okay. Also werde ich mich noch mehr darauf konzentrieren, Dinge einfach nur zur Kenntnis zu nehmen und sofort zu vergeben, anstatt sie zu analysieren. Ich habe tatsächlich diese Angewohnheit, alles zu analysieren. Vor ein paar Monaten habe ich ein Konzert der Eagles in der Hollywood Bowl besucht, und mitten im Konzert bemerkte ich, wie ich, der ich ja seit vielen Jahren Musiker bin, ihre Art zu singen und zu spielen analysierte. Als ich mich dabei ertappte, dachte ich, wohlwissend, dass es der Heilige Geist war, von dem dieser Gedanke stammt: »Warum genieße ich nicht einfach die Musik?«

Einmal fragte mich jemand bei einem Workshop, ob er, wenn er vergebe, in Kontakt mit seiner unbewussten Schuld treten müsse, die der Gelegenheit zur Vergebung, der er sich gegenübersähe, entspräche, dann sich dessen bewusstwerden und schließlich vergeben müsse. Wie würdet ihr darauf antworten?

PURSAH: Nein. Du musst nicht in der Lage sein, die unbewusste Schuld in deinem Geist zu entdecken. Das gehört zum Job des Heiligen Geistes. Ein Mensch bräuchte dafür wohl Hunderttausende von Jahren. Vergiss nicht, dass der Kurs dir Zeit erspart. Der Heilige Geist kann alles sehen, auch das, was in deinem Geist verborgen ist. Alles, was du vergeben musst, ist das, was direkt vor deiner Nase liegt. Wenn du das tust, wird der Heilige Geist die damit verbundene Schuld heilen. Aus diesem Grund beschreibt der Kurs deine Aufgabe als eher klein und die des Heiligen Geistes als sehr groß. Lass uns im Hinterkopf behalten, dass J und der Heilige Geist ein und derselbe sind, wenn wir uns anschauen, was er recht früh im Kurs sagt: »Wenn du ein Wunder wirkst, werde ich sowohl Zeit als Raum so arrangieren, dass sie sich ihm anpassen.«[24] Wenn du deinen Teil übernimmst, kümmert sich der Heilige Geist um den Rest.

GARY: Wo wir gerade beim Heiligen Geist sind: Ich werde oft gefragt, wie wir mit dem Heiligen Geist arbeiten können; die Menschen wollen vor allem wissen, wie sie herausfinden können, ob sie die Stimme des Heiligen Geistes hören oder nicht. Wie können sie feststellen, ob es nicht die des Egos ist?

PURSAH: Und was sagst du ihnen?

GARY: Ich sage: Wie bitte, denkt ihr etwa, ich sei allwissend? Kleiner Scherz. Tatsächlich sage ich ihnen, dass ich, wenn ich morgens aufstehe, zuallererst dem Heiligen Geist die Regie über meinen Tag anvertraue. Sie können dazu J, den Heiligen Geist, Buddha oder Krishna hernehmen, oder was auch immer für sie funktioniert. Es geht darum, dass nicht ich die Regie führe, sondern sie etwas übergebe, das größer ist als ich; dann liegt der Tag nicht länger mehr in meiner Verantwortung. Ich bin nicht allein, und mir wird Weisheit zuteilwerden. Dann verbringe ich, sobald wie möglich, meine stille Zeit mit Gott. Das kann von einem kurzen Moment bis zu zwanzig Minuten dauern. Wenn ich es eilig habe, weil ich zum Beispiel am Sonntag in der Kirche spreche oder irgendetwas anderes anliegt, kann es sein, dass ich beim Hinausgehen einfach nur sage: »Hei J, du und ich, ja?« Das reicht. Du kannst dich in einem Augenblick mit dem reinen Geist verbinden.

Aber ich nehme mir fast immer Zeit, um still zu werden, den Geist zur Ruhe zu bringen und zu Gott zu gehen. Dann vergesse ich die Welt und alle Probleme oder Bedürfnisse, die ich haben könnte, und versetze mich in einen Zustand der Dankbarkeit. Ich erinnere mich noch, dass Cindy und ich uns einmal mit Judy [Skutch Whitson] getroffen haben, und Cindy Judy eine gute Frage stellte, nämlich wie sie und Whit nach über vierzig Jahren, in denen sie den Kurs praktizierten, ihr Leben führten. Judy zögerte keinen Moment und sagte nur: »in Dankbarkeit«.

Und so will ich auch sein. Nicht nur der Umstände in der Illusion wegen. Ich meine, ich bin dankbar dafür, dass ich ein perfektes Zuhause habe, in das ich heimkehren kann, und die Mittel, um dorthin zu gelangen. Also gehe ich zu Gott und bin dankbar, und wenn ich kann, denke ich tagsüber an Gott oder den Heiligen Geist. Ich vergebe, was sogar noch mehr Raum für den Heiligen Geist in meinem Geist schafft. Und wenn das Ego aufgehoben ist, nimmst du die Führung des Heiligen Geistes umso deutlicher wahr. Also bin ich bereit zu vergeben. In dem Wissen, dass das Wunder im Kurs die Vergebung ist, erinnere ich mich daran, dass im Kurs steht: »Wunder entstehen aus einem Geist, der für sie bereit ist.«[25]

ARTEN: Ausgezeichnet. Jetzt lass mich etwas dazu sagen, wie man feststellen kann, ob man die Stimme des Heiligen Geistes hört oder eher die bedeutungslosen Träumereien des Egos. Zuallererst musst du bereit sein zuzuhören. Wie J sagt: »Alle sind berufen, aber wenige wählen es, zu hören.«[26] Wenn jemand also die Stimme des Heiligen Geistes hören will, sollte er sich drei wichtige Fragen stellen:

Erstens: Höre ich zu? Du musst aufnahmebereit sein. Der Heilige Geist ist *immer* bei dir. Du kannst niemals alleine sein, aber du musst offen für den reinen Geist sein.

Zweitens: Welcher Art ist die Botschaft, die ich empfange? Es ist gleichgültig, welche *Form* die Botschaft besitzt. Was zählt, ist ihr *Inhalt.* Die Botschaft kann in vielerlei Formen zu dir kommen. Am wahrscheinlichsten ist es, dass sie als Gedanke in deinem Geist auftaucht, sie könnte aber auch in Form eines Gefühls, einer Intuition oder in seltenen Fällen einer tatsächlich hörbaren Stimme zu dir kommen, oder als etwas, das jemand anderes gesagt hat. Du denkst vielleicht darüber nach, was diese Person gesagt hast, und dir kommt der Gedanke: »*Ich sollte darauf hören.*« Das liegt daran, dass das, was wirklich zählt, das Wesen der Botschaft ist. Die Botschaft sollte dir ein Gefühl des Friedens vermitteln. Tut sie das nicht, stehen die Chancen hoch, dass es nicht der Heilige Geist ist.

Allerdings gibt es eine Ausnahme. Es kann sein, dass der Heilige Geist dir rät, irgendwo nicht hinzugehen. Wenn du solch eine Botschaft empfängst, kann es sein, dass sie dir kein Gefühl des Friedens vermittelt, du solltest aber trotzdem darauf hören. Solche Botschaften sind selten. Das weißt du aus Erfahrung.

ANMERKUNG: Wann immer ich gefragt werde, ob ich irgendwo in der Welt eine Veranstaltung machen möchte, frage ich den Heiligen Geist, ob ich es tun soll. Die Antwort war bis jetzt fast immer ja. Aber zwei Mal in den letzten vierzehn Jahren lautete die Antwort eindeutig nein. Also bin ich dort nicht hingegangen. Ich weiß nicht, was passiert wäre, wenn ich es getan hätte, aber ich vertraue dem Heiligen Geist. Dieses Vertrauen hat nichts mit sogenanntem blindem religiösem Glauben zu tun. Auf Grund seines weisen Urteilsvermögens hat der Heilige Geist mein Vertrauen verdient.

ARTEN (Fortsetzung): Wenn die Botschaft also Hoffnung vermittelt und dein Herz frohlocken lässt, und ganz besonders wenn sie sich inspiriert anfühlt, geht sie meistens vom Heiligen Geist aus. Wenn das Vernommene aber den Bildern, die du siehst, Wirklichkeit verleiht, dich zu Urteilen über andere verleitet oder entmutigt, etwas zu tun, was du im Traum wirklich gerne tätest, ist die Wahrscheinlichkeit hoch, dass es vom Ego stammt. Der Heilige Geist, der dem rechtgesinnten Teil deines Geistes innewohnt, erinnert dich vor allem stets daran zu vergeben. Das Ego dagegen suggeriert dir immer falschgesinnte Gedanken und versucht, dich dazu zu bringen, Urteile zu fällen – und dann fühlt sich deine Welt absolut wirklich an. Mit dem Kurs wirst du allmählich ein immer besseres Urteilsvermögen entwickeln und in der Lage sein zu unterscheiden, woher die Botschaft stammt.

Drittens: Bitte ich um Führung, wann immer ich kann? Das macht dich sogar noch offener. Es ist wie eine Einladung an den Heiligen Geist, und der Heilige Geist wird auf die winzigste Bereitschaft, dich mit ihm zu verbinden, antworten. Im Kurs heißt es, du sollst den Heiligen Geist fragen: »Wohin möchtest DU, dass ich gehe? Was möchtest DU, dass ich tue?« Und sage auch zum Heiligen Geist: »Denn DIR möchte ich folgen, gewiss, dass DEINE Anleitung mir Frieden bringt.«[27]

GARY: Ja, ich frage oft. Und ich habe auch festgestellt, dass die Führung des Heiligen Geistes im Traum sehr hilfreich sein kann. Nicht nur, wenn es darum geht, auf rechtgesinnte Gedanken zu kommen, während ich Vergebung übe, sondern auch, um auf hilfreiche Ideen zu kommen, wie wir das eine oder andere in unserem Traum zum Laufen kriegen. Egal, ob es sich um Reisen handelt, Vorträge, Aktiengeschäfte oder einfach nur um die Entscheidung darüber, womit man sich gerade die Zeit vertreiben möchte. Dann kommen mir Gedanken in den Sinn, von denen es mir scheint, als seien sie mir einfach eingegeben worden, denn sie kommen aus dem Nichts.

Es ist mir schon ein paar Mal passiert, dass ich jemanden, der etwas Tolles gemacht hat, gefragt habe: »Hei, das war wirklich cool, was du da gemacht hast, wie bist du darauf gekommen?« Und wisst ihr, was derjenige dann antwortete? »Oh, das ist mir einfach so in den Sinn gekommen.« So läuft das! Das ist Eingebung. Sie kommt einfach zu dir. Du denkst: *Oh, ja! Das könnte funktionieren.* Und dann versuchst du es, und es funktioniert. Das ist der Punkt, an dem du dich für solche Eingebungen so richtig begeistern kannst. Aber du musst dich an den Heiligen Geist in dir erinnern. Wenn du auf eigene Faust unterwegs bist und weltliche Ziele anstrebst, klappt es nicht. Und selbst wenn du eine Sache eine Zeitlang zum Laufen bringst, wird dir das nicht dabei helfen, den Weg nach Hause zu finden.

PURSAH: Richtig, Bruder. Wenn du dir deine Ziele mit dem Heiligen Geist steckst, ist es zum Wohle aller. Wenn nicht, dann suchst du am falschen Ort. Der Kurs sagt: »Suche nicht außerhalb von dir. Denn es wird misslingen, und du wirst bei jedem Male weinen, wenn ein Götze fällt. Der Himmel kann nicht dort gefunden werden, wo er nicht ist, und es kann keinen Frieden geben außer dort.«[28]

ARTEN: Indem die Vergebung die irrtümliche unbewusste Schuld aus deinem Geist vertreibt, ermöglicht sie dir außerdem, den Heiligen Geist besser zu hören. Und damit die Leute nicht denken, dass wir es mit dieser Vergebungssache übertreiben, kannst du uns ja ein paar Dinge aus dem Kurs erzählen, die du in deinen Workshops zum Thema Vergebung sagst.

GARY: Klar. Das meiste davon stammt aus den Lektionen des *Übungsbuchs*. Vergebung ist der Weg zur Sühne. Vergebung ist die einzige Funktion, die ich hier habe. Ich lasse Vergebung auf allen Dingen ruhen, denn so wird mir Vergebung zuteil. Vergebung ist der Weg zum Glück. Angst bindet die Welt, Vergebung gibt sie frei. Vergebung ist meine Funktion als Licht der Welt. Durch meine Vergebung bringt das Licht der Welt jedem Geist Frieden. Vergebung bietet alles, was ich will. Vergebung lässt mich erkennen, dass Geister miteinander verbunden sind. Vergebung setzt allem Leiden und Verlust ein Ende. Vergebung ist die einzige Gabe, die ich gebe. Vergebung macht dem Konflikttraum hier ein Ende. Ohne Vergebung werde ich weiterhin blind sein. Vergebung ist das zentrale Thema, das sich durch die Erlösung zieht. Im Kurs wird der Plan des Heiligen Geistes auch als eine ineinandergreifende Kette der Vergebung bezeichnet.

Außerdem heißt es: »Derjenige, der nicht vergeben will, muss urteilen, denn er muss sein Versagen, zu vergeben, rechtfertigen.«[29] Und: »Die Vergebung nimmt wahr, dass das, wovon du dachtest, dein Bruder habe es dir angetan, nicht geschehen ist. Sie verzeiht keine Sünden und macht sie nicht wirklich. Sie sieht, dass es keine Sünde gab. Und in dieser Sicht sind alle deine Sünden dir vergeben.«[30] Ich könnte noch hinzufügen, dass dir *nur* in dieser Sicht alle deine Sünden vergeben sind. Grund dafür ist ein sehr wichtiges Gesetz des Geistes, das im Kurs so beschrieben wird: »Wie du ihn siehst, wirst du dich selber sehen.«[31] Und das muss wirklich wichtig sein, denn dann heißt es weiter: »Vergiss dies nie, denn in ihm wirst du dich selbst finden oder verlieren.«[32]

ARTEN: Ausgezeichnet. Übrigens ist die ineinandergreifende Kette der Vergebung etwas, das der Heilige Geist sehen kann, weil der Heilige Geist nämlich alles sehen kann; aber abgesehen von dem Part, der dir dabei zufällt, kannst du selbst es normalerweise nicht sehen. Das kann frustrierend sein. Die Menschen können nicht sehen, wie alles miteinander verbunden ist. Deine Vergebung ist mit der von J verbunden, die Vergebung anderer Leute mit deiner und deren Vergebung mit der aller anderen. Irgendwann endet der Plan des Heiligen Geistes auf jeden Fall mit dem vollständigen Erwachen der Sohnschaft, wobei die Sohnschaft aus den *scheinbar* getrennten Geistern besteht, welche das Ego bilden. Natürlich kann in Wahrheit nichts und niemand jemals getrennt sein. Wieder eins geworden, wird das Bewusstsein der Sohnschaft in seiner Wirklichkeit als Christus wiederhergestellt. Da du den Plan aber nicht im Ganzen überblicken kannst, musst du letztlich auf den

Heiligen Geist vertrauen. Und dieses Vertrauen ergibt sich aus der Vergebung und den daraus resultierenden Erfahrungen.

GARY: Ich habe Menschen kennengelernt, die den Kurs schon seit fünf oder zehn Jahren studieren, ohne mitbekommen zu haben, dass es darin um Vergebung geht. Und als sie es dann endlich merkten, stellten sie fest, dass es überall im Kurs darum geht. Absolut überall.

PURSAH: Ja, der unbewusste Widerstand gegen die praktische Umsetzung des Kurses ist beeindruckend. Aber wenn du standhaft bleibst, kann das Ego nicht gewinnen. Denn auch wenn das Ego genial ist, hat es ein Problem: Es ist wahnsinnig. Demgegenüber hat der Heilige Geist den enormen Vorteil, dass er perfekt ist und einen perfekten Plan hat.

Du fragst dich vielleicht, warum die Sohnschaft so lange zum Erwachen braucht, wenn der Plan doch so perfekt ist? In Wahrheit *scheint* es aber nur so, als würde es lange dauern. Der Kurs lehrt, dass die Welt bereits überwunden ist. Die winzig kleine Wahnidee bestand nur einen winzigen Augenblick lang, bevor sie berichtigt und sofort beendet wurde. Aber weil es in diesem Traum hier um Trennung geht, scheint es so, als ob jeder zu einem anderen Zeitpunkt erwachen würde, obwohl es in Wirklichkeit nur einen Zeitpunkt gab, einen kurzen Augenblick, und selbst der nie existiert hat.

ARTEN: Was übrigens das Urteilen und Vergeben angeht, hilft uns der Kurs auch zu verstehen, dass es das Urteilen ist, was die Menschen so müde macht. Das was sie wirklich sind, also reiner Geist, kann gar nicht ermüden. Doch wie J sagt: »Du kannst nicht wirklich müde sein, aber du bist sehr wohl im Stande, dich selbst zu ermüden. Die Anstrengung, die durch ständiges Urteilen entsteht, ist geradezu unerträglich. Es ist sonderbar, dass eine derart kräftezehrende Fähigkeit so hochgehalten wird.«[33] Dann lass uns mal ein bisschen Spaß haben. Du gehst doch gerne ins Kino und stehst besonders auf Filme mit spirituellen Themen, stimmt's?

Gary: Aber klar doch. Ich habe sogar eine Top-Ten-Liste meiner allerliebsten spirituellen Filme.

Arten: Ich wusste, dass du das sagen würdest.

Gary: Wow. Du musst übersinnliche Fähigkeiten haben.

Arten: Nun, du gibst diese Liste manchmal an andere weiter, warum also nicht an uns?

Gary: Okay, ihr habt mich schon rumgekriegt. Das sind nicht die einzigen tollen spirituellen Filme, die es gibt, einfach nur meine bislang liebsten. Aber ich könnte noch hundert andere wirklich gute und sehenswerte Filme nennen. Keiner dieser Filme beruht auf dem Denksystem von *Ein Kurs in Wundern*®, aber sie beruhen auf guten, hilfreichen Vorstellungen. Beim Filmeschauen kann man gleichzeitig lernen und Spaß haben. Die Leute teilen mir ihre Lieblingsfilme auch immer mit. Ich werde hier bei Platz Nummer zehn anfangen und bei Platz Nummer 1 enden.

Nummer zehn ist *Ein tödlicher Traum.* Eine wunderschöne Liebesgeschichte mit Christopher Reeve und Jane Seymour. Was mich daran fasziniert, ist die Idee der Teleportation, und zwar nicht so sehr durch den Raum als vielmehr durch die Zeit. Zu Beginn des Films diskutiert Christopher Reeve sogar mit einem Professor darüber. Der Film macht Spaß und befasst sich mit einem Thema, das bislang nur selten zur Sprache kam, besonders in jener Zeit, in der der Film entstand. Christopher Plummer ist darin sehr überzeugend. Im Übrigen: Ein guter Film für ein Date.

Nummer Neun ist *Made In Heaven* mit Timothy Hutton und Kelly McGillis in den Hauptrollen. Sie sind ein Paar, das sich im Himmel kennengelernt hat und sich dann in ihrem nächsten Leben auf der Erde wiederfindet – ich kann das nicht genauer erklären, man muss sich das einfach ansehen. Der Film ist sehr gutgemacht und sehr bewegend; außerdem ziemlich romantisch, also erübrigt es sich zu erwähnen, dass auch dieser Film sich bestens für ein Date eignet.

Nummer acht trägt den Titel *Wie verrückt und aus tiefstem*

Herzen mit Alan Rickman und Juliet Stevenson. Er ist Cellist, stirbt und wird ein Engel. Dann bekommt er die Aufgabe, der Frau, die er zurückgelassen hat, zu helfen, wieder ins Leben zu finden; und dazu gehört auch, dass sie einen neuen Mann findet. Ich hatte von dem Film nicht allzu viel erwartet, doch seine erstklassige Qualität und die hochentwickelten Gedanken haben mich wirklich überrascht.

Nummer sieben, *Bruder Sonne, Schwester Mond*, ist die Geschichte des Heiligen Franz von Assisi (Graham Faulkner) und der Heiligen Klara (Judi Bowker). Unter der Regie des großartigen Franco Zeffirelli porträtiert der Film Franziskus als den verwöhnten Sohn eines reichen Kaufmanns, der als völlig anderer Mensch aus den Kreuzzügen zurückkehrt. Er hat sich so verändert, dass ihn diejenigen, die ihn vor seinem Weggang kannten, kaum wiedererkennen. Die Menschen in der Stadt denken, er sei verrückt geworden. Bis auf Klara, die denkt, dass er zuvor verrückt gewesen war. Seine Verwandlung und die Gründung einer Kirche, die Arme und Unglückliche, ja sogar Leprakranke, willkommen heißt, endet dann in einer Tragödie und einem dramatischen Treffen mit dem Papst, der von Sir Alec Guinness gespielt wird. Der Heilige Franziskus versuchte wahrhaftig, Jesus nachzueifern, und war wahrscheinlich der Christ, der ihm am nächsten kam. Ein Muss für alle, die auf dem Weg sind.

Nummer sechs auf meiner Liste ist ein schwedischer Film mit dem Titel *Wie im Himmel*, in dem ein paar Mal tatsächlich aus *Ein Kurs in Wundern*® zitiert wird. Grund dafür ist, dass der Regisseur Kay Pollak ein langjähriger Schüler des Kurses ist. Der als bester fremdsprachiger Film für den Oskar nominierte Streifen verwendet große Untertitel, die es leicht machen, die Dialoge zu lesen und gleichzeitig dem Film zu folgen. In der Geschichte geht es um einen bekannten jungen Dirigenten, der aufgrund seines schwachen Herzens vorzeitig in den Ruhestand gehen muss. Er beschließt, in die Kleinstadt zurückzukehren, in der er geboren wurde, wo er zwar berühmt ist, aber keine persönlichen Kontakte hat. Schließlich wird er zum Leiter des lokalen Kirchenchors ernannt, in dem es eine Menge Missverständnisse und Vergebungslektionen gibt. Das Ende ist eines der faszinierendsten, die ich je gesehen habe. Es ist ein toller Film. Nicht für jeden, aber Kursschüler werden im Film einige Lektionen wiedererkennen.

Nummer fünf ist *Matrix*. Eine offensichtliche Wahl, denn dieser Film hat bereits dazu beigetragen, das Denken von zwei Generationen zu prägen. Aufgrund dieses Films sind junge Leute heute an die Vorstellung des Universums als Hologramm gewöhnt. Ich treffe sie in meinen Workshops, und muss sagen, dass sie manche metaphysischen Ideen im Kurs leichter erfassen als die erste Kursgeneration. Dazu haben sicher auch andere Filme und TV-Serien beigetragen (sagt jemandem *Holodeck* was?), aber das hier ist der Klassiker. Wer ihn noch nicht gesehen hat, sollte das nachholen. Er ist nicht auf dem gleichen Niveau wie der Kurs, aber viele Ideen im Film stimmen mit ihm überein.

Ben Hur ist die Nummer vier. Er wurde vor kurzem neu verfilmt, aber das Original bleibt der beste Film aller Zeiten und ist immer noch der mit den meisten Oscars. Was ich, abgesehen davon, dass er ein großartiges Epos ist, am meisten an ihm mag, ist die Art und Weise, wie Jesus' Präsenz dargestellt wird. Er hat ganz eindeutig einen bleibenden Einfluss auf jene, deren Leben er berührt, und dennoch zeigt der Film niemals sein Gesicht! Das ist auch nicht nötig. Es genügt, dass die Leute ihm begegnen und zuhören, und ihre Denkweise und Lebenserfahrung verwandelt sich für immer. Später im Film, kurz bevor zwei Leprakranke geheilt werden, sagt einer zum anderen: »Ich habe keine Angst mehr«. Episch, ja, aber auch sehr hellsichtig für die damalige Zeit.

Nummer drei ist *Das Leben danach*, in dem Matt Damon einen Mann spielt, der seinen Beruf als Medium an den Nagel hängt, weil er zu der Ansicht gelangt ist, dass seine »Gabe« eher ein Fluch als ein Segen ist. Dabei entgeht ihm, dass sich diese Gabe nur deshalb wie ein Fluch anfühlt, weil ihm die Berufung fehlt. Als er die aber findet – ganz klar mit Hilfe des Heiligen Geistes, auch wenn es nicht so ausgedrückt wird –, verwandelt sich sein Fluch in den Segen, der er eigentlich sein sollte. In diesem Film gibt es drei Geschichten, die brillant ineinander verwoben sind. Regie führte Clint Eastwood (der tatsächlich auch eine spirituelle Seite hat), produziert wurde der Film von dem tollen Team Kathleen Kennedy und Steven Spielberg. Er hat die Kinokassen klingeln lassen, und die DVD anzuschauen ist ein Muss.

Nummer zwei ist *Der sechste Sinn*. Als dieser Film herauskam, wollte ich ihn mir zunächst gar nicht anschauen, weil ich ihn einfach nur für eine weitere Geistergeschichte hielt. In den Vorschauen wirkte er wie einer dieser typischen gutgemachten Horrorfilme, und ich wunderte mich darüber, dass er die Kassen so eifrig klingeln ließ. Produziert worden war er ebenfalls von Kathleen Kennedy, und zwar zusammen mit Frank Marshall und Barry Mendel, Regie hatte M. Night Shyamalan geführt – es ist sein Meisterwerk geworden. Schließlich habe ich mir den Film mit Bruce Willis als Kinderpsychologen und Haley Joel Osment als verängstigtem Kind, das ständig von Verstorbenen aufgesucht wird, auf Kabel angesehen. Dieser von Anfang an packende und hervorragend gemachte Film hätte mich schon völlig begeistert, wenn er nur mit der Mutter-Sohn-Szene im Auto geendet hätte, in der die Mutter endlich Verständnis für das seltsame Verhalten ihres Sohnes zeigt; doch dann kam einer der überraschendsten Ausgänge der Filmgeschichte und traf mich mit voller Wucht. Da konnte ich endlich verstehen, warum *Der sechste Sinn* einen derartigen Erfolg gehabt hatte.

Nummer eins der spirituellen Filme ist der Lieblingsfilm von allen: *Und täglich grüßt das Murmeltier*. Er ist aus mehreren Gründen großartig. Die Idee, dass man alles immer wieder wiederholen muss, bis man es endlich richtig macht, ist jedem vertraut, der sich der Idee der Reinkarnation verschrieben hat – und

Bill Murrays Veränderung und Weiterentwicklung, also zuzuschauen, wie er lernt, ein besserer Mensch zu werden, und dabei denselben Tag immer wieder erlebt, verzaubert einen regelrecht. Ich sehe mir diesen Film alle paar Jahre immer wieder gerne an. Er erinnert mich an meine eigene Entwicklung. Tatsächlich kann ich kaum noch eine Verbindung zu jener Person herstellen, die ich früher einmal gewesen bin. Wir alle leben mehrere Leben innerhalb eines Traumlebens. Ich hätte nie gedacht, dass ich lange genug leben würde, um von Medicare, der Krankenversicherung für ältere Menschen, aufgenommen zu werden, aber so ist es. Trotzdem ist es nur ein Traum.

ARTEN: Danke, Gary, du solltest Filmkritiker werden. Eigentlich wolltest du das, als du jünger warst, oder?

GARY: Ja, die Idee gefiel mir. Ich denke, ich hätte vielleicht als Filmkritiker geendet, wenn da nicht diese eine Sache gewesen wäre: Als Musiker, also als Künstler, konnte ich mich nicht mit der Vorstellung anfreunden, das Werk eines anderen Künstlers zu zerreißen. Ich denke, das hätte sich für mich wie Verrat angefühlt. Ich meine, da steckt jemand manchmal Jahre seines Lebens in ein Projekt, und dann kommt irgendein Kritiker daher, der selbst nicht annähernd so etwas hinkriegt, und zerreißt es innerhalb von zwei Minuten. Das schien mir einfach nicht richtig. Schließlich ist es nur seine Meinung, seine Wahrnehmung. In der Band haben wir immer gesagt, Meinungen sind wie Arschlöcher. Jeder hat eine/s.

PURSAH: Ich schätze deine Einstellung, wenn auch nicht deine Ausdrucksweise. Und ich möchte noch auf etwas hinweisen: Du hast die Vorstellung erwähnt, dass man manche Dinge immer und immer wieder tun muss, bis man sie richtig macht. Wenn im Kurs davon die Rede ist, dass ein Lehrer Gottes Vollkommenheit erreicht, dann geht es dabei um Vergebung, nicht um Verhalten. Denk nicht, du müsstest ein Leben führen, in dem du alles vollkommen richtig und keinerlei Fehler mehr machst. Das wirst du nicht. Aber deine Vergebung kann so meisterhaft werden, dass du in der Lage sein wirst, alles, wirklich alles, ohne Ausnahme zu vergeben, sogar dir selbst, wenn du den Kurs einmal nicht richtig machst. Wie Ken Wapnick sagt: »Ein guter Kursschüler ist ein schlechter Kursschüler, der sich selbst vergibt.« Dann wird der Tag kommen, an dem du alles – einschließlich deiner selbst – vergibst. Und wie wir früher schon gesagt haben: Eine Lebenszeit vollständig zu heilen bedeutet, sie alle vollständig zu heilen, denn in jedem Traumleben werden dir die gleichen Lektionen immer und immer wieder in unterschiedlicher Form serviert. Nur die Formen haben sich geändert, aber nicht der Inhalt.

Darum ist beim Kurs Wiederholung so wichtig. Jemand sagte einmal, der Text von *Ein Kurs in Wundern*® umfasse sechs Seiten, die auf hundert verschiedene Arten wiederholt werden. Das stimmt nicht ganz, aber der Kurs wiederholt sich definitiv selbst, so wie wir auch. Nur so kann der Kurs unerbittlich kompromisslos sein und sich seinen Weg tief in den unbewussten Geist bahnen, wo Heilung nötig ist.

GARY: Es sieht so aus, als würden sich die Dinge beschleunigen und gäbe mehr zu vergeben. Ich erinnere mich, dass unsere Gesellschaft bis in die frühen Achtziger den Anschein hatte, zivilisierter zu sein als heute. Es gab Regeln für die Presse, die Fairness-Doktrin und die Regel, dass in Radio und Fernsehen allen politischen Vertretern die gleiche Redezeit einzuräumen ist. Es war verboten, über jemanden eine Nachricht in Umlauf zu bringen, wenn deren Wahrheitsgehalt nicht von mindestens zwei unterschiedlichen Quellen bestätigt worden war. All das hat sich mittlerweile geändert. In den Achtzigerjahren schaffte es Rush Limbaugh ganz nach oben. In den Neunzigern bezichtigte er Bill und Hillary Clinton des Mordes an deren Pressesekretär Vince Foster, der Selbstmord begangen hatte. Diese Drecksäcke können über irgendjemanden einfach sagen, was sie wollen, und derjenige kann nichts dagegen unternehmen. Die Person, die so eine Behauptung aufstellt, muss den von ihr Angeschwärzten in den Medien nicht die gleiche Redezeit einräumen und auch keinen Nachweis für den Wahrheitsgehalt ihrer Aussage erbringen. Das bedeutet: Mehr Vergebungslektionen für alle.

PURSAH: Vergiss nicht, Gary, so wie du ihn siehst, wirst du dich selbst sehen. Du hast dich gerade selbst als Drecksack bezeichnet.

GARY: Nun, ich weiß, dass ein Demagoge wie Limbaugh in den Siebzigern mit so etwas noch nicht durchgekommen wäre. Jetzt aber schon.

PURSAH: Es gibt bestimmt wichtigere Dinge zu vergeben – nicht, dass es innerhalb der Illusionen eine Hierarchie gäbe.

GARY: Stimmt. Nun, dann sehen wir uns mal diese Epidemie von verschreibungspflichtigen Schmerzmitteln um uns herum an. Dabei sind Medikamente wie Percocet oder Oxycontin Heroin in Tablettenform! Die Leute horchen auf, wenn Prince und andere berühmte Menschen daran zugrunde gehen, doch ganz normale Menschen sterben tagtäglich daran, und zwar wie die Fliegen weg.

Unabhängig davon, wie sie gestorben sind, hätte ich Leute wie Michael Jackson, Heath Ledger und Philip Seymour Hoffman gerne kennengelernt. Ich denke, es wäre anders für sie gelaufen, wenn sie anstelle dessen, was wir hier in der Welt eingetrichtert bekommen, die Wahrheit erfahren hätten. Ich kenne eine Menge Leute, die einfach nicht schlafen können; irgendwann greifen sie dann zu drastischen Maßnahmen und schmeißen sich Unmengen von Tabletten oder Drogen ein. Wenn sie etwas über Vergebung erfahren könnten und über natürliche Behandlungsmöglichkeiten von Schlaflosigkeit oder aber über die Gefahren von Drogenabhängigkeit informiert werden würden, dann wette ich, dass sie schlau genug wären, dementsprechend zu handeln. Aber mit Abhängigkeit klar zu kommen ist schwierig.

ARTEN: Ja. Im Übrigen wollen wir dich noch dazu beglückwünschen, wie du deinen Trinkkonsum eingeschränkt hast. Allerdings haben wir noch eine kleine Beanstandung zu machen: Wenn du Wein trinkst, solltest du das wie ein Gentleman tun. Nimm kleine

Schlückchen und schütte ihn nicht runter wie das Bier, mit dem du großgezogen wurdest.

GARY: Kleine Schlückchen sind was für Mädchen.

PURSAH: Jetzt noch zur Erinnerung. Deine Vergebung darf nicht verhandelbar sein. Sie muss universell sein und auf ausnahmslos jeden angewandt werden. Und wenn du jemandem vergibst, dann geht das nicht teilweise. Du musst deinem Bruder komplett vergeben, nicht halbherzig. Verstehst du das?

GARY: Ja. Er kann ja nicht mein Scheißbruder in Christus sein.

PURSAH: Genau. Er ist dein Bruder in Christus. Punkt. Er ist unschuldig, und in seiner Unschuld liegt deine eigene.

GARY: Ich habe noch eine Frage zum Karma. Nicht, dass überhaupt irgendetwas im Traum existieren würde, aber gibt es diese Art von Ursache und Wirkung im Traum wirklich? Was zum Beispiel denjenigen anbelangt, der mir in Barcelona das Geld gestohlen hat, habe ich ihm in einem anderen Traumleben Geld gestohlen?

ARTEN: Gute Frage, und die Antwort lautet ja. Du hast ungefähr genau so viel Geld von dieser Person in einem Leben in China vor über tausend Jahren gestohlen.

GARY: Im Rahmen der Illusion kommt also irgendwann später alles zu dir zurück, was du einer anderen Person angetan hast?

ARTEN: Ja, solange, bis du dir selbst vergibst, was du nicht getan hast. Bis dahin gibt es Schuld, und wenn es Schuld gibt, gibt es Karma. Aber wenn du die Schuld mit Vergebung abträgst, dann wird das Karma geheilt.

Es gibt dafür ein tragisches Beispiel, und ich führe es gar nicht gerne an, weil ich weiß, wie sehr du John Lennon geliebt hast, aber der Mensch, der John getötet hat, ist in einem anderen Leben von jemanden getötet worden, der zu dieser Zeit und an diesem Ort John gewesen ist. Wenn du also jemanden ermordest, wirst du später von dieser Person ermordet.

GARY: Aber kann man nicht trotzdem noch ermordet werden, selbst wenn man alles vergibt, so wie J?

ARTEN: Ja, aber zu jenem Zeitpunkt hatte J beschlossen, seinen Körper zum letzten Mal sanft und leise beiseitezulegen, und war vollkommen bereit, sich ermorden zu lassen, um zu lehren, dass er nicht ermordet werden konnte. Er hätte es auch verhindern können, wenn er gewollt hätte, aber er entschied sich dagegen. Es war also kein Karma. Er hat sich bewusst dafür entschieden, die Botschaft der Kreuzigung zu lehren, auch wenn nur wenige Menschen sie verstehen konnten. Er wusste, dass sie später sehr viel mehr Menschen verstehen würden.

GARY: Also, auch wenn es für andere so aussah, als sei er grausam ermordet worden, hat er selbst das nicht so wahrgenommen. Sie konnten sich nur vorstellen, wie sie selbst sich unter diesen Umständen gefühlt hätten und haben dann ihre eigene leidvolle Wahrnehmung auf J projiziert. Und im Handumdrehen wurde daraus, dass sich J angeblich unserer Sünden wegen dem Leiden unterworfen und geopfert habe.

ARTEN: Das stimmt. Den Menschen ist ja gar nicht klar, dass sie projizieren. Wenn es ihnen klar wäre, würden sie es nicht tun. Also erwarte nicht, dass die Leute dir zustimmen. Und wenn es wirklich ein Traum ist, und du verstehst, dass es wirklich ein Traum ist, warum bräuchtest du dann ihre Zustimmung?

GARY: Ich verstehe, was du sagen willst. Sagt mal, denkt ihr, man muss sehr schlau sein, um den Kurs zu machen?

ARTEN: Ja. Du musst bis eins zählen können. Nondualistische Mathematik ist sehr einfach. Das Ergebnis ist immer eins.

PURSAH: Und vergiss nicht: Die Wahrheit ist eine Konstante, und die Wahrheit ist Gott. Das Einssein, von dem wir sprechen, ist also weder im Traum noch in der Welt, auch nicht im Universum von Zeit und Raum und nicht einmal an irgendeinem Ort. Es ist ein Gewahrsein, das Gewahrsein eines beständigen und vollkommenen Einsseins, das nicht verändert, bedroht, ja nicht einmal berührt werden kann. Im Kurs steht: »SEIN REICH hat keine Grenzen und kein Ende, und es gibt nichts in IHM, was nicht vollkommen ist und ewig. All das bist *du*, und nichts außerhalb davon bist *du*.«[34] Das ist reiner Nondualismus.

GARY: Es ist wirklich anders als alles andere, nicht wahr? Ich meine, fast alles, was ich je gesehen habe, soll uns dabei helfen, uns *innerhalb* des Traumes besser zu fühlen. Und wenn ihr sagt, dass der Kurs zu etwas Dualistischem verändert werden wird: Es gibt Lehrer des Kurses, die sind sogar ziemlich bekannt, unterrichten aber nicht wirklich den Kurs; sie lassen ihre Schüler den einen oder anderen Körperteil berühren und Geräusche machen. Das mag den Schülern ja helfen, sich besser zu fühlen – aber wie wird dadurch das Ego aufgehoben? Und wenn ihr Ego nicht aufgehoben wird, dann stecken sie hier fest. Nun wollen sie vielleicht auch eine Zeitlang hier feststecken. Es ist okay, wenn sie das wollen; sie können ja auch später erwachen. Was mich anbelangt, weiß ich, was ich will: Ich will so schnell wie möglich alles vergeben und hier auf Teufel komm raus.

PURSAH: Ja, das ist deine persönliche Entscheidung. In der Zeit wird es so erscheinen, als erwachten die Letzten aus der Sohnschaft vollständig erst in weiteren Millionen Jahren. Aber Kursschüler müssen nicht noch eine Million Jahre warten. Sie können jederzeit erwachen und den Traum verlassen. Doch wird ihr Erwachen ebenso wenig Auswirkung auf den Traum haben, wie der Traum Auswirkung auf sie hat.

Und auch wenn du noch einmal zurückkommen wirst, kann ich dir aus persönlicher Erfahrung versichern, dass es dann wirklich Spaß machen wird. Es wird ein paar heftige Lektionen geben, aber am Ende wird dein Leben hervorragend und schließlich erleuchtet sein. Es ist wert, dafür zurückzukehren.

ARTEN: Lass uns über Furchtlosigkeit reden. Ich will, dass du ab jetzt in der sicheren Gewissheit lebst, dass es nichts gibt, vor dem du dich fürchten musst. Wenn du einen Raum betrittst, um einen Vortrag zu halten, will ich, dass du dort hineingehst, als gehörte der Ort dir. Nicht, dass du dich bisher nicht wacker geschlagen hättest, denn das hast du. Aber ich will, dass du die Latte noch etwas höher legst. Wenn jemand dich anschreit, will ich, dass du ihm direkt in die Augen schaust und freundlich, aber bestimmt sagst: »Es ist bedauerlich, dass Sie das so empfinden.« Damit gibst du die Verantwortung für ihre Wahrnehmung an sie zurück. Was deine Wahrnehmung anbelangt, so betrachtest du die Dinge schon aus der Perspektive der Ursache. Doch wenn dir nicht gefällt, was du in den Nachrichten siehst, will ich dich noch schneller lächeln sehen als bisher. Vergiss nicht: Wenn du dich wirklich außerhalb des Traums befindest, kannst du über dessen Narrheit lachen. Nicht auf eine abfällige Art, die es wirklich macht, sondern ganz aufrichtig, weil du weißt, dass es nicht wirklich ist. Wenn dir die Leute Fragen stellen, dann erinnere dich daran, wer sie wirklich sind, bevor du ihnen antwortest. Wenn du ohne Furcht bist, wirst du dich immer an die Wahrheit erinnern.

Vergiss nicht, dass der Kurs lehrt: »Die Erlösung liegt in der einfachen Tatsache, dass Illusionen nicht Frucht erregend sind, weil sie nicht wahr sind. Sie scheinen nur in dem Maß Furcht erregend zu sein, in dem es dir misslingt, sie als das zu begreifen, was sie sind, und es wird dir in dem Maß misslingen, in dem du wünschst, sie seien wahr.«[35]

Es gibt keinen Grund für dich zu ermüden, weil du nicht das Gewicht des Urteilens mit dir herumschleppen musst. Abgesehen davon bist du kein Körper, du bist frei. Mach dir keine Sorgen über die Zukunft. Aber wenn du einen Rat brauchst, wohin du gehen oder was du tun sollst, vergiss nicht zu fragen. Erinnere dich immer daran, was und wo du wirklich bist. In dem Moment, in dem du dich daran erinnerst, wirst du ohne Furcht sein.

PURSAH: Der Heilige Geist ist immer bei dir. Dein Körper wird für Ihn ein gutes Kommunikationswerkzeug sein, solange du dich dafür entscheidest, mit Ihm zusammenzuarbeiten – in der Öffentlichkeit oder privat. Vergiss nicht: Auch wenn du nicht vor einer Gruppe von Menschen sprichst, lehrst du immer eines von zwei Denksystemen, ob du es willst oder nicht. Also vergiss nicht, welches du lehren möchtest. Wann immer du das Gefühl hast, du wolltest dich ein wenig zurückziehen, nicht mehr herumreisen oder weniger Vorträge halten, dann frag. Die Antwort wird sein, dass du unschuldig bist, egal, was du tust. Du musst nicht weiterarbeiten und dich für andere aufopfern. Du musst nicht der Held des Traumes sein. Wenn du nach Hawaii ziehen möchtest, dann frag. Ich würde mich nicht wundern, wenn die Antwort ja lautete.

Wir gehen dann mal. Mach‘s gut und nimm in den kommenden Wochen keine dualistischen Kompromisse hin. Die Welt hat lange genug damit gewartet, die Wahrheit zu akzeptieren. Akzeptiere deine Rolle beim großen Erwachen! Wir lieben dich, Bruder, und überlassen dich folgenden Worten unseres Meisters:

> *Es ist die Unwirklichkeit der Sünde, die die Vergebung natürlich und ganz und gar vernünftig macht, zu einer großen Erleichterung für die, die sie anbieten, zu einem stillen Segen, wo sie empfangen wird. Sie leistet Illusionen keinen Vorschub, sondern sammelt sie leichthin mit einem kleinen Lachen ein und legt sie sanft der Wahrheit zu Füßen. Dort schwinden sie völlig dahin.*
>
> *Vergebung ist das Einzige, was innerhalb der Illusionen dieser Welt für die Wahrheit steht. Sie sieht ihre Nichtigkeit und schaut geradewegs durch die tausenderlei Formen hindurch, in denen sie auftreten mögen. Sie schaut auf die Lügen, lässt sich aber nicht täuschen. Sie schenkt den selbstanklägerischen Schreien der Sünder keine Beachtung, die vor Schuld wahnsinnig sind. Sie sieht sie mit ruhigen Augen an und sagt zu ihnen nur: »Mein Bruder, was du denkst, ist nicht die Wahrheit«.*
>
> *Die Stärke der Verzeihung ist ihre Ehrlichkeit, die so unverdorben ist, dass sie Illusionen als Illusionen sieht, nicht als Wahrheit. Das ist es, weshalb sie zum Aufheber der Täuschung wird im Angesicht von Lügen, zum großen Wiederhersteller der einfachen Wahrheit. Durch ihre Fähigkeit, über das hinwegzu-*

sehen, was nicht vorhanden ist, öffnet sie den Weg zur Wahrheit, der von Schuldträumen blockiert war. Jetzt steht es dir frei, dem Weg zu folgen, den deine wahre Vergebung dir eröffnet. Denn wenn ein Bruder diese Gabe von dir empfangen hat, dann ist die Türe für dich selbst geöffnet.

Da ist ein ganz einfacher Weg, die Tür zur wahren Vergebung zu finden und wahrzunehmen, dass sie weit offen zum Willkommen steht. Wenn du spürst, dass du versucht bist, jemanden einer Sünde in irgendeiner Form zu bezichtigen, erlaube deinem Geist dann nicht, bei dem zu verweilen, von dem du denkst, er habe es getan, denn das ist Selbsttäuschung. Frage vielmehr: »Würde ich mich dessen anklagen?«

Auf diese Weise wirst du andere Entscheidungsmöglichkeiten sehen von einer Art, die das Wählen bedeutungsvoll gestaltet und deinen Geist so frei von Schuld und Schmerz bewahrt, wie GOTT SELBST wollte, dass er sei, und wie er es in Wahrheit ist. Nur Lügen sind es, die verurteilen. In Wahrheit ist Unschuld das Einzige, was es gibt, Die Vergebung steht zwischen Illusionen und der Wahrheit, zwischen der Welt, die du siehst, und dem, was jenseits liegt, zwischen der Hölle der Schuld und des HIMMELS Pforte.[36]

Und dann schienen meine Freunde fort zu sein, doch Artens und Pursahs Geist und Gewissheit machten, dass ich mich wie neu fühlte. Etwas hatte sich verändert. Ich machte mir keine Sorgen mehr darüber, was passieren könnte. Was immer es wäre, ich würde weit genug sein, um damit umgehen zu können, denn ich wäre weise genug, es zu vergeben.

Ich war entschlossener denn je, *Ein Kurs in Wundern*® noch sorgfältiger zu studieren als bisher. Vielleicht würde ich den Kurs eines Tages nicht mehr lehren, sondern nur noch praktizieren. Aber solange ich meine Wahl mit dem Heiligen Geist traf, würde ich im Frieden sein; egal, wozu ich mich entschied.

KAPITEL 9

Die Bedeutung des Geistes

Dein Geist und meiner können sich vereinen,
um dein Ego hinwegzuleuchten und GOTTES Stärke
in allem, was du denkst und tust freizusetzen.
Gib dich mit weniger nicht zufrieden,
und lehne es ab, irgendetwas anderes als dies
als dein Ziel anzunehmen.[1]
– Ein Kurs in Wundern®

Ja, die Welt ist eine Illusion. Sie existiert nicht wirklich, sondern nur im Traum, der sie ja ist. Doch das bedeutet *nicht*, dass wir in diesem Traum keinen Spaß haben können. Und wenn es um die Welt geht, hält der Kurs sogar einen Bonus für uns bereit. Praktizieren wir nämlich jene Sorte von Vergebung, welche die Welt nicht wirklich macht, entfernt der Heilige Geist unbewusste Schuld aus unserem Geist, von der wir nicht einmal wussten, dass es sie gab, weil sie eben unbewusst war. Während unser Geist also geheilt wird, tragen wir immer weniger Schuld in uns, und wenn wir weniger Schuld in uns tragen, dann können wir alles besser genießen.

Das bringt mich zu einem meiner Lieblingsthemen, nämlich Hawaii. Cindy und ich waren gerade von unserem Retreat auf Hawaii zurückgekehrt, das wir jedes Jahr dort leiten, diesmal auf Oahu. Wir haben bereits mehrere Retreats auf der Hauptinsel gehalten, und eines davon auf Maui. Das Ereignis, von dem ich gerade erzählen möchte, fand in dem wunderschönen Haiku Gardens statt, an demselben Ort, wo wir vor sieben Jahren geheiratet hatten. Haiku Gardens liegt auf der Windseite Oahus in der Nähe des hübschen Städtchens Kailua, wo wir zwölf Nächte verbrachten. Der Kailua Beach gehört übrigens zu den schönsten Stränden Hawaiis. Das Retreat dauerte fünf Tage lang, sodass wir noch eine ganze Woche Zeit hatten, die Insel auf eigene Faust zu erkunden.

Hawaii liebe ich, seit ich mit elf Jahren den zweistündigen Elvis-Film *Blaues Hawaii* (1962) gesehen habe. Seither schwärme ich von Hawaii. Aber um selbst dorthin zu fahren, fehlte mir das Geld – bis ich endlich fünfunddreißig Jahre alt wurde. 1986 dann verbrachte ich eine Woche auf Oahu und eine auf Maui. Es waren die zwei glücklichsten Wochen meines Lebens. Doch sollte es weitere dreizehn Jahre dauern, bis ich es mir leisten konnte, wieder dorthin zurückzukehren. 1999 war es endlich soweit, und ich kostete jede Minute aus, weil ich nicht wusste, ob ich jemals wiederkommen würde.

Dann, im Jahre 2003, wurde mein erstes Buch *Die Illusion des Universums* veröffentlicht, und mein Leben veränderte sich für immer. Ich starb und kam in den Kreditkartenhimmel. Infolgedessen war ich in den letzten dreizehn Jahren um die vierzehn Mal auf Hawaii und habe alle sechs größeren Inseln besucht, die man bereisen kann. Und die zunehmende Vertrautheit hat meine Liebe für Hawaii nicht vermindert. Cindy und ich überlegen ernsthaft, in den nächsten zwei oder drei Jahren dorthin zu ziehen. Im Moment arbeite ich noch an Projekten in meinem zweitliebsten Bundesstaat, Kalifornien, aber ich kann mir vorstellen, in nicht allzu ferner Zukunft für immer nach Hawaii zu ziehen. Arten und Pursah hatten mir schon gesagt, dass ich nicht überrascht sein sollte, wenn mir der Heilige Geist auf meine Frage, ob ich nach Hawaii ziehen dürfe, mit ja antworten würde. Aber ich bin sicher, dass der Heilige Geist mir ebenso raten würde, dass ich ganz unabhängig davon, wo ich mich gerade befinde, nicht damit aufhören sollte, jene Art von Vergebung zu praktizieren, die im Kurs gelehrt wird.

Alle hawaiianischen Inseln gefallen mir. Jede hat ihre eigene Persönlichkeit, und doch machen sie alle zusammen Hawaii aus. Welche illusorische Insel unter ihnen sollte ich also wählen? Darüber musste ich nicht lange nachdenken: Oahu. Diese Insel wird nicht angemessen geschätzt. Wenn die Leute an Oahu denken, denken sie an Honolulu und Waikiki Beach und gehen davon aus, dass es dort sehr kommerziell zugeht. Nun, vorweg: Waikiki ist cool! Sogar sehr cool. Aber es ist erst der Anfang. Die ganze Insel ist voller verborgener Juwelen; es sind zu viele, um sie alle aufzuzählen. Wenn Sie Oahu besuchen, empfehle ich Ihnen, eine der angebotenen Rundfahrten um die ganze Insel zu machen. Dann bekommen sie eine Vorstellung von ihr.

Oahu bietet einem das Beste aus zwei Welten in einer. Wer das Stadtleben liebt und unterhalten werden will, findet massenhaft gute Shows und Restaurants, die meisten davon günstiger als in L.A. Wer es aber eher auf die Schönheit der äußeren Inseln abgesehen hat, findet auf Oahu viele Orte, die genauso schön sind wie Maui.

Ich habe festgestellt, dass nur, weil die Welt eine Illusion ist, das noch lange nicht bedeutet, dass wir keinen Spaß haben können. Im Gegenteil. Du kannst Spaß haben, ohne dich schuldig zu fühlen! Es ist wahr, dass wir ohne Schuld sind, der Himmel uns von Gott geschenkt wurde, und wir ihn uns nicht verdienen müssen. Sehr wohl aber müssen wir die notwendige Vergebungsarbeit leisten, um das Ego aufzulösen und in unserem Gewahrsein zur Wirklichkeit zurückzukehren. Wenn es also etwas zu vergeben gibt, vergeben Sie es. Aber wie Arten, Pursah und ich es schon angesprochen haben, sagt uns der Kurs, dass wir feiern sollen, wenn es gerade nichts zu vergeben gibt.

In Ein Kurs in Wundern® geht es nicht darum, Opfer zu bringen. Tatsächlich gibt es sogar einen Abschnitt im Kurs, der den Titel trägt: »Weihnachten als Ende des Opferns«. Wenn wir denken, wir müssten etwas aufgeben, dann machen wir es in unserem Geist ebenso wirklich, wie wenn wir einen Götzen daraus machen würden. Aber dazwischen gibt es einen schmalen Grad, auf dem wir es nicht wirklich machen und darum umso mehr genießen können. So funktioniert der Kurs, und so funktioniert Vergebung.

Als Cindy und ich auf dieser Reise Waikiki besuchten, trafen wir uns zum zweiten Mal mit meiner früheren Frau Karen und ihrem Partner Dave zum Mittagessen, denn sie leben auf Oahu. Alle vier sind wir Kursschüler. Als ich im Restaurant am Waikiki Beach jener Frau gegenübersaß, mit der ich fünfundzwanzig Jahre lang verheiratet gewesen war, und neben der Frau, die ich vor sieben Jahren geheiratet habe, kam ich nicht umhin zu denken: »Dank sei Gott für J und seinen Kurs.«

Wir vier hatten uns schon einmal zuvor in Kalifornien getroffen, doch damals hatte es uns allen eine Menge Vergebung abverlangt, um gemeinsam an einem Tisch sitzen zu können. Und jetzt saßen wir vier hier und genossen ein fröhliches Mittagessen im Paradies. Ich beschloss, stets ans Vergeben zu denken. Das kann zu großartigen und überraschenden Resultaten führen. Aber wir sollten auch nicht vergessen, Spaß zu haben und zu feiern, wenn es angebracht ist!

Ich hatte zwei Bücher mit Arten und Pursah in Maine geschrieben und war nun dabei, mein zweites Buch mit ihnen in Kalifornien zu schreiben. Ob es ein fünftes Buch geben würde, wusste ich nicht, doch fragte ich mich, ob ich, wenn es ein fünftes Buch geben sollte, dieses nicht vielleicht in Hawaii schreiben würde?

In den letzten Jahren hatte ich den Eindruck gewonnen, als würde sich innerhalb der Kursgemeinde unter einigen Schülern eine Art Mini-Bewegung abzeichnen. Eine Minderheit – also sicherlich kein hoher Prozentsatz, aber doch eine kleine Gruppe – schien Macht und Bedeutung des Geistes abzuwerten. Seit im Jahre 1976 *Ein Kurs in Wundern*® erschienen und bekannt geworden war, dass Helen Schucman J gechannelt hatte, wurde alle paar Jahre ein Buch veröffentlicht, dessen Autor behauptete, J ebenfalls zu channeln. Und die Befürworter dieser Bücher schienen stets bereit zu sein, diese Bücher auf dieselbe Ebene zu stellen wie den Kurs. Doch J's Stimme in ihnen war nie so tiefgehend und schön wie im Kurs. Und angesichts dessen, was ich von meinen Lehrern im Laufe der aktuellen Besuchsreihe erfahren hatte, fiel mir auf, dass in diesen Büchern genau das getan wurde, was die Welt mit nondualistischen Lehren schon immer getan hatte: Sie wurden in dualistisches Denken übertragen. Anstatt den Kurs zu absolvieren, schienen die Autoren es sehr viel einfacher zu finden, sich ihren eigenen Kurs zusammenzubasteln. Sie waren nicht bereit, ihr Ego aufzulösen. Das wiederum erlaubte es dem Ego, die Botschaft des Heiligen Geistes abzublocken, von der sie ja gerade behaupteten, sie zu channeln.

Manchmal las ich unglaubliche Aussagen von Menschen, die sich selbst als Kursschüler bezeichneten, wie zum Beispiel: »Wir müssen vom Geist wegkommen. Der Geist des Egos hat zuallererst die Probleme verursacht. Dort können wir keine Antwort finden!« Oder: »Der Heilige Geist ist passé.« Oder: »Gott sei Dank, müssen wir den Kurs nicht mehr studieren.«

Obwohl die überwältigende Mehrheit der Schüler enormen Respekt vor Helen, Bill, Ken und Judy hatte, gab es eine kleine Gruppe, die ihnen ablehnend, ja sogar feindselig gegenüberzustehen schien und sie als »Anfänger« bezeichnete, die »einen großen Teil der wichtigsten Lehren des Kurses herausgestrichen haben«. Tatsächlich wurden an den ersten fünf Kapiteln des *Textbuchs* Änderungen vorgenommen. Diese Bearbeitung führte Jesus über Helen durch, der Ken dabei assistierte. Kens Aufgabe bestand darin, Titel für die Unterkapitel zu finden sowie für eine konsequente Schreibweise und Interpunktion zu sorgen. Außerdem hat das *Textbuch* nicht nur fünf Kapitel, sondern 31! Die tiefgehendsten und wichtigsten Lehren befinden sich im hinteren Teil des *Textbuches.* Und dabei ist das Übungsbuch nicht einmal mitgezählt, das über die 365 täglichen Übungen hinaus sehr deutliche Erklärungen der Kursprinzipien beinhaltet. Außerdem gibt es noch das *Handbuch für Lehrer*, das eine brillante Zusammenfassung von *EKIW*® bietet. Die beiden letztgenannten Bücher machen zusammen in etwa die Hälfte des gesamten Kurses aus.

Die letzte Kursimitation, die, wie ich bemerkte, die Leute davon abhielt, den Kurs zu praktizieren, trägt den Titel *A Course of Love*. Der

Verleger bewarb dieses Buch ohne Erlaubnis der Kursverleger als »Fortsetzung von *Ein Kurs in Wundern*®«, die von derselben Stimme diktiert worden sei. Eine Fortsetzung impliziert, dass es sich um einen Fortschritt handelt, also eine Verbesserung. Außerdem ließ der Verleger verlauten, dass es »auf beeindruckende Weise den Geist umgeht«, und damit erlaube, »Zugang zum Wissen des Herzens« zu erlangen, was zu »der neuen Wirklichkeit des Himmels auf Erden« führe. Ich hatte die Autorin getroffen und gehört, wie sie in der Öffentlichkeit sagte, dass sie nicht daran glaube, dass die Welt eine Illusion sei.

Ich war völlig entgeistert, dass manche Menschen, die sich als Langzeitschüler des Kurses bezeichneten, diese neue dualistische Ablenkung in den höchsten Tönen lobten, und war ganz gespannt darauf, mit Arten und Pursah darüber zu reden. Dann stieß ich auf eine Rezension von *A Course of Love*, die Dr. Bob Rosenthal geschrieben hatte, ein Psychiater, der zu den ersten Schülern von *Ein Kurs in Wundern*® gehörte und ein enger Freund von Bill (Dr. William Thetford) gewesen ist, dem Koautor des Kurses. Darüber hinaus ist Bob seit vielen Jahren Mitglied im Vorstand der Foundation for Inner Peace, dem Herausgebergremium des Kurses, und hat ein ausgezeichnetes Buch mit dem Titel *From Plagues to Miracles* bei Hay House veröffentlicht, das ich gelesen und für gut befunden habe. Ich stellte fest, dass Bob meine Gefühle in Bezug auf *A Course of Love* besser auszudrücken verstand, als ich es hätte tun können. Ich war beeindruckt, wie stark das, was er geschrieben hatte, mit dem übereinstimmte, was Arten und Pursah über das Bedürfnis der Welt gesagt hatten, nondualistische Lehren in dualistische zu verwandeln. Mit seiner Erlaubnis lasse ich seine Rezension hier abdrucken:

> *Ich habe monatelang geschwankt, ob ich dieses Buch rezensieren soll oder nicht. Als langjähriger Schüler von* Ein Kurs in Wundern® (EKIW®), *persönlicher Freund eines seiner Schreiber, Vorstandsmitglied der Stiftung, die* EKIW® *herausgegeben hat, und Autor des Buchs* From Plagues to Miracles. The

Transformational Journey of Exodus, from the Slavery of Ego to the Promised Land of Spirit, *das den Exodus aus der Sicht von* EKIW® *betrachtet, war ich fasziniert von der Ankündigung, dieses Buch wolle den Lehrinhalt von* EKIW® *erweitern und damit leichter zugänglich machen. Also kaufte ich das Buch und machte mich an seine Lektüre.*

Für sich betrachtet, ist A Course of Love (ACOL) *ein gutes Buch, das dem Leser viel zu bieten hat. Es ist gutgeschrieben, in einem ähnlichen Stil wie viele gechannelte Werke (auch wenn ich fand, dass die Stimme weder in Hinblick auf ihre Offenbarungskraft noch ihre Schönheit mit der von* EKIW® *zu vergleichen war). Aber genau hier liegt das Problem:* ACOL *will nicht für sich stehen. Es bezeichnet sich selbst als »Fortsetzung der Studien aus* Ein Kurs in Wundern®.*« Tatsächlich ist das auch das Verkaufsargument. Wenn wir die beiden Lehren jedoch miteinander vergleichen, stellen wir fest, dass* ACOL *keineswegs die Prinzipien von* EKIW® *weiterführt, sondern sie vielmehr vereinfacht und sich von ihnen zurückzieht. Es mag ein guter Leitfaden für diejenigen sein, die sich noch nicht an die radikale nondualistische Weltsicht von* EKIW® *heranwagen, oder für diejenigen, die sich für* EKIW® *gar nicht interessieren. Doch für Schüler des Kurses ist es eher verwirrend, als dass es Klarheit brächte. Ich bin ehrlich gesagt verwundert, wie das Buch an manchen Ecken der* EKIW®*-Community aufgenommen worden ist, und genau das hat mich dazu gebracht, eine so detaillierte Rezension zu veröffentlichen. Ich empfinde es als unabdingbar, dass neue Schüler die grundlegenden Unterschiede zwischen diesen beiden spirituellen Werken verstehen. Deshalb werde ich diese im Folgenden zu erklären versuchen.*

Im Vorwort zu ACOL *wird gesagt, dass es »betont, ›sei, wer du bist‹, und zwar in einer Weise, die weder das persönliche Selbst noch den Körper negiert. Es enthüllt, wie die menschliche Form in die ›höhere Form des Selbst‹ transformiert werden kann, und wie eine illusorische Welt durch Beziehung und Einheit ›neu‹ – göttlich – gemacht werden wird.« Das ist keine Fortsetzung der nondualistischen Lehren von* EKIW®, *sondern eine Rückkehr zum Dualismus.* EKIW® *lehrt, dass das individuelle Selbst, mit dem wir uns identifizieren – das in einem Körper wohnt und dessen Schicksal es ist, zu sterben – eine Illusion ist, ein Traum von Trennung, und dass es unsere Aufgabe ist, diesen durch Vergebung zu heilen und durch eine Schau zu betrachten, die uns keine Körper, Personen oder die Geschichte unserer Brüder und Schwestern zeigt, sondern das Einssein, das hinter ihnen und über sie hinaus scheint. In Wahrheit existiert nichts außer diesem Einssein der Liebe – von Gott und Gottes Schöpfung. Das ist die einzige Wirklichkeit, die es je gab oder geben wird. Sie existiert außerhalb der linearen Zeit und ist nicht mit der illusorischen Welt des Egos aus Form und Körpern verbunden. (Abgesehen davon, dass sie hier reflektiert wird; der Illusion fehlt die Macht, die Wahrheit vollständig zu verbannen oder zu verbergen). Wenn es* ACOL *dann gelingt, »das individuelle Selbst und den individuellen Körper« nicht zu negieren und die illusorische Welt auf irgendeine Art und Weise in etwas Neues, Wünschenswertes, zu verwandeln, dann ist es – entgegen seiner Behauptung – kein nondualistisches System. Und das hat seinen Reiz. Denn es ist sicherlich bequemer und weniger bedrohlich für uns, weil es nicht das Selbstgefühl in Frage stellt, mit dem wir alle so vertraut geworden sind. Es erlaubt uns, unser Leben weiterzuführen, als seien wir Egos und Körper, und versichert uns, dass das vollkommen in Ordnung sei und wir auch so Erlösung finden können. Diese Sichtweise steht aber im Gegensatz zu* EKIW®, *welcher diese vielmehr als tiefgreifendes Hindernis für das Erwachen betrachtet.*

ACOL *sagt: »Der Christus in dir ist völlig menschlich und völlig göttlich […] Es ist die Verbindung des Menschlichen mit dem Göttlichen, die die Gegenwart der Liebe herbeiführt […]*

Die Verbindung des Menschlichen mit dem Göttlichen ist unsere Aufgabe hier (5.1.).« Auch das steht im Gegensatz zu EKIW®. *Wir können das Menschliche verwenden, um zu lehren, dass der Geist die einzige Wirklichkeit ist und dass alle Geister eins sind (sich die Geister durch den Prozess der Vergebung verbinden), aber um die Gegenwart der Liebe zu entdecken, müssen wir die Hindernisse beiseiteschaffen, die ihrer Wahrnehmung im Wege stehen –namentlich unsere Sehnsucht, besondere Wesen zu sein, die von Gott und voneinander getrennt sind – und nicht »das Menschliche mit dem Göttlichen verbinden« (was nach* EKIW® *gar nicht möglich ist).*

ACOL *vertritt auch die Ansicht, dass »Gott Vereinigung ist« und »Gott alle Beziehungen schafft« (5.1.); und ebenso, dass »die Wirklichkeit, die wahre Wirklichkeit, Beziehung ist (6.1.).« Das erhebt Beziehungen und Vereinigung auf die Ebene Gottes. Das unterstützt* EKIW® *nicht; die »wahre Wirklichkeit« ist Gott und nur Gott. Letztlich sind Einssein und Vereinigung nicht identisch, ebenso wenig wie Einssein und Beziehung. Beziehung und Vereinigung implizieren beide voneinander getrennte Einheiten, die miteinander in Beziehung stehen, verbunden oder vollständig vereint werden. Beziehungen können ein Mittel sein, um Einssein zu erreichen, aber weder sind sie selbst das Einssein, noch sind sie* EKIW® *zufolge von Gott geschaffen, da Gott nur Vollkommenheit schafft.*

Um fair zu bleiben: In ACOL *findet sich auch vieles, was völlig im Einklang mit* EKIW® *steht, wie zum Beispiel: »dein Geist wohnt nicht in deinem Körper, sondern ist eins mit Gott und du teilst ihn gleichermaßen und ohne Unterschied mit allen (6.2).« Oder: »Urteilen ist die Aufgabe, die sich der getrennte Geist selbst auferlegt hat (16.7).« Ich vermute, dass* ACOL *aus diesem Grund bei manchen* EKIW®*-Schülern Gefallen findet. Aber genau das ist auch der Grund dafür, warum ich* EKIW®*-Schülern* ACOL *nicht empfehlen würde. Wer* EKIW® *nicht* *bereits seit Jahren studiert und praktiziert, den wird* ACOL *sehr wahrscheinlich verwirren. Wahrheit, mit Halbwahrheit vermischt, ergibt keine höhere Wahrheit. Es verdünnt und verunreinigt die Lehre vielmehr, sodass das, was am Ende übrig bleibt nicht mehr rein und auch nicht mehr wahr ist.*

In seinem Versuch, den Wert des individuellen Selbst und des individuellen Körpers zu erhalten – was sich von dem Ziel, vollständig aus dem Traum der Trennung zu erwachen, unterscheidet – begeht ACOL*, den Fehler, wie* EKIW® *es nennt, »die Wahrheit der Illusion zu überbringen.«* EKIW® *hat es aber genau auf das Gegenteil abgesehen: nämlich die Illusionen der Wahrheit zu überbringen, wo sie verschwinden. Dazu ein Zitat aus* EKIW®*: »Da ist kein Teil des Himmels, den du nehmen und in die Illusionen einflechten kannst. Und es gibt nicht eine einzige Illusion, mit der du in den Himmel eingehen kannst.« (T-22.II.8:1-2).« Unsere Aufgabe besteht darin, erkennen zu lernen, dass die Welt, die wir sehen, nichts von bleibendem Wert zu bieten hat; und dass jeder Aspekt dieser illusorischen Traumwelt der Form uns verletzen und davon abhalten wird, zu unserem wahren strahlenden Selbst zu erwachen, eins mit Gott und der Liebe.*

Die Beschreibung von A Course of Love *verspricht, dass »*EKIW® *und* ACOL *sich ergänzen. Die gleiche Stimme, nur leichter verständlich. Das gleiche Denksystem, nur erweitert«. Aufrichtig betrachtet, ist dies aber nicht der Fall. Weder die Stimme noch das Denksystem geben wirklich die Stimme und das Denksystem von* EKIW® *wieder. Andererseits ist jede Lehre, die uns dazu ermutigt, die Welt mit Liebe zu betrachten, Urteile abzulegen und Beziehungen vor das individuelle Streben zu setzen, es wert, gelesen und verbreitet zu werden. Ich wünschte nur, die Autorin und der Herausgeber hätten es nicht für nötig befunden, ihr Buch mit einem Bezug auf* EKIW® *zu bewerben.*

Ich war Bob für seine Rezension dankbar und hoffte, diese würde Schüler ermutigen, bei der nondualistischen Wahrheit des Kurses zu bleiben. Er hatte seinen Standpunkt, wonach *ACOL* keine Fortsetzung des Kurses ist, sondern ein Rückschritt, sehr deutlich gemacht; dass *ACOL* uns glauben machen will, dass die Welt der Form Gottes Schöpfung sei, was *EKIW*® mit Sicherheit nicht unterstützt; und dass die in *ACOL* beschriebene Vorstellung der »höheren Form des Selbst«, das eine Verschmelzung von »Menschlichem und Göttlichen, dem Individuum und dem Universum« sei, nichts mit den Ansätzen des Kurses zu tun hat. Mir wurde klar, dass ich Arten und Pursah jetzt nicht mehr so viele Fragen über dieses Buch würde stellen müssen, wie ich gedacht hatte.

Bald saßen meine kompromisslosen Aufgestiegenen Lehrer wieder vor mir. Und Pursah begann das Gespräch.

PURSAH: Du hast also in *A Course of Love* hineingeschaut?

GARY: Das wisst ihr ja schon. Habt ihr irgendetwas dazu zu sagen?

PURSAH: Nicht viel. Um es so einfach wie möglich auszudrücken: eine höhere Form des Selbst ist immer noch ein Selbst und immer noch eine Form. Es ist nicht Einssein mit Gott. Es ist eine dualistische Aufrechterhaltung von Individualität und Trennung. Und wie du selbst schon bemerkt hast, findet hier genau das statt, was wir schon in der Geschichte des Nondualismus beobachtet haben. Es ist ein Beispiel dafür, wie eine rein nondualistische Lehre in ein dualistisches Werkzeug verkehrt wird, das dazu dient, den Kurs *nicht* zu praktizieren und das Ego aufrechtzuerhalten. Tatsächlich lässt sich das über alle Kursimitationen sagen, die seit der Veröffentlichung des Kurses erschienen sind. Die Autoren meinen es zwar gut, aber sie sind blind für das, was der Kurs wirklich sagt. Halte dich an die Wirklichkeit. Das Einzige, was du mit dem Ego machen kannst, ist, es aufzuheben. Wahre Erlösung besteht immer in Aufhebung, nicht Wiederholung.

Wenn wir sagen, »sei normal«, dann meinen wir damit, dass du dein Leben ganz normal leben sollst, aber mit *Vergebung*, und zwar jener Art von Vergebung, die im Kurs gelehrt wird. J sagt: »Es gibt eine Art, in dieser Welt zu leben, die nicht hier ist, auch wenn sie es zu sein scheint. Du veränderst deine Erscheinung nicht, obschon du öfter lächelst. Deine Stirn ist heiter, deine Augen blicken ruhig. Und diejenigen, die wie du die Welt durchschreiten, erkennen die Ihren wieder. Diejenigen, aber, die den Weg noch nicht gesehen haben, werden dich auch wiedererkennen und glauben, dass du bist wie sie, wie du es vorher warst.«[2]

ARTEN: Vergiss nicht, dass die Wirklichkeit *keine* Form hat, weder irgendeine Art von Gestalt noch irgendeine Art von Körper. Es wird also keinen Himmel auf Erden geben. Wenn alle einst erwacht sein werden, wird die Welt verschwinden. Was geschieht mit einem Traum, wenn wir daraus erwachen? Er verschwindet. Deswegen haben wir das erste Buch auch *Das Verschwinden des Universums* genannt. [So lautet die wörtliche Übersetzung des Originaltitels; der deutsche Verlag entschied sich für *Die Illusion des Universums*. Anm. d. Übers.] Du wirst bemerkt haben, dass das *Handbuch für Lehrer* nicht vom Himmel auf Erden spricht, sondern davon, dass die Welt *enden* wird.

GARY: Danke. Da habt ihr recht. Das endgültige Ziel des Kurses ist *nicht* eine bessere Welt. Denn dort steht: »Es gibt keine Welt!«[3] Was wollen die Menschen hier erreichen? Eine bessere Nichtwelt?

ARTEN: Genau. Lass uns noch ein paar kurze Zitate aus J's Kurs zu diesem Thema anführen: »Vergebung ist eine irdische Form der Liebe, die, da sie im Himmel ist, keine Form hat.«[4] »Das Licht ist nicht von dieser Welt.«[5] »Es gibt ein Licht in dir, das von der Welt nicht wahrgenommen werden kann. Und mit ihren Augen wirst du dieses Licht nicht sehen, denn du wirst durch die Welt geblendet.«[6] Klingt irgendwie nach dem Thomasevangelium, nicht wahr? Und dies hier gehört zu meinen Lieblingsstellen: »Wenn der Gedanke der Trennung in einen Gedanken der wahren Vergebung umgewandelt worden ist, wird die Welt in einem ganz anderen Licht gesehen werden; in einem Licht, das zur Wahrheit führt, wo die ganze Welt und alle ihre Irrtümer verschwinden müssen.«[7]

Gott hat diese Welt nicht gemacht und nichts mit ihr zu tun! Gott weiß, wo du wirklich bist, nämlich zu Hause und in Sicherheit. Du wirst darauf vorbereitet, zu einer höheren Lebensform zu erwachen, welche dein wirkliches Leben ist. Aber wie Gott hat auch dein wirkliches Leben keine Form. Es ist vollkommenes Einssein. Und darin gibt es keine Einschränkungen. Da gibt es keine Ecken und Kanten, keine Hindernisse oder irgendeine Art von Grenzen. Da gibt es keine Reibereien, die die strahlende Ausbreitung deiner Liebe behindern könnten. Und alle, die du je geliebt hast, sind da, jeder Mensch und jedes Tier. Nicht als Körper, sondern in vollkommenem Einssein, sodass du sicher sein kannst, dass nichts und niemand je ausgeschlossen sein könnte. Und weil ihr eins seid und keine Körper, bist du ihnen näher, als du es in der Welt je hättest sein können. Körper können sich nicht wirklich vereinen. Der Kurs lehrt, dass wahre Vereinigung nur auf der Ebene des Geistes möglich ist.

Pursah: Lass dir von niemandem einreden, du könntest den Geist umgehen. J sagt im Kurs, dass die Fähigkeit deines Geistes, eine Wahl zu treffen – deine Entscheidungsmacht – deine wahre Macht in dieser Welt ist. Diejenigen, die den Geist umgehen wollen, geben die einzige Macht auf, über die sie überhaupt verfügen! Das rein nondualistische Denken mit dem Heiligen Geist hebt das weltliche Denken auf. Welche die Wahl ist, die du treffen sollst, wird am Ende des *Textbuchs* ausführlich beschrieben, und diese Wahl schließt auch immer die Art und Weise mit ein, wie du über andere Menschen denkst: »Wähle noch einmal, was du möchtest, dass er sei, indem du dich erinnerst, dass jede Wahl, welche du triffst, deine eigene Identität begründet, wie du sie sehen wirst und glauben wirst, dass sie sei.«[8]

Warum begründet das deine Identität? Weil der Geist so funktioniert. Noch einmal zur Erinnerung: Die Menschen sind sich ganz offensichtlich nur des bewussten Geistes bewusst, aber der ist nur die Spitze des Eisbergs. Wenn du tief genug in den Geist hinabtauchen könntest, bis in das kollektive Unbewusste von C. G. Jung, würdest du feststellen, dass es nur einen Geist gibt. Das liegt daran, dass es tatsächlich nur einen von deiner Sorte gibt. Es gibt nur ein Ego, das als viele Egos in Erscheinung zu treten *scheint.*

GARY: Die hinduistische Welt der Vielheit.

PURSAH: Da hast du gut aufgepasst. Guter Junge. Also ungeachtet dessen, was du siehst, gibt es nur einen von deiner Sorte und nur einen Geist. Aber das stellt dich vor ein Problem, das du als solches nicht sehen kannst. Denn die Projektion des Raum-Zeit-Universums, die du sehen kannst, stammt aus diesem einen unbewussten Geist; und dort ist auch der Projektor versteckt. So kommt es, dass dein unbewusster Geist allwissend ist. Wenn der Geist das ist, woher alles, was du siehst, stammt, dann ist er auf einer bestimmten Ebene per Definition *allwissend.* Sogar die Wahrheit liegt dort irgendwo begraben und wartet darauf, in Erinnerung gerufen zu werden. Und wenn der unbewusste Geist allwissend ist, dann weiß er, dass es nur einen von deiner Art gibt. Das ist gleichzeitig eine gute und eine schlechte Nachricht. Die schlechte Nachricht ist: Weil der Geist allwissend ist, also auch weiß, dass es nur einen deiner Art gibt, wird er *alles,* was du über eine andere Person denken oder sagen mögest, und sei es auch noch so subtil, in Wirklichkeit auf *dich* beziehen! Und das wird ausschlaggebend dafür sein, wie du dich selbst wahrnimmst und letztlich auch dafür, für wen du dich hältst. Und genau *deshalb* sagt der Kurs, dass jede Wahl deine eigene Identität begründet, also bestimmen wird, als was du diese betrachten und erachten wirst. *Deswegen* betont der Kurs, dass du – wie du ihn – dich selbst sehen wirst. Und das ist wahr.

GARY: In dem Moment, in dem jemand etwas über andere denkt, legt er also fest, wie er sich selbst wahrnimmt; ob er sich glücklich oder deprimiert fühlt, schuldig oder unschuldig, ob er denkt, er sei ein Körper oder Geist – all das wird auf dieselbe Weise bestimmt.

PURSAH: Ja. Das zeigt dir die Macht des Geistes – die Macht der Wahl. Die gute Nachricht besteht darin, dass du sie, wenn du es einmal weißt, nutzen kannst. Du kannst lernen, mit dem Heiligen Geist zu arbeiten und deine Entscheidungsmacht dafür zu verwenden, nach Hause zu gehen.

GARY: Sehr fein. Da habe ich eine wichtige Frage, die ich euch schon einmal gestellt habe, aber ich frage mich, ob sich die Dinge aufgrund meiner Vergebung geändert haben. Wäre es für mich in diesem Leben möglich, komplett zu vergeben und alle meine Lektionen zu lernen? Könnte ich in diesem Leben erwachen und nicht scheinbar für ein letztes Leben zurückkehren wie du, Pursah?

PURSAH: Die Antwort lautet Ja, Gary. Du könntest den Job in diesem Leben erledigen. Wie wir schon gesagt haben, haben die Lektionen in allen Traumleben die gleiche Bedeutung, nur ihre Erscheinungsform ändert sich. Du hast in diesem Leben noch ausreichend Zeit, um deine Lektionen zu lernen! Du kommst gut voran und mir gefällt es, wie du immer wieder einen Zahn zulegst. All deine Reisen, die an und für sich schon eine Herausforderung sind, haben dir zusammen mit der ganzen Polemik um den Kurs, die dir um die Ohren gehauen wird, den Zusammenkünften mit so vielen Menschen, deinem Bemühen um die TV-Serie und all den unerwarteten Verantwortlichkeiten zahlreiche Gelegenheiten gegeben, Vergebung zu üben. Und das in viel größerem Maße, als es dir möglich gewesen wäre, wenn du in Maine geblieben wärst. Vergiss nicht: Es gibt unterschiedliche Zeitdimensionen, und je nachdem welche Entscheidungen du auf der Ebene des Geistes triffst, stehen dir unterschiedliche Szenarien zur Verfügung. Doch aufgrund deiner Entscheidungen entscheidet der Heilige Geist stets, was das Beste für dich ist.

GARY: Super! Aber wartet mal: Was ist mit all dem Zeug von wegen »das Skript ist geschrieben« und »diejenigen, die sich treffen sollen, werden sich treffen« und »jeder muss seine Rolle spielen« – wie kann alles so geschehen, wie es vorgesehen ist, wenn ich nicht zurückkomme?

ARTEN: Du denkst linear. Es gibt etwas, was du vergisst, wenn es um dein letztes Leben geht, in welchem du als Pursah und Cindy als ich selbst zurückkehren. *Dieses Leben hat bereits stattgefunden.* Alles ist auf einmal passiert und laut Kurs bereits vorbei. Du lässt im Geist Revue passieren, was bereits geschehen ist, erinnerst du dich? Es ist so, als würdest du einen Film anschauen. Sagen wir mal, du sitzt im Kino und schaust dir zusammen mit fünfzig anderen Personen einen Film an, stehst dann auf und gehst hinaus. Läuft der Film noch weiter? Sehen ihn die anderen Leute nicht mehr? Die Tatsache, dass du nicht dabei bist, hat keine Wirkung auf den Film. Das sind zwei verschiedene Sachen: Äpfel und Birnen. Für diejenigen, *die da sind, um ihn zu sehen,* läuft der Film weiter. Wenn du aus einem Traum erwachst und ihn nicht mehr siehst, dann hat das keine Wirkung auf diejenigen, die diesen Traum weiterträumen. Sie müssen weiterhin am Erwachen dranbleiben, bis sie eines Tages aufhören, sich jenen Traumfilm anzusehen, den sie Leben nennen, und stattdessen ihr wirkliches Leben erblicken, Gottes Leben.

GARY: Aber wie können sie mich sehen, wenn ich gar nicht da bin?

ARTEN: Du musst nicht da sein, damit sie dich sehen können, weil du niemals da warst! Was sie sehen, ist ihre eigene Projektion! Und du dachtest nur, du seist dort gewesen, weil du noch an die Trennung geglaubt und damit der Projektion Wirklichkeit verliehen hast. Du dachtest, du seist Thomas oder Gary oder Pursah – bis zu dem Zeitpunkt, an dem du Erleuchtung gefunden hast. Es ist bedeutungslos, wann oder wo du Erleuchtung findest. Ob als Pursah oder Gary, macht keinen Unterschied.

GARY: Oh, mein Gott. Ich vergesse immerzu, dass alles ja nur ausgedacht ist. Ich bin so daran gewöhnt, dass es wirklich ist, dass es mir selbst nach so langer Zeit immer noch schwerfällt zu begreifen, dass nichts davon wahr ist. Aber habt ihr nicht gesagt, dass manchmal ein Meister wie J da sein muss, um den Menschen den Weg in die richtige Richtung zu weisen?

PURSAH: Ja, das macht nichts von dem ungültig, was wir dir gesagt haben. Das Hauptziel eines Wunderwirkenden ist, Zeit zu sparen. Diese zeitsparende Eigenschaft des Kurses hat der Heilige Geist in seinen Plan miteinbezogen, sodass Menschen die Wahl haben, schneller zu erwachen, als im Skript vorgesehen. Und immer dann, wenn du Erleuchtung erlangst, wird dein Körper – oder das, was wie dein Körper aussieht – zu einem Kommunikationswerkzeug des Heiligen Geistes. Wenn du deine Macht in Anspruch nimmst, dich für den reinen Geist zu entscheiden, was der einzige freie Wille ist, den du wirklich in dieser Welt hast, und dadurch schneller erwachst, kannst du anderen sogar schon vorher als Beispiel dienen, ihnen den Weg weisen und den gesamten Prozess für all deine Brüder und Schwestern beschleunigen.

Wenn du aus diesem Traumleben erwachst, wird es anderen weiterhin so erscheinen, als ob Pursah in – von heute aus gesehen – hundert Jahren in Chicago leben würde. Das liegt daran, dass sie, da sie ja noch nicht erwacht sind, immer noch den Film anschauen, also geistig Revue passieren lassen, und denken, sie wären wirklich da. Aber du hast den Kinosaal schon verlassen. Du bist jetzt der Heilige Geist. Wenn du eines Tages – egal, ob später oder jetzt – Erleuchtung erlangt hast, dann gibt es kein individuelles *Du* mehr. Du bist wieder zu dem geworden, was du wirklich bist. Erinnerst du dich, was der Kurs über die Bilder Erleuchteter wie mich und Arten sagt – Bilder, die der Heilige Geist verwendet? »Alle Bedürfnisse sind ihnen bekannt; und alle Fehler werden von ihnen wahrgenommen und übersehen, Die Zeit wird kommen, wenn dies verstanden werden wird. Und in der Zwischenzeit geben sie alle ihre Gaben den Lehrern GOTTES, die sich um Hilfe an sie wenden …«[9]

ARTEN: Kraft Inanspruchnahme seiner einzig wirklichen Macht kann also jeder die Entscheidung treffen, den reinen Geist in seinem Geist zu aktivieren und dadurch schneller zu erwachen. Das Letzte, was der Heilige Geist tun würde, wäre ein schnelleres Erwachen der Sohnschaft zu verhindern. Ja, das vollständige Erwachen aller scheint extrem lange dauern zu können – aber es *muss* nicht extrem lange dauern. Auf jeden Fall musst du nicht warten, auch nicht bis zu deinem nächsten Leben. Du kannst dich dafür entscheiden, jetzt aufzuwachen. Cindy kann das auch. Es ist übrigens okay, wenn du ihr das sagst.

GARY: Das muss ich nicht. Sobald ich das Buch fertiggetippt haben werde, wird sie es für mich Korrektur lesen, es also vor allen anderen zu sehen bekommen. Aber ich gehe mal davon aus, dass ihr das wusstet, oder?

PURSAH: Ja, aber aus pädagogischen Gründen stellen wir uns dumm. Der Heilige Geist holt dich da ab, wo du stehst.

GARY: Sagst du da gerade, dass ich dumm bin?

PURSAH: Nein. Du wärst nur dumm, wenn du wirklich wärst.

GARY: War das etwa eine Beleidigung?

PURSAH: Nur ein Scherz. Denk daran, etwas keine Wirklichkeit zu verleihen ist die bequemste Abkürzung, um wahre Vergebung zu üben. Tatsächlich ist das der wichtigste Teil. Du kannst nicht vergeben, was du wirklich machst. Wenn du das tust, wird es nicht funktionieren. Und das nennt der Kurs »Vergeben zum Zerstören«.[10]

ARTEN: Und um Zeit zu sparen, überlass stets dem Heiligen Geist die Regie für deinen Tag. Das wird dir dabei helfen, dich daran zu erinnern, den reinen Geist um Führung zu ersuchen, wenn du kannst und die Zeit dazu hast. Du denkst oft an J, und das ist gut. Du bist verbunden. Natürlich können die Leute sich auch einfach spontan an den Heiligen Geist wenden, wenn ihnen das lieber ist; entscheidend ist nur, dass sie auch wirklich fragen.

GARY: Ja, wenn ich kann, nehme ich mir morgens fünf Minuten, um mich mit dem reinen Geist zu verbinden. Ich muss nichts sagen, sondern vergesse einfach die Welt, vergesse all das, wovon ich denke, ich bräuchte es, und gehe einfach zu Gott. Ich verliere mich in Gottes Liebe. Bin in einem Zustand der Dankbarkeit. Das hilft meinem Geist, im reinen Geist zu bleiben und offener für Inspirationen zu sein. Ich muss nur daran denken.

Es ist von grundlegender Bedeutung, meine ich, sich daran zu gewöhnen, dass man bei Gott ist. Die meisten Menschen nehmen Gott nicht in ihre Meditationen auf, aber in den letzten Lektionen des *Übungsbuchs* bemerkt man eine tatsächliche Annäherung an Gott. An einer Stelle will J sogar, dass wir Gott anrufen. Wie ihr mich gelehrt habt, kann man die Vorstellung, von Gott getrennt zu sein, nicht aufheben, ohne Gott anzuerkennen. Früher oder später müssen wir mit Ihm zusammenkommen.

ARTEN: Nicht schlecht, Bruder. Übrigens freuen wir uns sehr zu sehen, dass Cindy selbst zu einer ausgezeichneten Lehrerin wird. Natürlich muss jemand, der in seinem nächsten Leben ich sein soll, auch gut sein.

GARY: Oh ja. Und sie hat durchaus ihre eigenen Vorstellungen. Ich sage ihr nicht, was sie tun soll. Wenn sie mit mir reisen und einen Workshop machen will, dann tut sie es. Wenn sie gerade keine Dispositionen treffen will, um irgendwohin zu fahren, dann tut sie es eben nicht. Und obwohl sie erst vor ein paar Jahren mit dem Lehren begonnen hat, würde ich sie schon zu den Besten zählen. Sie macht keine Kompromisse, was den Kurs angeht. Und ich habe noch niemanden erlebt, der den Kurs so häufig liest wie sie. Sie spricht die ganze Zeit darüber. Manchmal ermüdet es mich, über den Kurs nachzudenken, und ich muss einfach sagen: »Cindy, lass mir eine Pause, ja?« Und dann hat sie ja noch ihre Musikkarriere am Laufen und gerade ihre dritte Solo-CD fertiggestellt. Natürlich kaufen heutzutage immer weniger Leute CDs, weil alles digital geworden ist. Aber ab und zu höre ich, wie sie zu Hause am Klavier ihre Songs schreibt. Das macht Spaß.

ARTEN: Du wirst in Zukunft auch weniger Menschen sehen, die Bücher kaufen. Ja, manche Menschen werde weiterhin ein Buch in der Hand halten wollen und auf die altmodische Art lesen, aber die Millennials lesen auf ihren Geräten. Die meisten von ihnen lesen keine Bücher mehr, und das wird wohl oder übel die Zukunft sein.

GARY: Hei, da habe ich wohl Glück gehabt, dass ich mit euch zusammenarbeiten kann, solange noch ein paar Leute Bücher lesen! Natürlich können die Leute unsere Sachen immer noch auf ihren Geräten lesen, aber das scheint mir irgendwie nicht dasselbe zu sein.

PURSAH: Zumindest lesen sie. Das ist ja schon mal *etwas*. Du weißt, Helen hätte nie gedacht, dass Menschen den Kurs einmal auf so einem Ding wie aus *Star Trek* lesen würden.

GARY: Nun, wir wissen ja, dass auch sie mit so etwas jetzt auf dem neuesten Stand ist.

ANMERKUNG: Seit mehreren Jahren wusste ich, dass Helen Schucman, die *Ein Kurs in Wundern*® niedergeschrieben hat, wiedergeboren wurde. Ich wusste auch, als wer sie zurückgekehrt war, und hatte mich mit dieser Person eng angefreundet. Sie weiß, dass sie Helen war und alles über deren Leben. Natürlich werde ich diese Person niemals »outen«; ich würde niemals verraten, wer sie ist. Nur die Person, die einmal Helen war, sollte das tun, wenn sie es will. Wenn diese Person das aber nicht zu tun beschließt, würde ich ihre Entscheidung vollkommen unterstützen.

Als Arten und Pursah mir die Geschichte ihres letzten Lebens erzählten, die in meinem dritten Buch nachzulesen ist, fand ich es interessant, dass die beiden Aufgestiegenen Meister in diesem ihrem letzten Leben den Kurs nie öffentlich gelehrt haben. Auch Nadav, der zuvor Buddha gewesen war, lehrte in seinem letzten Leben nicht wirklich. Im Kurs heißt es: »Lehren ist Aufzeigen.«[11] Es ist klar, dass die beste Art und Weise, den Kurs zu lehren, manchmal darin besteht, ihn einfach zu leben.

ARTEN: Noch Fragen?

GARY: Ich weiß nicht. Manche Fragen lassen sich einfach nicht beantworten.

ARTEN: Zum Beispiel?

GARY: Naja, zum Beispiel, warum der Times Square dreieckig ist?

ARTEN: Doch, diese Frage lässt sich durchaus beantworten. Jahrhundertelang war das, was heute der Broadway ist, ein Indianerpfad, der durch Manhattan führte. Dieser Pfad führte diagonal über die ganze Insel, bis er schließlich zu einer Straße und später dann zu dem wurde, was heute Broadway genannt wird. Die meisten anderen Straßen hingegen wurden parallel zur Insel gebaut. Sie verliefen gerade, während der Broadway weiterhin gekrümmt war, und wenn er heute auf den Times Square trifft, lässt er diesen wie ein Dreieck aussehen.

GARY: Oh.

PURSAH: Der Heilige Geist spielt eine aktive Rolle, indem er einen jeden dahingehend beeinflusst, gewisse Orte aufzusuchen, ganz spezielle Leute zu treffen und das zu lernen, was einem gerade am meisten weiterhilft. Es ist so, als würde der Heilige Geist einen sanft in die richtige Richtung stupsen. Vielleicht kommt dir plötzlich der Gedanke, dass du ein bestimmtes Buch lesen, einen bestimmten Film anschauen, zu einem Vortrag gehen oder aber dich mit jemandem anfreunden solltest. Du denkst, es wäre deine Idee gewesen, aber in Wirklichkeit hat der Heilige Geist dich vom rechtgesinnten Part deines Geistes aus angeleitet und dir Gedanken zu Bewusstsein gebracht hat, die dein Vorankommen beschleunigen.

Erinnerst du dich an die Zeit um 1978, als dein Leben eine einzige Katastrophe war und Dan dir ständig in den Ohren lag, du solltest dieses EST-Training machen, bis du schließlich mürbe geworden und mit ihm und seiner Freundin Charlene zu einem Gastseminar gegangen bist?

GARY: Natürlich erinnere ich mich. Die Leute dort waren so anders, sie wirkten kraftvoll und machten den Eindruck, als hätten sie ihr Leben voll im Griff. Es war toll, obwohl ich nicht verstanden habe, worüber zum Teufel sie gesprochen haben.

Zwar gab es bei der ganzen Sache auch rituelle Aspekte, aber nicht so, als würden sie irgendeinen ideologischen Gruppenzwang ausüben, einen willenlos machen und dazu bringen wollen, mit ihnen im Urwald zu leben.

PURSAH: Erinnerst du dich noch daran, dass du nicht im Geringsten vorgehabt hattest, dich an diesem Abend dort einzuschreiben, aber plötzlich von dem Gefühl ergriffen wurdest, dass du genau das tun solltest? Es war der Heilige Geist, der dich in diesem Moment sanft geleitet und überzeugt hat. Mit ein Grund dafür, dass du absolut nicht vorhattest, dich da anzumelden, war ja, dass du kein Geld hattest, die Anmeldung aber dreihundert Dollar kostete, was heute annähernd tausend Dollars entspricht. Zwar hättest du dich auch mit einer Anzahlung von nur dreißig Dollars anmelden können, aber du hattest nichts damals, keinen einzigen Cent, warst komplett pleite und kaputt.

GARY: Ja. Es war fürchterlich.

PURSAH: Dann inspirierte der Heilige Geist Charlene zu dem Gedanken: »*Leih ihm dreißig Dollar, damit er sich einschreiben kann.*« Sie selbst, und auch Dan, war genauso überrascht, denn sie konnte sich das Ganze ebenso wenig leisten! Es war alles, was sie hatte. Aber du hast dich eingeschrieben und es ihr zurückgezahlt – auch wenn es acht Monate gedauert hat, bis du einen Job gefunden und genug Geld zusammengekratzt hattest. Doch dann schien es unmöglich, dir innerhalb von zwei Monaten nach der Registrierung die fehlenden zweihundertsiebzig Dollars zu besorgen, um weiterhin am Training teilnehmen zu können. Eine Woche vor Ablauf der Frist hast du deine Mutter um das Geld gebeten, obwohl du wusstest, dass sie es sich eigentlich auch nicht leisten konnte. Hätte sie genug Geld übriggehabt, hätte sie es dir gerne gegeben, aber sie dachte, es wäre unmöglich, weil es fast alles war, was sie noch auf der hohen Kante hatte. Weil du sie aber so inständig darum gebeten hast, gab sie schließlich nach; der Heilige Geist gab ihr das Gespür, dass du da vielleicht etwas gefunden hattest, was deinem

Leben eine neue Wendung geben könnte. Sie hat dir das Geld gegeben, und du konntest das Training absolvieren, was genau das war, was du damals gebraucht hast. Und so hast du deine Reise in die richtige Richtung begonnen.

Nichts davon war Zufall. Der Heilige Geist – den ich auch manchmal einfach H.S. nenne – war bei jedem Schritt auf dem Weg dabei, hat dich geführt und andere dazu angeleitet, dir zu helfen, weil er wusste, was das Beste für dich ist. Damals hast du gar nicht an den Heiligen Geist gedacht, aber das war unwichtig. H.S. ist immer bei allen, er hilft den Menschen die ganze Zeit über. Die Frage ist nur: Sind sie bereit zuzuhören? Für die meisten lautet die Antwort: Nein, noch nicht. Aber H.S. macht immer seinen Job, und bei manchen Menschen lautet die Antwort: Ja. Du warst schlau genug, auf ihn zu hören, auch wenn dir das zu diesem Zeitpunkt nicht gerade brauchbar erschien.

ARTEN: Tag für Tag inspiriert der Heilige Geist auf der ganzen Welt und im gesamten Universum jeden scheinbar getrennten Geist der Sohnschaft zu rechtgesinnten Gedanken. Manchmal hören sie zu, manchmal nicht. Die Gedanken, zu denen er Kursschüler inspiriert, sind weiter fortgeschritten, als sie es für die meisten anderen Menschen sind, weil Kursschüler bereit für sie sind. Denn wären sie es nicht, würden sie den Kurs gar nicht erst machen.

Was wie Zufall aussieht, ist kein Zufall, weil der Heilige Geist die Menschen immer führt und dazu bringt, ganz bestimmte Orte aufzusuchen und ganz bestimmten Menschen zu begegnen, sodass ihnen wirklich geholfen werden kann. Denk doch einfach mal an die Geschichte, wie deine Nachbarin unser erstes Buch entdeckt hat.

GARY: Richtig! Diese Geschichte möchte ich erzählen. Also, da ist eine Frau namens Jannine Rebman, die seit fünfundzwanzig Jahren spirituell unterwegs ist. Sie und ihre gute Freundin Stephanie Swengel machten sich beide als Schülerinnen von Edgar Cayce auf den Weg; dabei lernten sie sich kennen, wurden enge Freundinnen und studierten gemeinsam an der von Cayce gegründeten Atlantic University, der Bildungsorganisation *Association for Research and Enlightenment* in Virginia Beach, Virginia. Nach Jahren spiritueller Suche stießen sie auf *Ein Kurs in Wundern*®, aber obwohl sie sich von ihm angezogen fühlten, wurden sie einfach nicht schlau daraus, worum es darin ging. »Es war für uns wie Französisch«, beschrieben sie das später. Vor lauter Frust gaben sie den Kurs schließlich auf.

Ein paar Jahre später zog Jannines Schwester Lynne, die sich ebenfalls auf einem spirituellen Weg befand, eine Zeit lang zu Jannine. Sie hatte ein Buch geschrieben und suchte nach Möglichkeiten für eine Veröffentlichung. Als sie eines Tages an einer Ampel stand und wartete, kam sie – scheinbar grundlos – mit einem Typen ins Gespräch und erzählte ihm, dass sie gerade versuchte, ein Buch zu veröffentlichen. Der Mann zeigte sich interessiert und sagte: »Oh, ich bin Schriftsteller.« Er erzählte ihr, was er geschrieben hatte, und gab ihr ein paar Ratschläge. Dann trennten sich ihre Wege.

Als Lynne nach Hause kam, erzählte sie Jannine von dem netten Kerl an der Ampel, und dass er Schriftsteller sei und sie sich mit ihm unterhalten hatte. Als sie den Namen des Schriftstellers nannte, kam dieser Jannine irgendwie bekannt vor, doch sie konnte ihn nicht so richtig einordnen. Dann hatte sie plötzlich den Impuls, zu den Briefkästen der Appartementanlage zu gehen, in der sie lebte. Als sie auf den Briefkasten neben dem ihren schaute, stand dort der Name des Schriftstellers, den Lynne gerade getroffen hatte. Er lebte im Nachbarappartement!

Und dieser Schriftsteller war ich. Ich war ihr direkter Nachbar, reiste aber viel, sodass wir noch nie miteinander gesprochen hatten. Jannine wusste, dass das keine normale Alltagserfahrung war. Sie recherchierte im Internet und fand heraus, dass ich der Autor von *Die Illusion des Universums* war. Sie verschlang das Buch innerhalb von zwei Tagen und erklärte Stephanie, ihrer langjährigen spirituellen Weggefährtin: »Das wird dein Leben verändern.« Wie viele vor ihnen, die es irgendwann aufgegeben hatten, *EKIW*® zu verstehen, machten sich die beiden, nachdem sie *I. U.* gelesen hatten, noch einmal daran, den Kurs zu lesen, und nun begann er für sie allmählich Sinn zu ergeben. Sie wurden begeisterte Anhänger des Kurses sowie meiner Bücher, und seither ist *EKIW*® der von ihnen gewählte spirituelle Weg. Aus Erfahrung weiß ich, dass sie ihn nicht nur studieren, sondern auch leben.

Jannine und Stephanie haben diese Geschichte in der Video-Podcast-Serie *The 24th Hour* erzählt, die von meiner Schwägerin Jackie Lora-Jones betreut wird. Heute stehen wir – Jannine, Stephanie, Jackie und Mark (mein Schwager und Produzent des Video-Podcasts) sowie Cindy und ich – uns alle sehr nahe. Jannine und Stephanie produzieren einen Podcast, den sie *The Course, of Course* nennen; darin können neu hinzugekommene ebenso wie erfahrene Schüler etwas über *EKIW*® lernen. Diese Verkettung von Ereignissen ist ein gutes Beispiel für das Wirken des Heiligen Geistes, und dergleichen passiert ständig.

ARTEN: Danke, Gary. Und warum denkst du, ist Lynne genau zu diesem Zeitpunkt spazieren gegangen, hat dich getroffen und genau im richtigen Moment an der Ampel angesprochen? War das Zufall?

GARY: Du meinst, der Heilige Geist hat sie genau zur richtigen Zeit in die richtige Richtung gestupst?

ARTEN: Das weißt du doch. Wenn wir also sagen, dass der Heilige Geist eine aktive Rolle spielt, dann ist das kein Scherz. Denk aber immer daran, dass der Heilige Geist *nicht* irgendetwas in dieser Welt geschehen lässt. Denn das würde der Welt Wirklichkeit verleihen. H.S. nimmt keinen Einfluss auf die Ebene der Form. Aber H.S. *leitet* dich sehr wohl durch deinen Geist *an*. Alles, was der Heilige Geist tut, und alles, was der Kurs lehrt, findet immer auf der Ebene des Geistes statt. Wer das im Gedächtnis hält, wird eine Menge Zeit sparen, was, wie du mittlerweile festgestellt haben wirst, ein wichtiges Ziel des Kurses ist. Tatsächlich wirst du dieses zeitsparende Element nirgendwo anders als im Kurs finden. Vergebung von der Position der Ursache und nicht der Wirkung aus ist wirklich ein Wunder.

PURSAH: Da wir gerade von der Ebene des Geistes sprechen: die menschliche Spezies wird ihre geistigen Fähigkeiten über die Jahrhunderte weiterentwickeln.

GARY: Warte kurz. Über die Jahrhunderte? Willst du damit sagen, dass die menschliche Spezies und dieser Planet noch Jahrhunderte überleben werden? So etwas Ermutigendes habe ich ja seit Langem nicht mehr gehört.

PURSAH: Jetzt dreh nicht gleich durch vor Freude. Es wird nicht leicht werden. Es werden Zeiten kommen, in denen die Menschheit nur mit knapper Not überleben kann. Eine globale Erwärmung wird stattfinden, die das Wetter und die Topografie der Erde durcheinanderbringt und Millionen Menschen ihrer Heimat beraubt und noch mehr von ihnen tötet. Es gibt heimliche Versuche, die Weltbevölkerung zu begrenzen, indem man Menschen sterilisiert, ohne dass sie es mitbekommen. In verschiedenen Gebieten ist nicht nur mit Atomterrorismus, sondern auch mit regionalen nuklearen Konflikten zu rechnen. Es gibt weiterhin Politiker in Machtpositionen, von denen man manche nicht anders als völlig durchgeknallt beschreiben kann. Das ist kein Urteil, sondern nur die logische Konsequenz eines Denksystems. Vergiss nicht, was der Kurs über das Ego sagt: »Es ist völlig brutal und völlig wahnsinnig.«[12]

Außerdem können sich die Menschen noch auf ganz schöne Abenteuer gefasst machen. Denn die Kolonialisierung anderer Planeten wird das Überleben der Menschheit sichern und es euch schwerer machen, euch alle auf einmal umzubringen.

GARY: Sicherlich muss es auch etwas Gutes über die Zukunft zu sagen geben?

PURSAH: Ja, du unverbesserlicher Optimist. Ich habe ja schon erzählt, dass die Menschheit über die Jahrhunderte ihre geistigen Fähigkeiten weiterentwickeln wird. Wie du aus dem Kurs weißt, kann jemand, der das Ego aufzuheben und seinen Geist beherrschen lernt, Fähigkeiten entwickeln, die ihn selbst verblüffen werden. Mit dem Bewusstsein des Geistes wächst auch die Gehirnkapazität des Wesens, welches sich seiner bedient. Denn die ist lediglich eine Widerspiegelung dessen, was im Geist geschieht.

Du magst ja Delfine und weißt daher beispielsweise, dass sie doppelt so viel ihrer Gehirnkapazität benutzen wie Menschen: zwanzig statt zehn Prozent. Das ist auf ihr höheres Bewusstsein zurückzuführen.

GARY: Die hawaiianischen Ureinwohner haben immer geglaubt, dass Delfine deine Gedanken lesen können und wissen, was du gerade im Sinn hast und sogar was für eine Art Mensch du bist. Alles, was ich bislang beim Schwimmen und Spielen mit ihnen erlebt habe – sowohl in Gefangenschaft als auch in Freiheit – hat mir gezeigt, dass das wahr ist.

ARTEN: Ja, das ist es auch. Delfine haben sogar eine eigene Sprache, die die Menschen noch nicht einmal mit Computern entschlüsseln konnten, und ihre Kommunikation ist in vielen Bereichen sogar noch weiter. Sie kommunizieren telepathisch miteinander, und wie du gerade gesagt hast, können sie Gedanken lesen und feststellen, ob jemand friedlich oder voller geistiger Konflikte ist. Sie meiden letztere, es sei denn, es geht darum, jemanden vor dem Ertrinken zu retten, denn sie wissen, dass Konflikte es sind, die zu Gewalt führen; sie aber zieht es zu sanften Wesen hin. Du hast ja gemerkt, wie sehr sie Cindy mögen.

GARY: Ja! Es ist, als wäre sie eine Göttin für sie. Selbst wenn wir nur am Wasserrand stehen, kommen sie direkt zu uns hergeschwommen. Mich mögen sie auch, aber Cindy ist die Hauptattraktion. Sie spricht mit ihnen, und sie reagieren liebevoll darauf. Zur Begrüßung spritzen sie ihr oft sogar ein bisschen Wasser auf die Nase.

Als wir das letzte Mal auf Oahu waren, gingen wir zum Kahala Hotel, um ihnen Hallo zu sagen. Da kam gerade ein Tropensturm auf. Der Wind wehte mit fünfundsechzig Kilometern pro Stunde um die Ecke, und es war klar, dass es heftig werden würde. Wir gingen zu den Delfinen, und obwohl sie, um zu atmen – was sie als Säugetiere ja tun müssen –, ihren Kopf nur alle paar Minuten aus dem Wasser streckten, kamen sie direkt zu uns. Einer von ihnen blieb in unserer Nähe unter Wasser, als würde er meditieren: den Kopf gesenkt, den Schwanz und den Körper nach unten gerichtet. So etwas hatten wir noch nie gesehen. Auf jeden Fall blieben wir solange bei ihnen, wie es möglich war, um unseren Übernachtungsplatz noch sicher erreichen zu können, bevor der Sturm sein volles Ausmaß erreichte. Es war kein Hurrikan, aber ganz schön krass.

ARTEN: Nicht Menschen, sondern Delfine sind die intelligentesten Wesen auf der Erde. Nur fertigen sie, weil sie keine Daumen und Finger besitzen, keine Werkzeuge an; doch selbst wenn sie es könnten, würden sie keine Waffen herstellen. Im Laufe der Jahrhunderte werden die Menschen aber die Fähigkeit entwickeln, wie Delfine zu kommunizieren, und in der Lage sein, Telepathie zu benutzen. Natürlich gibt es außerirdische Spezies, die das längst können. Doch auch die Menschen werden sich diese Fähigkeit aneignen.

GARY: Wenn das stimmt, sagt ihr damit nicht konsequenterweise, dass der menschliche Geist bewusster werden wird, die Menschen intelligenter werden und sich weiterentwickeln – und damit die Menschheit insgesamt besser werden wird?

PURSAH: Einerseits ja. Aber vergiss nicht, dass du in einem Universum der Dualität lebst. Solange das Ego zu existieren scheint, wird es Rückschritte und Tragödien geben. Mit dem Ego hat man kein leichtes Spiel, außer natürlich, wenn es darum geht, dich mit Selbstgefälligkeit an den Wickel zu kriegen. Allein um zu überleben, wird die Menschheit in der alltäglichen Traumwelt große Kämpfe zu bestehen haben.

GARY: Ich habe gerade angefangen, mich gut zu fühlen. Danke, dass ihr mir den Kopf wieder zurechtgerückt habt.

PURSAH: Du weißt, wo wahre Freude zu finden ist, Bruder. Wie heißt es noch in einer deiner Lieblingsstellen im Kurs – da, wo es um Freude geht?

GARY: Oh, ja. »Wie kannst du Freude finden an einem freudlosen Ort, außer durch die Einsicht, dass du gar nicht dort bist?«[13]

ARTEN: Vergiss nicht, wo dein wahres Glück liegt. Du schaffst das, Gary. Du kannst den Weg bis zu Ende gehen, das kriegst du hin in diesem Leben, und Cindy auch. Nicht, dass ihr es zusammen tun müsstet. Aber ich habe den Eindruck gewonnen, dass ihr beide vor kurzem entschieden habt, es in diesem Leben zu schaffen und nicht auf das nächste zu warten. Das hatten wir auch gehofft – nicht, weil du es müsstest, sondern einer Frage wegen, die wir dir vor langem gestellt haben: Wie lange willst du noch leiden?

GARY: Was in der Welt so passiert, macht mir nicht mehr besonders zu schaffen – außer den Präsidentschaftswahlen, die schon ein bisschen, das muss ich zugeben. Das ist einfach ein harter Knochen, wisst ihr, denn ich bin ja mit Politik groß geworden. Als ich neun Jahre alt war, lebte ich in Massachusetts und hatte John F. Kennedy zu einem meiner Helden auserkoren. So begann ich früh damit, die politischen Ereignisse zu verfolgen und habe viel darüber gelernt. Ich habe mehr Ahnung davon als die meisten Menschen, eine ganze Reihe Politiker miteingeschlossen. Fast hätte ich Politik zu meinem Beruf gemacht.

Heute bin ich froh, dass ich es nicht getan habe. Da gibt es keine Umgangsformen mehr, keinen menschlichen Anstand. Nicht dass Präsidentschaftswahlen nicht schon immer voller Lügen und Hass gewesen wären, aber sie waren normalerweise doch etwas subtiler. Heute sind es die Patienten, die die Irrenanstalt leiten. Washington/D.C. ist eine Witznummer. Zu regieren ist unmöglich geworden, und das gefällt mir nicht.

Cindy und ich waren vor ein paar Monaten in D.C. Wir hatten einen Workshop in Manassas, Virginia, gehalten, wo eine der ersten großen Landschlachten des Bürgerkriegs stattgefunden hat, und von dort aus war es nicht mehr weit. Es war toll, die National Mall, das Lincoln Memorial, das Washington Memorial, das Kapitol, das Martin Luther King Memorial und das Weiße Haus zu sehen. Wirklich klasse! In echt sind diese Orte viel beeindruckender. Im Fernsehen oder Kino bekommt man von ihren Dimensionen keine rechte Vorstellung. Jedenfalls kam da in mir der Wunsch auf, unsere Regierung könnte ihren ursprünglichen Absichten gerecht werden. Unsere Gründungsväter waren zwar nicht perfekt, aber äußerst interessante Menschen, viele von ihnen übrigens Freimauer. Heutzutage aber ist »interessant« das letzte Wort, das ich benutzen würde, um die allermeisten Politiker zu beschreiben.

ARTEN: Ich verstehe, wie du dich fühlst, Gary. Ich war auch einmal ein Mensch, erinnerst du dich? Aber vergiss nie, was J im Kurs sagt: »Es hat keinen Sinn, über die Welt zu jammern.«[14] Du weißt jetzt, warum alles geschieht, und wenn Politik es ist, was dich am meisten anficht, dann ist es vor allem Politik, die du zu vergeben hast. Sei so entschlossen wie irgend möglich – und du wirst Erfolg haben.

PURSAH: Du hast Manassas erwähnt. Der Bürgerkrieg ist eines der anschaulichsten Beispiele dafür, wie das Ego funktioniert. Zuerst einmal ging es dabei auch um die Sklaverei, was direkt auf das Ego verweist, denn es verleiht Körpern ja Wirklichkeit. Manche Körper haben eine andere Farbe als andere, und genau das schlachtet das Ego für sich aus. Damals wurden manche Körper als wertvoller erachtet als andere, und man gestand ihnen Rechte zu, die man anderen nicht zugestand. Manche Menschen betrachteten die Körper dieser Entrechteten als ihren persönlichen Besitz. Das Ego liebt Unterschiede und wird Menschen immer in Versuchung führen, andere als Projektionsfläche zu benutzen und zu verurteilen.

Außerdem ging es in diesem Krieg um Bundesstaaten und deren Rechte. Zur damaligen Zeit war es wichtiger, aus welchem Bundesstaat als aus welchem Land du stammtest. Die meisten

Menschen reisten nie weit von ihrer Heimat fort und waren stolz darauf, aus Orten wie Ohio, Massachusetts, Maine, Texas, oder Virginia zu stammen. Aber was ist ein Bundesstaat anderes als ein Trennungsgedanke? Dasselbe gilt für Länder, sie sind einfach nur Trennungsgedanken. Wenn du ein Video von der Erde siehst, das vom Weltraum aus aufgenommen wurde, siehst du da irgendwelche Grenzen?

GARY: Nein. Das liegt daran, dass Gott in seiner unendlichen Weisheit entschieden hat, uns unsere Grenzen selbst bestimmen und auf Leben und Tod verteidigen zu lassen, damit wir unseren Mut auf dem Schlachtfeld beweisen können. Und natürlich auch, um zu sehen, wer wen besiegen kann. Warum nennt man uns wohl Menschen*schlag*?

PURSAH: Du brauchst wohl ein Nickerchen, was? Wie du weißt, ist Gott in seiner unendlichen Weisheit immer zu Hause geblieben und hat es gut dort. Nur glaubten währenddessen eine Menge Leute, sie wären hier, in dieser Welt, und würden in einem Bürgerkrieg kämpfen. Denn der Konflikt im Geist flehte um sein Leben, Erfüllung zu finden. Auch wenn Abraham Lincoln gehofft hatte, dass das, war er für »die besseren Engel der menschlichen Natur« hielt, die Oberhand behalten würde, war es aussichtslos. Bevor sie es überhaupt mitbekamen, waren deine Landsleute schon dabei, Selbstmord zu begehen.

Zählt man die Verluste von Nord und Süd zusammen, so waren am Ende fast drei Viertel der Million Soldaten gefallen, die in den Krieg gezogen waren. Die offizielle Zählung liegt darunter, aber das ist die exakte Zahl. In manchen Städten war jeder Mann unter vierzig Jahren tot. Es waren mehr Amerikaner gefallen als in den beiden Weltkriegen zusammen. Ja, der Zweite Weltkrieg war der mit Abstand zerstörerischste Krieg der gesamten Geschichte, weil er viele der bevölkerungsreichsten Länder der Welt betraf, aber Amerika hat seit dem Bürgerkrieg nichts mehr erlebt, was diesem gleichgekommen wäre. Es war einer der rauschendsten Erfolge, die das Ego je hatte – es schäumte vor lauter Irrsinn nur so über.

GARY: Wie ich dich kenne, hast du einen Grund dafür, dieses Thema auf den Tisch zu bringen?

ARTEN: Dafür gibt es mehrere Gründe. Was Rassismus anbelangt, hat sich Amerika nicht so stark verändert, wie manche gerne glauben möchten. Rassismus ist nie verschwunden, sondern nur in den Untergrund gegangen. Und das liegt daran, dass sich trotz dieses ganzen Sterbens und Entsetzens, trotz all der kriegerischen Scheinlösungen des Problems und trotz all der großartigen Arbeit der Bürger- und Menschenrechtsbewegungen das Ego nicht geändert hat. In manchen Menschen, die auf dem Weg sind, ist es wohl aufgehoben worden, doch hat das nicht die Massen erreicht. Du kannst das Ego nicht ändern, indem du versuchst, die Welt in Ordnung zu bringen. Das wird das Problem nicht lösen. Es gibt also immer noch genau so viel Rassismus und Vorurteile wie vor hundertfünfzig Jahren. Die haben zwar andere Formen angenommen, doch – armselig wie eh und je – geht das schäbige Konflikt-, Trennungs- und Aufspaltungsspiel des Egos fleißig weiter.

GARY: Das ist wahr. Ich dachte, für Amerika wäre es ein großer Schritt nach vorne, als Obama gewählt wurde. Endlich hatten wir einen schwarzen Präsidenten. Und was geschah? Es kamen all diese Idioten aus dem Unterholz gekrochen und riefen: »Wir wollen unser Land zurück.« Damit meinten sie, dass sie in die 1950er Jahre zurückwollten, als es noch in Ordnung war, Menschen zu hassen, die anders aussahen als sie. »Mach Amerika wieder groß«, ist ein Werbeslogan von einem schwer gestörten Mann und bedeutet in Wirklichkeit: »Mach Amerika wieder rassistisch.« Er hat sogar die Rechtmäßigkeit von Obamas Präsidentschaft angezweifelt, mit der Begründung, dass dieser ja in Kenia geboren sei. Wie rassistisch kann man eigentlich sein?

ARTEN: Kannst du es hinkriegen, dem keine Wirklichkeit zu verleihen und ihm zu vergeben?

Gary: Natürlich. Es ist ja nicht er. Er ist einfach nur sein geistig vergiftetes Ego-Selbst. Was mir zusetzt, ist die Tatsache, dass ihn so viele Leute in diesem Land gewählt haben! Das ist schon hart. Es ist krank und zeigt mir, dass wir ein krankes Land sind.

Pursah: Nicht völlig krank. Ihr seid ein Land, das einesteils krank ist, andernteils aber auch über einen rechtgesinnten Geist verfügt. Und diese ganze Welt hier ist eine Welt, die zum Teil krank ist, aber zugleich über einen rechtgesinnten Geist verfügt. Der Heilige Geist steht jedem zur Verfügung, doch letzten Endes wird jeder *der ganzen Welt* vergeben müssen. Denn du weißt ja, wo es hinführt, wenn du noch Konflikte in deinem Geist hast.

Arten: Natürlich hängt das Ego die Latte immer noch ein bisschen höher und versucht, es für dich schwieriger zu machen. Das Internet, das für wunderbare Zwecke genutzt werden kann, wird auch dazu verwendet, Hass zu verbreiten. Und dieser fanatische Hass richtet sich nicht nur gegen Menschen mit anderer Hautfarbe.

Dein Land hat große Fortschritte gemacht und Gesetze erlassen und Gerichtsurteile gefällt, die die Diskriminierung der LBGT-Community verbieten. Aber der Hass ist immer noch da. Die Tragödie im Nachtklub Pulse in Orlando, bei der neunundvierzig Menschen ermordet wurden, zeigt mehr als deutlich, was geschehen wird, wenn wir weiterhin Schusswaffen und Hass zusammenbringen. In dieser Hinsicht hat das Ego Amerika gut aufgestellt. Und der rechte Flügel wird aus dieser Situation weiterhin das meiste für die eigenen selbstsüchtigen Ziele herauszuschlagen wissen.

Gary: Ich weiß. Die Republikaner versuchen während ihrer Legislaturperiode immer so viele Gesetze wie möglich zu verabschieden, die all jene diskriminieren, die keine weißen Republikaner sind – und das ist es, was mich wirklich aufregt: Ich meine, Gesetz zu verabschieden, die dazu dienen sollen, Schwarze von den Wahlurnen fernzuhalten? Wie können diese Leute nachts noch schlafen? Wie können sie sich noch als Amerikaner bezeichnen? Wie können sie all jene, die für Demokratie und Wahlrecht gestorben sind, einfach so in den Schmutz ziehen? Und wie können diejenigen, die wählen *können*, solche geisteskranken Lokalpolitiker wählen?

PURSAH: Das liegt daran, dass Fanatismus, Frauenfeindlichkeit und Rassismus in Amerika und dem Rest der Welt auf der Ebene der Form immer noch wohlauf und lebendig sind. Selbst heute bekommen Frauen für dieselbe Arbeit immer noch nicht denselben Lohn und werden von Firmenchefs als den Männern untergeordnet betrachtet. Und jeder, der kein reicher weißer Mann ist, wird irgendwann im Leben auf seinen Platz als Bürger zweiter Klasse verwiesen werden. Zurzeit wird das Thema Immigration hochgeheizt, sodass das Ego noch mehr Menschen zur Verfügung gestellt bekommt, die es hassen kann.

ARTEN: Gary, lass mir dir einen Ratschlag geben. Gewiss scheint es im Traum so, als würden diese Probleme existieren. Aber hier ist ein Fakt, der dir von außerhalb des Traums zukommt: *Diese Probleme werden nicht politisch gelöst werden.* Irgendwann wird es vielleicht den *Anschein* haben, als ob sie politisch gelöst worden wären. Denn früh genug werden in Amerika nicht mehr die Weißen die Mehrheit bilden, sondern Hispanoamerikaner die größte Wählergruppe bilden. Du musst kein Genie sein, um herauszufinden, wie sich die amerikanische Politik dann entwickeln wird, bestimmt nicht nach rechts. Aber damit werden die Probleme nicht wirklich gelöst.

Die einzige Möglichkeit, diese Art von Problemen zu lösen, die es scheinbar in der Welt gibt, besteht darin, sie dort anzupacken, wo sie entstehen: im konfliktbeladenen unbewussten Geist.

GARY: Nun, wenigstens seid ihr konsequent. In all den Jahren, in denen wir miteinander gesprochen haben, und bei all den unterschiedlichen Themen, über die wir gesprochen haben, fiel mir auf, dass ihr das Gespräch früher oder später immer wieder zum Thema Vergebung zurückbringt. Der Grund dafür ist, dass sie es ist, die das Ego aufhebt. Und wenn man sich um die Ursache kümmert, kümmert sich die Wirkung um sich selbst.

ARTEN: Ja, und meistenteils ist dir das auch gut gelungen. Diese Sache mit der Politik ist die letzte allgemeine Vergebungsübung, um die du dich kümmern musst. Ich sage »allgemein«, weil sie etwas betrifft, was für deine Welt im Allgemeinen gilt. Ansonsten hast du schon so ziemlich alles vergeben. Nun gibt es auch Vergebungslektionen, die nicht allgemeiner Natur sind, wie zum Beispiel der Tod eines geliebten Menschen. Auch solche Geschehnisse hast du in deinem Leben schon vergeben. Doch wenn dir persönliche Gelegenheiten zur Vergebung begegnen, jene Art von Gelegenheiten, die nichts mit der Welt im Allgemeinen zu tun haben, musst du wachsam für Gott sein.

Wie wir schon gesagt haben, und da wiederholen wir uns genauso wie der Kurs, kannst du sicher sein, dass du etwas vergeben hast, wenn es dir nichts mehr ausmacht – wenn es keine Wirkung mehr auf dich hat. Wenn dieser Politiker da, den du nicht ausstehen kannst, im Fernsehen erscheint und etwas sagt, das dich normalerweise auf hundertachtzig gebracht hätte, und du reagierst, als wäre nichts geschehen, und fühlst dich vollkommen im Frieden, dann weißt du, dass du ihm wirklich vergeben hast.

PURSAH: Denk daran, dich selbst im Auge zu behalten, und wenn es zu etwas kommt, was dir noch zu schaffen macht, wende die dir bekannten Schritte an: (1) Mach dir bewusst, dass irgendetwas negative Regungen in dir in Gang gesetzt hat. Das ist das Ego. *Hör auf,* mit dem Ego zu denken oder zu fühlen. Hör auf, dem Ganzen Wirklichkeit zu verleihen. (2) *Fang an,* mit dem Heiligen Geist zu denken. Das ist der Heilige Augenblick. Der Heilige Geist erinnert dich daran, dass es nicht wirklich, sondern ein Traum ist und keine Wirkung auf dich hat, wenn du nicht daran glaubst. Du bist kein Opfer. Es ist dein Traum – und der kann dich nicht verletzen. (3) Betrachte die Dinge aus spiritueller Sicht. Diese Leute da sind keine Körper. Sie sind vollkommener reiner Geist, und nicht nur ein Teil davon, sondern das *Ganze*: vollkommen unschuldig und genau dasselbe wie Gott.

Erinnerst du dich an das Zitat aus dem Kurs, in dem es heißt, befreie meinen Sohn?

GARY: Sicherlich, es steht direkt vor dem letzten Abschnitt des letzten Kapitels: »Kannst du, zu dem GOTT sagt: ›Befreie MEINEN SOHN!‹, versucht sein, wegzuhören, wenn du lernst, dass du es bist, für den ER um Befreiung bittet? Und was sonst als dieses, möchte dieser Kurs denn lehren? Und was sonst als dieses gibt es für dich zu lernen?«[15]

ARTEN: Da hast du es. Lass uns also über ein anderes wichtiges Thema sprechen. Du weißt, dass laut Kurs alles Leid durch unbewusste Schuld verursacht wird. Hast du jemals innegehalten und darüber nachgedacht, dass die Art und Weise, wie du den Tod erleben wirst, sich in dem Maße verändern wird, in welchem du die Schuld in deinem Geist durch Vergebung geheilt hast, beziehungsweise je nachdem, wie viel Schuld dort noch verblieben ist?

GARY: Das habe ich mir bisher noch nicht überlegt. Aber wieso sollte ich auch? Kleiner Scherz. Ich habe bisher noch nie daran gedacht, dass sich unsere Erfahrungen je nach Vergebung verändern, aber das ergibt Sinn.

ARTEN: Wenn der Körper seine Funktionen einstellt, hat man in den meisten Fällen keine Schmerzen. Ich sage in den meisten, weil das Ego die Dinge gerne verkompliziert. Vielleicht spürst du ja in dem Moment, in dem du stirbst, Schmerzen, aber nicht mehr danach. Ganz im Gegenteil. Für gewöhnlich ist es eine wirklich angenehme Erfahrung: Die körperlichen Schmerzen sind verschwunden, und es macht sich Erleichterung darüber breit, scheinbar den Körper verlassen und frei sein zu können. Für die meisten ist das zunächst eine beglückende Erfahrung.

GARY: Wisst Ihr, darüber habe ich vor Kurzem schon ein wenig nachgedacht. Ich erinnere mich noch, wie sehr ich geweint habe und wie aufgewühlt ich war, als meine Mutter und mein Vater gestorben sind. Damals in den 1970ern sprachen wir noch nicht von etwas Derartigem wie »Hinübergehen« oder so. Sie sind ganz einfach gestorben. Mein Vater war bei der Arbeit und ist plötzlich tot umgefallen, sein Körper fiel einfach zu Boden. Als mir der Arzt das am Telefon erzählte, kam es mir wie ein Albtraum vor. »*Mein armer Vater*«, dachte ich. Ich stellte es mir sehr schmerzhaft und schrecklich für ihn vor. Aber wenn ich jetzt darüber nachdenke, fällt mir zuallererst auf, dass er schnell von uns gegangen ist. Und dann, dass er wahrscheinlich von dem Moment an, in dem er hinüberging, keine Schmerzen mehr hatte. Die Schmerzen waren wahrscheinlich sofort verschwunden, richtig?

ARTEN: Richtig. Du standst weinend da, warst am Boden zerstört, und ihm ging es gut. Ich kann dir versichern, dass der Übergang deiner beiden Eltern von dem Moment an, als er einsetzte, eine wundervolle Erfahrung für sie war. Und das gilt ganz unabhängig davon, wie schrecklich der Tod einer Person zu sein scheint. Nehmen wir einmal an, jemandem wird in den Kopf geschossen. Alle, die davon hören, besonders die Menschen, die dieser Person sehr nahestehen, sind entsetzt. Dabei verstehen sie nicht, dass dieser Mensch auf der Stelle eine fantastische Erfahrung macht. Wie es in der Kursergänzung *Lied des Gebets* lautet: »Wir nennen es Tod, doch es ist Freiheit.«[16]

PURSAH: Dasselbe gilt für deine Mutter. Vor ihrem Übergang hat sie sehr wohl gelitten. Der Arzt hätte sie nicht operieren sollen, denn ihr Blutdruck war zu niedrig, und er verpfuschte die Operation sowieso, woraufhin sie auf der Intensivstation dann noch einen Herzinfarkt erlitten hat. Das Ganze war eine Katastrophe. Deswegen hast. du dich auch so gequält. Aber am meisten hast du geweint, als sie scheinbar gestorben ist. Und weißt du was? Für sie war das der beste Teil. Wenn der Körper zu leben aufhört und der Geist noch zu Gange ist, gehört das zu den besseren Erfahrungen, die ein Egogeist machen kann. Während ihr also bei und nach der ganzen Beerdigungsprozedur trauert, hat der geliebte Mensch, der hinübergegangen ist, so viel Spaß, dass ihr eifersüchtig werden würdet, wenn ihr es wüsstet.

Doch nachdem du diese ganzen geistigen Abenteuer durchlebt hast, von denen Menschen mit Nahtoderfahrungen sprechen, und die scheinbar die meisten haben – und das meinte Arten, als er sagte, die Art und Weise, in der du den Tod erfährst, ist abhängig davon, wie viel Schuld in deinem Geist geheilt worden ist –, kommt eine Zeit, in der du ins Licht gehst. Nehmen wir einmal an, du würdest in diesem Leben Erleuchtung erlangen. In diesem Fall würdest du nicht alle Phasen durchlaufen, von denen die Menschen aus ihrer Nahtod-Show berichten. Denn wenn du erleuchtet bist, legst du deinen Körper zum letzten Mal sanft beiseite, wie es der Kurs ausdrücken würde. Und in diesem Moment bist du schon zu Hause in Gott. Das warst du natürlich die ganze Zeit über, aber wir sprechen hier über dein Bewusstsein. Tatsächlich ist es so, dass du dir in dem Augenblick, in dem du Erleuchtung erlangst, während du noch in einem Körper bist – denn dort findet Erleuchtung statt, und nicht in der Zeit zwischen den Leben –, gewahr wirst, dass du Eins mit Gott bist, es immer warst und sein wirst. Und von diesem Moment an *nimmst du das auch wahr*. Wenn du den Körper dann sanft beiseitelegst, bleibt deine Wahrnehmung des vollkommenen Einsseins mit Gott in alle Ewigkeit bestehen, und die ist zeitlos.

GARY: Das will ich. Und ich kenne die Antwort auf die nächste Frage, aber ich würde sie gerne von euch hören: Was geschieht, wenn man *nicht* erleuchtet wird?

PURSAH: Wir haben gesagt, dass aller Schmerz durch Schuld verursacht wird, und zwar sowohl seelischer als auch körperlicher Schmerz. Aber selbst, wenn du nicht erleuchtet bist, wird – wenn wirkliche Heilung stattgefunden hat, was sicherlich der Fall ist, wenn du Vergebung geübt hast – die Zeit zwischen den Leben sehr viel besser für dich, als sie es ohne wirkliche Heilung gewesen wäre. Im Falle von Heilung sagt der Kurs über die Todeserfahrung: »Nun gehen wir in Frieden in eine freiere Luft und in ein sanfteres Klima, wo es unschwer zu sehen ist, dass die Gaben, die wir gegeben haben, für uns aufbewahrt worden sind.«[17] Selbst wenn du also noch ein weiteres Leben zum Lernen vor dir hast, wird, wenn du Vergebung geübt hast, deine Todeserfahrung eine gute sein.

Wenn Menschen keine Vergebung üben, dann ist das keine Sünde, aber in ihrem Geist wird weiterhin eine Menge unbewusste Schuld sein. Wenn sie dann ins Licht gehen, das symbolisch für Gott steht, kommen all die Schuld, der Schmerz und die Angst an die Oberfläche. Sie spüren auf einmal diesen ganzen seelischen Schmerz und wollen ihm entkommen. Sie wollen sich vor ihm verstecken, und der Ort, an dem sie ein Versteck suchen, befindet sich hier, in der Projektion einer Welt und eines Universums. Und das ist eine Wiederholung der Trennung von Gott. Die Traumwelt ist ein Versteck, in das diese Angst und Schuld hinein- und damit aus ihnen herausprojiziert wird. So hat es den Anschein, als seien sie entkommen, weil Ursache und Schuld nun außerhalb von ihnen, bei einer anderen Person, liegen; doch das ist ein fehlerhafter Mechanismus, denn in Wirklichkeit sind sie gar nicht entkommen. Die Schuld ist immer noch in ihrem Geist. Entgegen der Ego-Illusion einer Projektion sagt der Kurs, »Ideen verlassen ihre Quelle nicht, und ihre Wirkungen sind nur dem Scheine nach getrennt von ihnen.«[18] Das ist die schlechte Nachricht, denn Schuld und Angst sind immer noch in deinem Unbewussten. Die gute Nachricht aber ist die: Weil Ideen ihre Quelle nicht verlassen, hast auch du Gott nicht wirklich verlassen.

Doch für diejenigen, die die Wahrheit noch nicht akzeptiert haben, sondern immer noch an die Trennung glauben, wird die Welt wieder ihr Zuhause. J sagt: »Schuld fordert Strafe, und ihre Bitte wird erfüllt. Nicht in Wahrheit, sondern in der Welt der Schatten und der Illusionen, die auf der Sünde aufgebaut ist.«[19]

GARY: Wenn ich dieses Mal hier also Erleuchtung erlange, was ja, wie ihr sagt, möglich ist, werde ich nicht mehr durch dieses ganze Nahtodzeugs hindurchgehen. Ich werde mein vollkommenes Einssein mit Gott erfahren, während ich scheinbar immer noch hier bin, und kaum noch meines Körpers gewahr sein. Mein Gewahrsein wird bei meiner Wirklichkeit sein. Wenn ich den Körper dann beiseitelege, war's das. Ich bin zu Hause. Was bedeutet dann aber die Stelle im Kurs, in der es darum geht, dass Gott es ist, der den letzten Schritt macht? Da steht – hier, ich werde es euch vorlesen:

> *Vergebung ist im HIMMEL unbekannt, wo das Bedürfnis danach unvorstellbar wäre. In dieser Welt jedoch ist die Vergebung eine notwendige Berichtigung für all die Fehler, die wir gemacht haben. Vergebung anzubieten ist die einzige Möglichkeit, sie selbst zu haben, denn sie spiegelt das Gesetz des HIMMELS wider, dass Geben und Empfangen dasselbe sind. Der HIMMEL ist der natürliche Zustand aller SÖHNE GOTTES, wie ER sie schuf. Das ist auf ewig ihre Wirklichkeit, sie hat sich nicht verändert, nur weil sie vergessen wurde.*
>
> *Vergebung ist das Mittel, durch das wir uns erinnern werden. Durch die Vergebung wird das Denken der Welt umgekehrt. Die Welt, der vergeben ist, wird zu des HIMMELS Pforte, weil wir uns durch ihr Erbarmen endlich selbst vergeben können. Indem wir keinen in der Schuld gefangen halten, werden wir frei. Indem wir CHRISTUS in allen unseren Brüdern anerkennen, erkennen wir SEINE GEGENWART in uns selbst wieder. Indem wir alle unserer Fehlwahrnehmungen vergessen, und wenn nichts aus der Vergangenheit uns zurückhält, können wir uns an GOTT erinnern. Darüber hinaus kann Lernen nicht gehen. Wenn wir bereit sind, wird GOTT SELBST den letzten Schritt in unserer Rückkehr zu IHM tun.*[20]

Gary (weiter): Das ist doch eine ganz gute Zusammenfassung des Kurses – und sie steht ganz am Anfang im Geleitwort! Ich kann mich noch ganz gut daran erinnern, wie ich es zum ersten Mal gelesen habe. Als ich zu der Stelle kam, wo es heißt, Gott selbst würde den letzten Schritt bei unserer Rückkehr zu Ihm tun, dachte ich, es bedeute, dass Er mich umbringen würde.

ARTEN: Aber nein. Vergiss nicht: Gott hat dich erschaffen, nicht du Ihn. Darum tut er den letzten Schritt, was natürlich metaphorisch gemeint ist. Du kehrst einfach dorthin zurück, wo du hergekommen bist. Nicht, dass du jemals weg gewesen wärst. Mit Ihm als Schöpfer und dir als Schöpfer. Wie der Kurs sagt, »dass nicht eine Note im Lied des HIMMELS ausgelassen wurde«.[21] Aber Gott wird immer dein Schöpfer sein, und so erschaffst du dasselbe wie Er. Die unbegrenzte Ausbreitung der vollkommenen Liebe ist nichts, was der begrenzte Geist verstehen kann, aber die Zeit wird kommen, wenn du sie tatsächlich erfahren wirst.

PURSAH: Diese Stelle im Geleitwort, die du da gerade vorgelesen hast, erinnert mich daran, dass es etwas gibt, bei dem wir sichergehen möchten, dass die Menschen es auch wirklich vollkommen verstehen. Von Anfang bis Ende, in allen einunddreißig Kapiteln des *Textbuches*, im *Übungsbuch*, im *Handbuch für Lehrer*, in der »Begriffsbestimmung« dort sowie den beiden Ergänzungen *Psychotherapie* und *Das Lied des Gebets* – also in allem, was Helen in der Zeit von 1965-1977 gechannelt hat – ist der Kurs vollkommen konsequent und kompromisslos. Es gibt ein paar Lehrer, die denken, sie hätten die richtige Interpretation des Kurses gefunden. Doch damit meinen sie nur ihre eigene Interpretation. Nein, in Wahrheit *gibt es nur eine einzige mögliche Interpretation von Ein Kurs in Wundern*®. Die geben wir dir, seit wir vor fünfundzwanzig Jahren begonnen haben, dir zu erscheinen; und du hast sie auch über die Wapnick-Schule bekommen. Von ihr sind wir niemals – sei's auch nur im Geringsten – abgewichen, und sind glücklich zu sehen, dass du es auch nicht getan hast.

GARY: Ja, aber ihr werdet den einen oder anderen nicht davon abhalten, sich die Rosinen aus dem Kurs herauszupicken, bis nichts mehr von ihm übrigbleibt. Es gibt Leute, die mir erzählt haben, dass man dem Kurs nicht trauen kann, weil in den ersten fünf

Kapiteln das Wort »Seele« herausgestrichen wurde, dieses Wort aber Individualität implizieren würde und also, dass diese von Gott erschaffen worden sei.

ARTEN: Es stimmt sicherlich, dass sich manche Menschen nicht aufhalten lassen, aber das Wort *Seele* wurde Helen zuliebe in der Anfangszeit des Kurses zeitweise verwendet, als sie sich erst einmal wieder an das Channeln gewöhnen musste; wie du weißt, hat sie ja bereits in anderen Leben mit J zusammengearbeitet. Das Wort war als Metapher gedacht und bezog sich auf die scheinbar getrennten Geister der Sohnschaft. Diese getrennten Teile oder Seelen sind eine Illusion, und in diesem Sinne wurde das Wort verwendet.

Kurz darauf, als Helen wieder richtig in die Gänge gekommen war, wurde das Wort nicht mehr verwendet, deswegen wies J sie an, es wieder herauszunehmen. Warum die Leute durcheinanderbringen? Wie wir feststellen konnten, sorgen sie ja selbst schon ausreichend dafür. Stattdessen wurden bald darauf die Begriffe *Sohnschaft* und *Söhne Gottes* verwendet, aber wann immer der Kurs sich auf die *Söhne Gottes* oder irgendetwas anderes im Plural bezieht, zum Beispiel auf diejenigen, die ihren Geist noch nicht geändert haben, dann ist das metaphorisch gemeint. Der Kurs sagt ganz klar, dass es in Wirklichkeit nur *einen* Sohn Gottes gibt, nämlich Christus, der vollkommenes Einssein ist und dasselbe wie Gott. Das Ego wird jedoch alles daransetzen, um beim Individualitäts- und Trennungsgedanken zu bleiben.

PURSAH: Ich möchte an etwas anknüpfen, was du vor einer Weile gesagt hast. Du hast erzählt, dass du einmal am Flughafen warst und dich wirklich müde fühltest, dann aber erkannt hast, dass du nicht müde warst, sondern einen Traum hattest, in dem du müde warst. In Wahrheit kannst du gar nicht müde sein, weil du kein Körper bist. Nur der Geist kann denken, dass du es bist.

Versuche, das einmal auf Krankheit und Schmerz zu übertragen. Wie du aus dem Kurs und aus unseren Gesprächen weißt, stammen jedwede Krankheit und jedweder Schmerz aus unserem Geist, und so auch jedwede Heilung. In Wirklichkeit ist der Geist des Patienten der Arzt. Ich will nun, dass du das mit ein paar anderen Gedanken aus dem Kurs verknüpfst, von denen wir bereits gesprochen haben: (1) Der Körper ist außerhalb von dir und für dich nicht von Belang. Das bringt dich von der Vorstellung ab, dass du in einem Körper bist. (2) Wenn du wüsstest, dass du träumst, würdest du nicht auf all das reagieren, was dir im Traum erscheint. Ich möchte, dass du diesen Gedanken auf deinen *eigenen* Körper überträgst. Wenn du dich einmal an die Vorstellung gewöhnt hast, dass die Körper, die du siehst, nichts anderes als Traumerscheinungen sind, von denen du dich nicht beeinflussen zu lassen brauchst, dann wirst du dich auch an die Vorstellung gewöhnen wollen, dass dein eigener Körper nichts als eine Traumerscheinung ist, und du dich von ihm ebenfalls nicht beeinflussen lassen musst! Du musst genauso wenig auf deinen eigenen Körper reagieren wie auf die anderen Traumerscheinungen. (3) In Wirklichkeit bist du vollkommen unschuldig, zuhause bei Gott und für immer in Seiner Obhut. Wenn du dich also das nächste Mal müde oder krank fühlst oder Schmerzen hast, dann erinnere dich an diese drei Gedanken und verknüpfe sie miteinander.

GARY: Verstanden. Okay, ich fasse noch einmal zusammen. (1) Der Körper ist außerhalb von mir und für mich nicht von Belang. Er hat nichts mit mir zu tun. (2) Ich würde niemals auf Traumerscheinungen reagieren, wenn ich wüsste, dass ich träume. Warum sollte ich also auf meinen eigenen Körper reagieren? Ich bin nicht mein Körper. Ich bin nicht in meinem Körper. Er ist nur eine Traumerscheinung, und da ich nun weiß, dass ich träume, brauche ich mich nicht von ihm beeinflussen lassen. Wenn ich nicht in einem Körper bin, fühle ich nicht wirklich Schmerzen; ich träume nur, dass ich Schmerzen fühle. Ich muss dem keine Wirklichkeit verleihen. (3) In Wirklichkeit bin ich vollkommen unschuldig. Gott liebt mich und wird immer für mich sorgen.

PURSAH: Ja, und dann versuche, dich außerhalb deines Körpers als Geist zu visualisieren. Wenn du das tust, ist dein Bewusstsein potenziell grenzenlos. Der Geist kann überall hingehen und überall sein. Der Körper kann das nicht.

GARY: Das gefällt mir. Das werde ich tun. Sagt mir, wie hat J die Kranken geheilt? Ihr sagt, der Geist des Patienten sei dafür zuständig. Welche Rolle hat er dabei gespielt?

PURSAH: Diese Frage beantwortet er dir im *Handbuch für Lehrer*, aber die meisten Menschen achten nicht darauf, weil sie großartige Heiler sein wollen, die anderen ihre Hände auflegen und dann die ganzen Lorbeeren einkassieren. Such mal das Kapitel mit der Überschrift »Die Funktion des Lehrers GOTTES« heraus und lies den zweiten und dritten Abschnitt.

J weiß, dass ein Kranker sich auf der Ebene des Unbewussten dafür entschieden hat, krank zu sein, weil er denkt, er sei schuldig. Und was J im Handbuch beschreibt, ist genau jene Methode, die er vor zweitausend Jahren bei Kranken auf der Ebene des Geistes auch angewendet hat. Natürlich muss dir klar sein, dass sein Bewusstsein allumfassend war; er konnte sich auf einer tiefen Ebene mit der kranken Person verbinden, sodass diese wusste, woher er kam, auch wenn kein einziges Wort fiel. Die Stelle im Handbuch beginnt damit, dass J über einen Menschen spricht, der sich entschieden hat, krank zu sein.

GARY: Okay.

> *Zu ihnen kommen GOTTES Lehrer, um eine andere Wahl darzustellen, die sie vergessen hatten. Die einfache Gegenwart eines Lehrers GOTTES ist ein Gemahnen. Seine Gedanken bitten um das Recht, das zu hinterfragen, was der Patient als wahr akzeptiert hat. Als GOTTES Boten sind SEINE Lehrer die Symbole der Erlösung. Sie bitten den Patienten um Vergebung für GOTTES SOHN in seinem eigenen NAMEN. Sie stehen für die ALTERNATIVE. Segnend kommen sie mit*

GOTTES WORT in ihrem Geist, nicht um die Kranken zu heilen, sondern um sie an das Heilmittel zu erinnern, das GOTT ihnen bereits gegeben hat. Es sind nicht ihre Hände, die heilen. Es ist nicht ihre Stimme, die das WORT GOTTES spricht. Sie geben nur, was ihnen gegeben wurde. Ganz sanft rufen sie ihren Brüdern zu, sich vom Tode abzuwenden: »Siehe du SOHN GOTTES, was das Leben dir anbieten kann! Möchtest du stattdessen Krankheit wählen?«

Kein einziges Mal betrachten die fortgeschrittenen Lehrer GOTTES die Formen von Krankheit, an die ihr Bruder glaubt. Das zu tun, heißt zu vergessen, dass sie alle denselben Zweck haben und daher nicht wirklich verschieden sind. Sie suchen nach der STIMME GOTTES in diesem Bruder, der sich selbst so täuschen möchte, dass er glaubt, der SOHN GOTTES könne leiden. Und sie erinnern ihn daran, dass er sich nicht selbst gemacht hat, und so bleiben muss, wie GOTT ihn schuf. Sie begreifen, dass Illusionen keine Wirkung haben können. Die Wahrheit in ihrem Geist reicht hinaus zur Wahrheit im Geiste ihrer Brüder, sodass die Illusionen nicht verstärkt werden. Auf diese Weise werden sie der Wahrheit überbracht, die Wahrheit wird nicht ihnen überbracht. So werden sie aufgehoben, nicht durch den Willen eines anderen, sondern durch die Vereinigung des einen WILLENS mit sich selbst. Und dies ist die Funktion der Lehrer GOTTES: keinen Willen als getrennt von ihrem eigenen zu sehen noch den ihren als getrennt vom WILLEN GOTTES.[22]

PURSAH: Wenn du das nächste Mal jemanden im Krankenhaus oder einen kranken Freund zu Hause besuchst, dann lies das vorher. Es wird dich an die Haltung eines fortgeschrittenen Lehrers Gottes erinnern.

GARY: Das werde ich. Und ich denke, ich habe verstanden, was gemeint ist. Ich bin ja nicht völlig neben der Spur.

PURSAH: Nur, solange du nicht völlig auf ihr drauf bist. Versuch nicht, einen auf »den großen Heiler« zu machen. Und wenn jemand in deiner Gegenwart gesund wird, dann heimse du nicht die Lorbeeren ein. Verweise ihn einfach nur auf die Stelle im Handbuch, die du gerade vorgelesen hast.

ARTEN: Du hast also im Kurs gelernt, dass du in deinem gegenwärtigen Zustand Geist bist und die Macht zu wählen hast. Und das, was zu glauben du wählst, ist das, was dich beeinflusst und letztlich bestimmt, was du zu sein glaubst. Unterschätze niemals die Macht des Geistes. Je nachdem, was er wählt, wirst du in deiner Wahrnehmung von deiner Quelle getrennt bleiben und dich wie ein Ego unter anderen Egos fühlen oder du wirst unter der Führung des Heiligen Geistes zu deiner Quelle heimkehren, in den wunderbaren Zustand des Einsseins. Du hast im Kurs gelernt, dass der *Geist* den reinen Geist aktiviert. Nutze diesen Geist, um mit jeder Wahl, die du triffst, in die richtige Richtung zu gehen. Wenn du das tust, kannst du in diesem Leben zur Erleuchtung gelangen.

GARY: Das würde mir gefallen. Wisst ihr, ich werde immer besser und besser im Vergebung üben. Meistens jedenfalls. Das ist wie damals mit dem Gitarrenspiel: Indem ich einfach nur spielte und spielte, fand ich immer bessere Methoden, um weiterzukommen. Genauso ist es mit der Vergebung. Je mehr du übst, desto besser wirst du darin. Aber mich nervt es, dass mir Vergebung manchmal immer noch richtig schwerfällt, obwohl ich schon solange dabei bin. Das eine oder andere bringt mich immer noch in Rage. Und ich habe Ken sagen hören, dass auch er sich manchmal noch ärgerte. Hört das denn niemals auf?

ARTEN: Doch, es kommt ein Zeitpunkt, an dem das aufhört. Und das tat es bei Ken auch. Doch dafür ist viel Hingabe und Übung nötig, und wie du gerade erwähnt hast, wirst du dabei auch Frustration erleben. Du fragst dich, ob du jemals den Punkt erreichst, an dem dir nichts mehr zusetzt. Wenn das passiert, denk daran, dass du die Ergebnisse deiner Vergebung und deiner Heilung nicht immer sehen kannst, und, was du nicht siehst, nicht beurteilen kannst. Der Kurs sagt: »Es ist nicht die Funktion der Lehrer GOTTES, das Ergebnis ihrer Gaben zu bewerten. Es ist lediglich ihre Funktion, sie zu geben.«[23] Glaube, und die Zeit *wird* kommen, in der dein Geist vollständigen Frieden finden wird, unabhängig davon, was scheinbar geschieht. Du bist mittlerweile ja schon gut vorangekommen. Bist du nicht die meiste Zeit über im Frieden?

GARY: Das stimmt. Ich erinnere mich, wie es gewesen ist, kurz bevor ihr mir zum ersten Mal erschienen seid. Da war ich alles andere außer im Frieden. Wegen *allem* machte ich mir Sorgen. Ich habe mir so viele Sorgen gemacht, dass ich es schon gar nicht mehr gemerkt habe. Ich dachte einfach, das wäre normal. Bis auf meinen Bruder Paul gab es eigentlich kaum jemandem, mit dem ich eine einigermaßen friedliche Beziehung hatte. Ich bekam nichts auf die Reihe. Obwohl ich zu diesem Zeitpunkt schon fünfzehn Jahre lang spirituell unterwegs war, war mein Leben immer noch hundsmiserabel. Ja, es war sehr viel besser als zu der Zeit, bevor ich mich auf einen spirituellen Weg begeben hatte, was euch eine Vorstellung davon gibt, wie hundsmiserabel mein Leben damals gewesen sein muss. Aber wie ich bereits gesagt habe: Etwas fehlte. 1992 habe ich mich so über die Präsidentschaftswahlen aufgeregt, dass ich ganz krank davon wurde. Ich war kein bisschen glücklich und hatte keine Ahnung, was ich dagegen unternehmen sollte.

Dann – und daran erinnere ich mich sehr deutlich – traf ich eine Entscheidung. Ich sagte mir: *Ich will jedweden Konflikt aus meinem Leben entfernen.* Ich hatte nicht die geringste Vorstellung davon, was ich mir da aufgeladen hatte, weil mir nicht bewusst war, wie *viel* Konflikt in meinem Geist herrschte. Und ich gebe keinem anderen die Schuld dafür, wie ich mich fühlte: Ich war der Verantwortliche. Das wusste ich schon damals, denn ich hatte durch EST gelernt, dass ich kein Opfer war. Ich wusste, dass darin keine Power lag. Also traf ich diese Entscheidung. Und ich denke, dass es genau diese Entscheidung war, die dazu geführt hat, dass ihr mir erschienen seid. Ich musste erst bereit sein zu hören, was ihr zu sagen hattet.

Seitdem ich das umsetze, was ihr mich lehrt, habe ich mich mit dem Kurs so sehr verändert, dass ich für gewöhnlich wohl vergesse, wie ich vorher drauf war. Wie die meisten denke auch ich, ich sei schon immer so gewesen wie jetzt. Aber das war ich nicht. Wenn ich dann darüber nachdenke, kann ich erkennen, dass ich mich enorm verändert habe. Ich mache mir nicht mehr so viele Sorgen um alles. Ich kümmere mich nicht mehr so sehr darum, was die Leute denken. Ich erinnere mich noch, wie wichtig es für mich war, welchen Eindruck irgendetwas machte. Und jetzt, was kümmert es mich? Wir werden ohnehin in ein paar Jahren alle tot sein. Lasst uns vergeben, weitermachen und Spaß haben.

Heute fällt mir niemand ein, mit dem ich nicht eine vergebene Beziehung hätte. Und in der Öffentlichkeit zu sprechen, fällt mir leicht. Das erste Mal, als ich vor Publikum über den Kurs sprach, war ich vor Angst regelrecht erstarrt. Nach fünf oder sechs Malen aber und einer ganzen Menge Vergebung war es keine große Sache mehr. Es hat Spaß gemacht. Heute löst es nicht mehr Stress aus als Zähneputzen.

Das Reisen ist aber immer noch eine Gelegenheit zur Vergebung. Am Anfang war es cool. Damals haben mich die Fluglinien noch wie einen Kunden behandelt, heute aber behandeln sie mich wie einen Verdächtigen. Und das tut auch die Transportsicherheitsbehörde TSA, obwohl ich eine KTN habe, also eine »Know Traveler Nummer«, und dadurch auf der Precheck-Liste stehe. Dank dieser Nummer und der Liste sollte ich eigentlich schneller durch die Sicherheitskontrollen durchkommen, aber sie behandeln mich immer noch so, als wäre irgendetwas an mir verdächtig. Ich frage mich, ob es an dem liegt, was ich geschrieben habe. Naja, immerhin weiß ich ja, wozu das alles dient.

Wenn ich also darüber nachdenke, muss sich sagen, dass sich alles verändert hat, seit ihr mich zum ersten Mal besucht habt. Und ich merke, dass dieser Prozess sich beschleunigt. Ich hatte ein paar kleinere Unfälle, bei denen ich mich verletzt habe und eigentlich Schmerzen hätte spüren müssen, doch das habe ich nicht. Das fand ich seltsam. Es hätte wehtun müssen. Mein Körper ist beweglicher und fühlt sich leichter an, obwohl ich mehr wiege als früher. Er ist eben eine Traumerscheinung. Wisst ihr was? Ich empfinde seit einer Weile auch immer größere Dankbarkeit. Danke. Ihr habt mir noch mehr zum Nachdenken und Arbeiten gegeben.

Pursah: Und wir danken dir, Bruder. Es war ein langer Besuch, aber ein bereichernder. Wir lassen dir zum Abschied noch ein paar Worte von J da. Zu einem Gespräch werden wir noch zurückkommen, dem letzten in dieser Besuchsreihe. Mach's gut bis dahin. Unsere Liebe ist mit dir.

Deine Beziehung zu deinem Bruder ist aus der Welt der Schatten ausgerissen worden, und ihr unheiliger Zweck wurde sicher durch die Schranken der Schuld hindurchgebracht, mit Vergebung rein gewaschen und leuchtend und fest verwurzelt in die Welt des Lichts hineingestellt. Von dort aus ruft sie dir zu, dem Kurs zu folgen, den sie genommen hat und der sie hoch über die Dunkelheit hinaushob und sanft vor des HIMMELS Pforten niedersetzte. Der heilige Augenblick, in dem du und dein Bruder vereinigt wurdet, ist nur der Liebe Bote, der von jenseits der Vergebung ausgesandt ward, um dich an alles zu erinnern, was jenseits ihrer liegt. Doch wird die Erinnerung daran durch die Vergebung wach werden.

Und wenn die Erinnerung an GOTT am heiligen Ort der Vergebung zu dir gekommen ist, wirst du dich an nichts anderes mehr erinnern, und die Erinnerung wird so nutzlos wie das Lernen sein, denn dein einziger Sinn und Zweck wird Erschaffen sein. Das aber kannst du nicht erkennen, bevor nicht jede Wahrnehmung rein gewaschen und geläutert und schließlich für immer entfernt worden ist. Die Vergebung entfernt nur das

Unwahre, hebt die Schatten von der Welt und trägt sie, in ihrer Sanftheit sicher und geborgen, zur strahlenden Welt der neuen und reinen Wahrnehmung. Dort ist jetzt *dein Sinn und Zweck. Und dort erwarte dich der Frieden.*[24]

Dann verschwanden Arten und Pursah, wie es ihre Art war, aber ich wusste, dass sie immer bei mir sein würden. Es war ein langes Gespräch geworden, aber ich fühlte mich durch ihre Weisheit erneuert, und ihre Zuversicht ließ mich hoffen, dass ich nicht noch ein weiteres Leben lang darauf warten musste, Erleuchtung zu erlangen. Diese Information war neu für mich und durchaus willkommen. Aber würde ich es wirklich schaffen?

Ich fasste den Entschluss, dass die Antwort darauf Ja zu lauten hatte. Ich erkannte nun, dass alles aus einem ganz bestimmten Grund geschehen war. Alles passte zusammen. Der Heilige Geist wusste, was er tat, auch wenn ich manchmal nicht wusste, was ich tat. Das hier würde mein letzter Aufenthalt werden, jener, der in Gott endet.

KAPITEL 10

Die Leiter verschwindet

Der Körper wird befreit, weil der Geist anerkennt: »Das wird nicht mir getan, sondern ich tue das.« Nun ist der Geist frei, stattdessen eine andere Wahl zu treffen. Von hier aus schickt sich die Erlösung an, die Richtung eines jeden Schrittes im Niedergang zur Trennung zu verändern, bis jeder Schritt rückgängig gemacht, die Leiter fort und alles Träumen der Welt aufgehoben ist.[1]

– Ein Kurs in Wundern®

Seit meine Lieblingslehrer mir vor zwei Monaten das letzte Mal erschienen waren, fühlte ich, wie Visionen von J und Buddha und den Traumleben, in denen sie sich, wie ich erfahren hatte, gekannt hatten, meinen Geist regelrecht überschwemmten. Ich dachte an Saka und Hiroji und all das, was sie als Anhänger des Schintoismus gelernt hatten. Da ich schon einmal in Japan gewesen war, konnte ich nahezu spüren, wie sie dieses Land durchstreiften, mit Tieren über den einen mit allem verbundenen Geist in Bildern kommunizierten und sich darauf konzentrierten, in Erfahrung zu bringen, was die Große Wahrheit war. Sie glaubten nicht mehr so sehr an den Traum wie andere, und so würde sich ihnen das Wissen, welches sie befreien würde, schon erschließen – egal, was es sie kosten oder wie lange es dauern würde.

Ich konnte sehen und hören, wie Shao Li und Wosan mit Laotse in China unterwegs waren, wie sie die Lehren des Taoismus genauso tief erfassten wie er, ihren Geist auf die nondualistische Wahrheit einstimmten und so den Schattenträumen entzogen. In Indien sollten sie dann als Hindus mit Namen Harish und Padmaj erfahren, was es mir der Wahrheit des Brahman auf sich hat, wie sie sich anfühlt, und wie man die Torheit von Maya, also Magie, hinter sich lässt.

In Griechenland sollten Ikarus und Takis von ihrem Lehrer Plato lernen, dass philosophische Spekulationen für den einen oder anderen zwar in Ordnung sein mögen, man aber nur dann wirkliche Befriedigung findet, wenn man eine dauerhafte Form von Wahrheit erfährt. Schließlich sollte Siddhartha und seinen Sohn Rahula dieser Vorgeschmack auf eine dauerhafte Wirklichkeit zu einer überraschenden Erkenntnis führen: dass nämlich das Einssein Gottes die glorreiche, unerschütterliche Wahrheit war, nach der sie so lange gesucht hatten.

Mein Herz jauchzte, als es mit Jeschuas, Marys und Nadavs Freude in Kontakt kam – jener Freude, die aufkommt, wenn man die reine nondualistische Wahrheit kennt, um Gott weiß und im unsterblichen Reichtum dauerhaften Seins lebt.

Ich fragte mich, wie sich Valentinus gefühlt hatte, als er erfuhr, dass alles nur ein Traum war, und ob er erkannt hatte, durch was dieser zu ersetzen war. Doch wegen der Vernichtungsaktionen der Kirche werden wir das nie erfahren. Auf jeden Fall hatten, wie mir gesagt worden war, seit J und Buddha weitere Menschen Erleuchtung gefunden. Der Welt mögen ihre Namen unbekannt sein, aber die meisten Menschen in dieser Welt kennen eben nur, was von dieser Welt ist.

Ich kann mir kaum vorstellen, wie es gewesen sein muss, zusammen mit Helen, Bill, Ken und Judy in der einzigen Studiengruppe des Kurses gewesen zu sein, die es gab, bevor der Kurs überhaupt veröffentlicht wurde. Dieses Privileg ist mir nicht zuteil geworden, doch zwei von ihnen sind gute Freunde von mir geworden. Ich werde ihnen stets dankbar dafür sein, dass sie dazu beigetragen haben, *Ein Kurs in Wundern*® zu veröffentlichen; und ich danke Ken für seine

Weigerung, sich auf Kompromisse mit J's kompromissloser Botschaft der reinen Nondualität einzulassen.

All das, was ich über die Leben gelernt hatte, in denen sich J und Buddha gekannt hatten, weckte tiefe Demut in mir, und ich fragte mich, wie ich auf dem Weg der Erleuchtung und Erlösung jemals an diese spirituellen Genies herankommen könnte. Dann erinnerte ich mich an eine Zeile aus *Ein Kurs in Wundern*®, an die ich seit Jahren nicht mehr gedacht hatte. Darin ging es um Gott: »Sei demütig vor IHM und dennoch groß *in* IHM.«[2] Da wurde mir klar, dass J nicht wollte, dass ich ihm, sondern nur Gott gegenüber demütig sein sollte. Wir waren Brüder, und er hatte sich im Kurs sehr bemüht klarzumachen, dass wir alle gleich sind, nur in der Zeit nicht, und Zeit nicht existiert. Deshalb ist es unvermeidlich, dass wir alle gleichermaßen des Ortes gewahr werden, den wir niemals wirklich verlassen haben. Ich beschloss, einen Zahn zuzulegen.

An einem Regentag im Süden Kaliforniens, der zu meinem Erstaunen nicht zum Staatsfeiertag erklärt wurde, waren meine Lehrer auf einmal wieder bei mir.

ARTEN: Wie geht es dir, Bruder? Du hast eine Menge zu verdauen gehabt.

GARY: Alles, was ich dazu sagen kann, ist: »Wow!« Ist alles ein bisschen viel, um es ganz zu erfassen. Ich habe über eure Unterweisungen vom letzten Mal nachgedacht, auch all die anderen während dieser Besuchsreihe, und muss wohl meine Aufzeichnungen noch ein paar Mal durchgehen und länger darüber nachdenken.

PURSAH: Lass dir Zeit, Bruder. Du hast alle Zeit der Welt, und außerdem gibt es die ja noch nicht einmal.

GARY: Ich weiß, dass ich mich von nichts in der Welt fesseln lassen sollte, aber manchmal denke ich, Abenteuer, wie J und Buddha sie in ihren exotischen und so lehrreichen Träumen erlebt haben, wären schon toll.

PURSAH: Und wie kommst du darauf, dass du das nicht längst erlebt hast? Ich will dir etwas erklären. Die meisten Menschen, auch du, die scheinbar auf diesem Planeten leben – die Neuankömmlinge mal ausgenommen – haben schon *Tausende* von Traumleben hier verbracht. In der linearen Illusion von Raum und Zeit kehrt jeder ein bis zwei Mal pro Jahrhundert zurück.

GARY: Lass mich nachrechnen: Wenn ich in den letzten fünfzigtausend Jahren im Schnitt ein bis zwei Mal pro Jahrhundert zurückgekommen bin, dann wären das allein schon in diesem Zeitraum an die tausend Male gewesen, richtig?

PURSAH: Ganz schön berechnend von dir. Aber du hast es auf den Punkt gebracht: Du, und jeder, den du kennst, hatte die Gelegenheit, schon jede Art von Leben zu führen, jede Art von Mensch zu sein und *alles* zu tun und zu erleben, was andere je erlebt haben könnten. Du verpasst nichts, was du nicht schon erlebt hättest. Denkst du wirklich, die Menschen, die du in diesem Leben beneidest, würden Erfahrungen machen, die dir nicht bereits zuteil geworden wären, oder dürften Dinge tun, die du nicht schon längst getan hättest? Du bist überall schon gewesen und hast alles schon getan. Du warst der reichste Mensch der Welt und der Ärmste. Der Berühmteste und der Unbekannteste, das Opfer und der Täter, der König und der Gefangene, der Hedonist und der Asket. Du hast es einfach nur vergessen, dabei erinnerst du dich an mehr, als es die meisten Menschen tun.

Es ist wahr: Abgesehen davon, dass diese Ereignisse in Wirklichkeit überhaupt nicht stattfinden, geschehen sie tatsächlich alle auf einmal, sehen je nach Ort und Zeit aber unterschiedlich aus – die *Erfahrungen* hingegen sind genau dieselben. Dementsprechend sehen deine Lektionen von einem Leben zum anderen zwar unterschiedlich aus, doch die *Bedeutung* bleibt dieselbe. Verschwende also nicht deine Zeit damit, andere zu beneiden. Du warst schon dort, hast das schon getan, ob du dich daran erinnerst oder nicht. Und nichts von all dem wird dir dauerhaftes Glück bringen, nur die Vergebung.

Du hast dich so daran gewöhnt, dem Glauben zu schenken, was für das Ego sichtbar ist, dass du vergessen hast, was tatsächlich wirklich ist. Erinnere dich an das, was J dazu sagt:

> *Als du das sichtbar machtest, was nicht wahr ist, wurde das, was wahr ist, für dich unsichtbar. Doch kann es nicht an sich unsichtbar sein, denn der HEILIGE GEIST sieht es mit vollkommener Klarheit. Es ist für dich unsichtbar, weil du etwas anderes ansiehst. Doch liegt es ebenso wenig bei dir, zu entscheiden, was sichtbar und unsichtbar ist, wie es bei dir liegt zu entscheiden, was die Wirklichkeit ist. Das, was gesehen werden kann, ist, was der HEILIGE GEIST sieht. Die Definition der Wirklichkeit ist GOTTES, nicht deine. ER hat sie erschaffen, und ER weiß, was sie ist. Du, der du es wusstest, hast es vergessen, und hätte ER dir nicht einen Weg gegeben, dich zu erinnern, hättest du dich selbst zur Vergessenheit verurteilt.*[3]

GARY: Das ist recht deutlich. Und ich habe verstanden, was ihr damit meint, dass ich schon alles erlebt habe. Wenn ihr sagt, jeder von uns träume Tausende von Leben, dann würde das in der Illusion schrecklich viel Zeit verschlingen – mehr als fünfzigtausend Jahre, richtig?

ARTEN: Dieser Planet durchläuft unterschiedliche historische Phasen, in deren Verlauf eine Zivilisation sich irgendwann selbst zerstört und technischer Fortschritt, wenn er überhaupt Fortschritt genannt werden kann, wieder verlorengeht. Aus diesem Grund weißt du wenig über das, was vor über zehntausend Jahren geschehen ist. Und was die Menschen Atlantis oder Lemurien nennen, sind nur zwei Beispiele für das, was zuvor geschah. Zusammen mit ein paar Menschen, die du heute kennst, warst auch du dort.

Wie wir dir während unserer ersten Besuchsreihen bereits erzählt haben, existierten menschliche Wesen lange schon auf anderen Planeten; und manche von ihnen sind irgendwann auf die

Erde ausgewandert. Du musst also alle Traumleben berücksichtigen, die du und andere in dieser Zeit durchlebt haben, bis ihr hier angekommen seid, wo ihr zu leben glaubt oder du, in deinem Fall, zu leben glaubtest. Du bist dabei, dich zu befreien, und selbst wenn du in diesem Leben keine Erleuchtung erlangen solltest, wirst du nur noch einmal wiederkommen.

GARY: Ich werde nicht wiederkommen. Und wenn wir schon über Erleuchtung sprechen: Ihr habt mir das eine oder andere dazu gesagt, aber nicht besonders viel. Würdet ihr mir ein bisschen mehr darüber erzählen, wie das so ist? Dann hätte ich etwas, worauf ich mich freuen kann.

ARTEN: Je näher du dem Zeitpunkt deiner Erleuchtung kommst, desto mehr wird die Wirklichkeit des Himmels für dich zur Norm, während die Welt gefühlsmäßig immer weiter in die Ferne rückt. Die Erfahrung von Offenbarung, die du bereits gemacht hast, wird alltäglicher für dich werden. Darin erlebst du eine Wirklichkeit, die unveränderlich und ewig ist. Hier kannst du nicht ständig in diesem Zustand verharren, sonst würde dein Körper verschwinden. Er kann nicht beibehalten werden, ohne dass der Geist nicht zumindest ein winzig kleines Augenmerk auf ihn hat. Aber statt deinen Fuß vorwiegend in und nur selten außerhalb der Tür zu haben, wirst du deinen Fuß nun vorwiegend außerhalb und kaum mehr in der Tür haben.

Wenn du deinen alltäglichen Tätigkeiten nachgehst, wirst du feststellen, dass dein Bewusstsein gewachsen ist. Du erkennst, dass das, was dir die körperlichen Augen zeigen, in deinem Geist ist. Es sind Bilder, die von deinen Gedanken erzeugt wurden. Um die Traumgestalten musst du dir keine Sorgen machen, denn sie werden die Wahrheit einst genauso kennenlernen wie du. Und all das, wovon du früher dachtest, es sei die Schuld anderer, erkennst du nun als deine eigene Schuld an: Nur erblicktest du sie außerhalb von dir und sahst, wie sie versuchte, zurückzukehren und dich zu zerstören. Und manchmal ist ihr das gelungen.

In dem Maße, in dem dein Bewusstsein wächst, kannst du erkennen, was die Menschen denken. Du wirst ihre Gedanken nicht unbedingt im Einzelnen lesen können. Denn wenn du alles, was alle denken, mitbekämst, wäre das zu viel – eine Art Systemüberlastung. Du kannst aber etwas dazu sagen, welche Einstellung sie haben und was für eine Art Mensch sie sind – ohne die ganzen Details. *Würdest* du aber ihre Gedanken wirklich im Einzelnen lesen können *wollen*, dann könntest du es.

Du wirst auch immer mehr dessen gewahr, dass das, was du siehst, eine Projektion ist, die von dir ausgeht. Der Traum wird von deinem Geist projiziert wie ein Film, aber nun spürst du und erkennst sogar manchmal, dass du der Projektor bist. Wenn du diesen Punkt erreicht hast, kannst du, solange du nicht vergisst, dass die Wirklichkeit direkt hinter dem Traum liegt, unmöglich wieder Angst empfinden. Wir haben schon mehrmals gesagt, dass dir klar sein muss, womit du die Illusion ersetzen musst. Und je mehr du das Falsche durch die Wahrheit Gottes ersetzt, desto mehr wirst du die Erfahrung machen, dass du in Ihm bist.

Die Glückseligkeit der Erleuchtung lässt sich nicht in Worten ausdrücken. Du bemerkst deinen Körper kaum. Ja, du pflegst ihn, hältst ihn sauber, aber du isst kaum noch etwas. Du trinkst Wasser, aber nicht viel. Am Ende brauchst du weder mehr Wasser noch Nahrung. Doch wenn du am Ende angelangt bist, wirst du logischerweise auch nicht mehr lange hier sein.

Wenn dein Körper krank ist, dann ist das für dich nicht von Bedeutung. Manchmal sieht das Skript vor, dass ein Meister lehrt, dass er oder sie kein Körper ist, indem er zeigt, dass es möglich ist, den Tod eines scheinbar kranken Körpers ohne Schmerzen zu erleben – so wie J am Kreuz gestorben zu sein schien, ohne dabei Schmerz zu empfinden. Als Meister wäre es einem zwar möglich, den Körper mit dem Geist zu heilen, doch in diesem Fall hast du dich entschieden, das nicht zu tun – genauso wie J sich vor dem Kreuz hätte retten können, sich jedoch dagegen entschied und stattdessen eine wichtige Lektion lehrte.

Und dann kommt der Zeitpunkt, und das ist die letzte Handlung, die du als Erleuchteter vollziehen wirst, wo du deinen Körper zum letzten Mal sanft beiseitelegst. Dabei ist es unerheblich, welche Form der Tod anzunehmen scheint. Jemand anderem könnte dein Tod schrecklich erscheinen, aber wie schrecklich wäre er für dich, wenn du keinen Schmerz fühlst? Noch einmal: Genau *das* meint J, wenn er davon spricht, dass du deinen Körper sanft beiseitelegst. Geschieht das friedlich und schmerzlos, ist es einfach nur ein Segen. Dann wird das Gewahrsein vollkommenen Einsseins mit Gott, welches du zuletzt die meiste Zeit über erfahren hattest, zu einer dauerhaften Erfahrung für dich. Gott selbst vollzieht den letzten Schritt deiner Rückkehr zu Ihm. Das übersteigt menschliches Verständnis. Für den Moment musst du nicht mehr wissen, als dass die Wahrheit unveränderlich ist – und du genauso.

GARY: Das ist wundervoll. Das klingt über alle Maße großartig, und dem gegenüber scheint das, was wir hier in unserem Alltag zu erleben scheinen, so überaus begrenzt. Wir müssen lauter harte Zeiten durchstehen, wie beispielsweise eine Scheidung, und es scheint uns nur schwer vorstellbar, dass es jenseits unseres kleinen Lebens etwas so unaussprechlich Freudiges gibt.

PURSAH: Wenn du dein Leben sinnvoll nutzt, ist es durchaus von Bedeutung. Und vielleicht liegt seine Großartigkeit nur außerhalb deines Vorstellungsbereichs. Erinnerst du dich an die Botschaft, die Cindy und du von Karen und Steve erhalten habt?

GARY: Oh mein GOTT. Ja.

ANMERKUNG: Nach unserer Scheidung schickte mir Karen eine Nachricht in Form eines Gedichts von Suzanne Berry. Unglaublicher Weise schickte Cindys erster Ehemann Steve, von dem sie sich ebenfalls erst kürzlich hatte scheiden lassen, *genau dieselbe Nachricht* an sie. Als Cindy sie mir zeigte, konnte ich es kaum glauben. Sowohl Karen als auch Steve hatten eine Verbindung zu denselben tiefsinnigen Worten gespürt. Geister sind miteinander verbunden, und auch Cindy und ich konnten uns gut mit der Nachricht identifizieren:

> *Ich wünschte, ich könnte die Zeit zurückdrehen … zurück*
> *zu diesen unbeschwerten Momenten zwischen uns,*
> *bevor je Schmerz unsere Herzen berührte,*
> *bevor je Zweifel unseren Geist erfasste.*
> *Denn könnte ich die Zeit zurückdrehen*
> *und von da aus noch einmal beginnen,*
> *würde ich dich länger halten*
> *und keine Chance missen, dir zu sagen,*
> *wie viel du mir bedeutest …*
> *und niemals, niemals würde ich dich verletzen.*
> *Doch ich weiß, wir können nicht zurück zu jenen Tagen.*
> *Ich weiß, ich kann die Fehler nicht mehr tilgen.*
> *Ich kann dir die Fragen, die du hast, nicht nehmen*
> *oder den Schmerz, den wir beide fühlen.*
> *Doch das Eine kann ich dir mit Sicherheit sagen:*
> *Ich liebe dich,*
> *wie ich es damals tat und stets tun werde.*[4]

Gary (weiter): Nachdem ich das gelesen hatte, war ich sprachlos. Jede Art von Liebe in dieser Welt kann Demut und Würde finden. Ich werde Karen immer lieben und weiß, dass auch Cindy Steve immer lieben wird. Und doch wird es in unseren Beziehungen zu jenem Moment kommen, in dem die zeitliche Liebe durch die dauerhafte Liebe ersetzt werden wird. Und dabei wird keiner vergessen. Wie J einst sagte: Der Himmel ist wie eine Hochzeit – und alle sind eingeladen.

Arten: Sehr schön, Bruder. Keiner von euch ist klein. Was ihr wirklich seid, geht selbst über das Raum-Zeit-Universum hinaus. Akzeptiere nicht, was du nach Einschätzung des Egos bist, denn das kann die Wahrheit nicht sehen.

Gary: Ja, ich muss mich daran erinnern, dass das, was ich wirklich bin, nichts mit den Lügengespinsten zu tun hat, die ich seit Äonen schon in meinem Kopf herumtrage. Selbst Kursschüler tragen diese Schuld seit jeher mit sich herum, doch die entspricht nicht der Wahrheit. Das muss ich in Erinnerung behalten und daran denken, sie aufzuheben.

Arten: Dann denk an die folgenden Worte, Gary, und scheu dich nicht, so zu leben, als ob du wirklich an sie glaubtest, denn der Heilige Geist sieht *wahrhaftig*:

> *Du bist in GOTTES GEIST ganz und gar unersetzlich. Kein anderer kann deinen Teil darin ausfüllen, und solange du deinen Teil davon unbesetzt lässt, wartet dein ewiger Platz einfach auf deine Rückkehr. GOTT erinnert dich an ihn durch SEINE STIMME, und GOTT SELBST bewahrt deine Ausdehnungen sicher darin auf. Doch du erkennst sie erst, wenn du zu ihnen zurückkehrst. Du kannst das HIMMELREICH nicht ersetzen, und du kannst dich selbst nicht ersetzen. GOTT, DER deinen Wert kennt, möchte das nicht haben, und deshalb ist es auch nicht so. Dein Wert liegt im GEIST GOTTES und daher nicht allein in deinem. Dich anzunehmen, wie GOTT dich schuf, kann nicht arrogant sein, weil es die Arroganz leugnet. Deine Kleinheit akzeptieren ist arrogant, weil das heißt, dass du deine Bewertung deiner selbst für wahrer hältst als diejenige GOTTES.*
>
> *Wenn aber die Wahrheit unteilbar ist, dann muss deine Bewertung deiner selbst diejenige GOTTES sein. Du hast deinen Wert nicht begründet, und er bedarf keiner Verteidigung. Nichts kann ihn angreifen oder über ihn obsiegen. Er schwankt nicht. Er ist einfach. Frage den HEILIGEN GEIST, was er ist, und ER wird es dir sagen, doch fürchte SEINE Antwort nicht,*

> *weil sie von GOTT kommt. Es ist eine erhabene Antwort um ihrer QUELLE willen, die QUELLE aber ist wahr, und so ist es auch IHRE Antwort.*[5]

GARY: Das gefällt mir. Ich brauche diese Erinnerungshilfen wirklich. Sie helfen mir dranzubleiben. Und ich weiß, dass ihr gesagt habt, das sei unser letztes Gespräch in dieser Besuchsreihe. Denkt ihr, dass es eine weitere Reihe von Besuchen geben wird?

ARTEN: Warum versuchst du nicht erst einmal, diese Besuche zu verarbeiten? Ich denke, mittlerweile weißt du, dass wir dir immer wieder erscheinen, weil das Aufheben des Egos ein Prozess ist und du bei deiner Arbeit mit dem Kurs immer tiefere Ebenen erreichst. Einsichten kommen in dem Maße zu dir, in welchem das Ego von dir geht.

GARY: Cool. Ich werde das Ego aufheben – und zwar kraft der Entscheidungsmacht meines Geistes. Aber ihr wisst, dass manche Kursschüler beziehungsweise manche Leute, die sich dafür halten, sagen, wir müssten den Geist vergessen und mit unserem Herzen denken. Sie behaupten, nur mit dem Herzen könnten wir Liebe erlangen. Ihr wisst ja, »das von Herzen kommende Christusbewusstsein« und so weiter.

PURSAH: Es tut mir leid, sie enttäuschen zu müssen, aber man kann mit seinem Herzen gar nicht denken. Das Herz gehört zum Körper und enthält kein kleines Gehirn. Außerdem ist auch das Gehirn nur ein Teil des Körpers. Der Geist befindet sich nicht im Gehirn, sondern das Gehirn im Geist. Erinnerst du dich an Georg Groddeck? Und denk daran, Georg ohne »e« am Ende.

GARY: Sicher. Er hat Mary Baker Eddy geheilt, die Gründerin von Christian Science.

PURSAH: Er hat die Heilung nur vermittelt. Ihr Geist war der Heiler. Am Ende hatte sie einen Rückfall, doch der Anfang war gemacht, und sie hat vielen anderen helfen können. Und Groddeck war ein Visionär, ein wahrer Pionier des Geistes. Er erkannte, dass jede

Krankheit aus dem Geist kommt, ebenso wie jede Heilung. Im Übrigen hat Mary viele interessante Dinge geschrieben und gesagt.

GARY: Eines meiner Lieblingszitate ist: »Die Wahrheit ist unsterblich, Fehler sind sterblich.«

PURSAH: Okay. Im Übrigen verstehen wir ja, dass Menschen, die die Betonung auf das Herz legen, Liebe meinen, und darüber zu reden, ist auch nicht falsch. Aber wirkliche, dauerhafte Liebe wird man nicht finden, indem man über sie redet oder liebevoller zu sein versucht und nicht einmal, indem man versucht, J nachzueifern. Man wird sie nur finden, wenn man die Hindernisse auflöst, die einen von ihr fernhalten. Sorge dafür, dass du alles vergibst, was du zwischen dich und dein wahres Wesen gestellt hast. Denn das Ego ist eine vorzügliche Illusion und gleicht einer Maschine: Es lässt nicht locker, und darum musst du wachsam sein. Erinnere dich immer an dieses entscheidende Zitat aus dem Kurs:

> *Deine Aufgabe ist es nicht, nach Liebe zu suchen, sondern einfach, alle Schranken in dir selbst zu suchen und zu finden, die du gegen sie erbaut hast. Es ist nicht nötig, nach dem zu suchen, was wahr ist, aber es ist nötig, nach dem zu suchen, was falsch ist.*[6]

GARY: Also läuft es letztlich immer darauf hinaus, dass Erlösung Aufhebung ist und Vergebung der Weg, der zur Aufhebung des Egos führt. Die Liebe, die das ist, was du bist, kommt dann von selbst. Aber du kannst den Teil mit der Aufhebung nicht überspringen, sonst wird deine Liebe nur vorübergehend und mit dem Ego vermischt sein; und dann ist dein Geist ein Sammelsurium. Ohne vollständige Heilung durch den Heiligen Geist werden wir für immer auf diesem Psychoplaneten feststecken.

ARTEN: Ja, oder einem dementsprechenden Faksimile davon. Ob es nun dieser Planet ist oder ein anderer, es ist immer nur die Form, die sich ändert. Der Inhalt bleibt der Gleiche. Du hast in dreißig – oder waren es sogar vierundvierzig? – Ländern Vorträge über den Kurs gehalten. Abgesehen davon, dass es ein tolles Erlebnis war: Hast du nicht bemerkt, dass die Menschen grundsätzlich überall gleich sind?

GARY: Ja, das stimmt. In China wird dieselbe Art von Fragen gestellt wie überall sonst auch. Irgendjemand meldet sich und will wissen, wie er mit seiner Schwiegermutter klarkommen kann.

ARTEN: Und du kennst den Kurs gut genug, um ihm eine Antwort zu geben.

GARY: Der Heilige Geist kennt den Kurs gut genug, um ihm eine Antwort zu geben. Da wir gerade beim Heiligen Geist sind, muss ich an die Geschichte des sowjetischen Oberstleutnants Stanislav Petrov denken, der im Jahr 1983 die Welt vor einem Atomschlag gerettet und dafür zum Glück ein wenig Anerkennung erhalten hat. Ihr habt mir die Geschichte in den 1990er Jahren erzählt und dabei gesagt, dass er auf den Heiligen Geist gehört und deshalb die Entscheidung getroffen habe, die Atomraketen nicht zu starten. Ich habe mich seitdem immer gefragt: Greift der Heilige Geist oft in das Weltgeschehen ein?

ARTEN: Der Heilige Geist spricht zu *jedem*, und zwar über den rechtgesinnten Teil seines Geistes. Natürlich müssen die Menschen auch bereit sein, ihm zuzuhören. Adolf Hitlers Geist war zu 99 Prozent vom Ego bestimmt, und so fand der Heilige Geist kein Gehör bei ihm. Es fehlte die Bereitschaft. Jeder Mensch hat zumindest ein Prozent reinen Geist in sich, selbst Mao Tse-tung, der sogar noch mehr Menschen umgebracht hat als Hitler. Das liegt daran, dass du die Wahrheit nicht vernichten, sondern nur überdecken kannst. Andererseits gibt es Menschen wie Gandhi, dessen Geist zu 99 Prozent vom reinen Geist beeinflusst war. Er war mehr als bereit zuzuhören.

Angesichts der Dualität kann man wohl davon ausgehen, dass die meisten Menschen so bei 50:50 liegen. Sie haben gute Chancen, müssen aber den Entschluss fassen zuzuhören. Wenn sie es tun, werden sie tendenziell wie Gandhi. Natürlich ist das nur ein Beispiel. Keiner muss das Weltgeschehen in dem Maße beeinflussen, wie Gandhi es getan hat. Aber wenn du das Gefühl hast, das der reine Geist dich in diese Richtung lenkt, dann geh dem nach. Wichtig ist nur, dass sich dein Geist in die richtige Richtung bewegt. Dann wird er friedvoller, und Frieden ist die Bedingung für das Himmelreich.

PURSAH: Über die Jahrtausende hinweg waren die Menschen immer fasziniert vom Kampf zwischen Gut und Böse – zwischen dem, was sie als Gott und Teufel wahrnahmen. Nun, der Kurs sagt über den Teufel unter anderem Folgendes:

> *Der Geist kann den Glauben an die Trennung sehr wirklich und sehr schrecklich machen, und dieser Glaube ist der »Teufel«. Er ist mächtig, aktiv, destruktiv und eindeutig in Opposition zu GOTT, weil er buchstäblich SEINE VATERSCHAFT verleugnet. Schau dir dein Leben an und sieh, was der Teufel gemacht hat. Vergegenwärtige dir aber, dass dieses Machwerk sich mit Sicherheit im Licht der Wahrheit auflösen wird, weil sein Fundament eine Lüge ist.*[7]

Der Teufel ist also in Wirklichkeit die Trennung und der Glaube des Geistes an sie. Was ist Krieg letztlich anderes als Trennung? Was ist die Projektion, die anderen Menschen die Schuld gibt, was sind Folter und Strafe anderes als Trennung? Was sind Gewalt und Terrorismus? Wie könnte es all die Urteile und Tragödien ohne Trennung geben? Man mag dem Teufel die Schuld geben, doch die Ursache ist und bleibt stets der Glaube an die scheinbare Trennung von Gott und die damit verbundenen zahllosen Symbole.

Alle Sorgen in deinem Leben werden durch irgendeine Art von Urteil verursacht, welches dem Glauben an die Trennung Wirklichkeit verleiht, aber du hast das Zeug dazu, durch Vergebung diesem ganzen Leid ein Ende zu setzen und das Denksystem des Egos aufzuheben. Damit verschwindet auch der Teufel, denn sie sind ein und dasselbe.

ARTEN: Mit dem Heiligen Geist ändert sich alles. Wenn du alle deine Bemühungen in deinem Leben dem Heiligen Geist übergibst, dann ist das eine spirituelle Gabe. Du hast jenen Film mit Matt Damon erwähnt. Auch wenn George alias Matt Damon es nicht wortwörtlich so sagt, macht der Film doch klar, dass dessen mediale Gabe am Ende zu einem Werkzeug wird, das im Dienst des Heiligen Geistes steht statt weiterhin im Dienst des Egos, das sie nur zu Trennungszwecken benutzt hatte. Diese Vorstellung harmoniert wundervoll mit dem, was der Kurs über Menschen mit einer solchen Gabe sagt:

> *Jede Fähigkeit, die irgendjemand entwickelt, hat das Potential zum Guten. Darin gibt es keine Ausnahme, Und je ungewöhnlicher und unerwarteter die Kraft, desto größer ihre potentielle Nützlichkeit. Die Erlösung braucht alle Fähigkeiten, denn was die Welt zerstören möchte, möchte der HEILIGE GEIST wiederherstellen. »Übersinnliche« Fähigkeiten sind verwendet worden, um den Teufel anzurufen – was lediglich bedeutet, das Ego zu stärken, Doch ist hier auch ein großer Kanal der Hoffnung und der Heilung im Dienst des HEILGEN GEISTES. Diejenigen, die »übersinnliche« Kräfte entwickelt haben, haben einfach einige der Begrenzungen aufheben lassen, die sie ihrem Geist auferlegt hatten. Es können nur weitere Begrenzungen sein, die sie sich selbst auferlegen, wenn sie ihre vermehrte Freiheit zu größerer Gefangenschaft benutzen. Der HEILIGE GEIST braucht diese Gaben, und diejenigen, die sie IHM und IHM allein anbieten, gehen mit der Dankbarkeit CHRISTI in ihren Herzen und SEINER heiligen Sicht nicht weit dahinter.*[8]

PURSAH: Vergiss nicht, dass der Heilige Geist weiß, dass dein Wert von Gott festgelegt wurde, und nicht von der Welt. Darin sind alle gleich. Wenn du wieder einmal versuchst bist, dich selbst herabzusetzen, dich wertlos oder entmutigt zu fühlen, dann denk an uns, denk an J, denk an den Heiligen Geist und denk an Gott. Wenn du erst einmal auf der Ebene des reinen Geistes angelangt bist, sind wir alle der Heilige Geist, denn wir sind die Wahrheit. Du kannst mit den Lügen des Egos nicht gewinnen, mit der Wahrheit des Heiligen Geistes aber kannst du nicht verlieren.

ARTEN: Wenn du mit uns arbeitest, hilfst du, jene Liebe aufzudecken, die reiner Geist ist, der wiederum dem Geist eines Jeden innewohnt. Es gibt einen logischen Zusammenhang zwischen Liebe und Himmelreich, über den du nachdenken solltest. Beantworte mal ehrlich die folgende Frage: Was ist das Wirklichste, das es in deinem Leben gibt? Was bedeutet dir am meisten?

GARY: Nun, das Wirklichste in meinem Leben ist meine Erfahrung, und die wirklichste Erfahrung, die ich haben kann, ist Liebe.

ARTEN: Genau! Und ist es nicht interessant, dass das Wirklichste in deinem Leben etwas Unsichtbares ist? Etwas, das du nicht sehen kannst? Denn Liebe kannst du nicht sehen. Du kannst Liebe in Aktion sehen, aber nicht die Liebe selbst.

Und kannst du das Himmelreich sehen? Nein. Mit den Augen des Körpers kann es nicht gesehen werden. Du kannst kurz mal Symbole von ihm erhaschen, aber das Himmelreich selbst kannst du nicht sehen. Ist es nicht interessant, dass das Allerwirklichste, was es in deinem Gewahrsein geben kann, etwas ist, das du nicht sehen kannst?

Arbeite daran, die Scheuklappen loszuwerden, die dich daran hindern, das zu sehen, was du nicht sehen kannst. Wie du weißt, kann das Himmelreich *erfahren* werden. Und es ist diese Erfahrung, die dich einen kurzen Blick auf die Wahrheit werfen lässt, den du nie wieder vergisst, und der es dir unmöglich macht, jemals wieder völlig an das Ego zu glauben.

PURSAH: Als Helen Schucman Ken Wapnick zum ersten Mal traf, hatte ihr Bill Thetford bereits erzählt, dass Ken ein sehr interessanter

Mann sei. Sie gab Ken zwei Abschnitte aus dem *Textbuch* des Kurses zu lesen. Nachdem er sie gelesen hatte, wusste Ken, dass der Kurs seine Lebensaufgabe werden würde. Er hatte vorgehabt, in einem Kloster zu leben, doch diese zwei Kurspassagen veränderten sein Leben. Diese beiden Kapitel waren: »Denn SIE sind gekommen«, ein Abschnitt voll wunderschöner Metaphern, und »Wähle noch einmal«, ein Kapitel, welches das *Textbuch* nach Hause bringt – wie das Ende einer großartigen Symphonie. Ich werde für dich einen Teil von »Denn SIE sind gekommen« rezitieren. Vielleicht verstehst du dann, warum er Ken so viel bedeutete, und weshalb Ken von da an dem Kurs sein ganzes Leben gewidmet hat.

GARY: Das stammt also aus dem Allerersten, was Ken je vom Kurs gelesen hat?

PURSAH: Ja. Es geht um diejenigen, die den Weckruf vernommen haben und die Welt mit ihrer Heiligen Sicht erlösen:

> *Das Blut des Hasses verblasst und lässt das Gras wieder grünen und die Blumen in der Sommersonne weiß und funkelnd sein. Das, was ein Ort des Todes war, ist jetzt ein lebendiger Tempel in einer Welt des Lichts geworden. Um IHRETWILLEN. Und IHRE GEGENWART ist es, die die Heiligkeit wieder emporgehoben hat, um ihren alten Platz auf einem alten Thron einzunehmen. Um IHRETWILLEN sind Wunder wie Gras und Blumen aus dem unfruchtbaren Boden hervorgesprossen, den der Hass ausgebrannt und verwüstet hatte. Was der Hass angerichtet hat, das haben SIE aufgehoben. Und nun stehst du auf einem Boden, der so heilig ist, dass der HIMMEL sich herabneigt, um sich mit ihm zu verbinden und ihn sich selbst gleichzumachen. Der Schatten eines alten Hasses ist vergangen, und jeder Pesthauch und alle Dürre sind für immer von dem Land gegangen, in welches SIE gekommen sind.*
>
> *Was sind hundert oder tausend Jahre für SIE oder Zehntausende von Jahren? Denn wenn SIE kommen, ist der Zweck der*

Zeit erfüllt. Was niemals war, vergeht zu nichts, wenn SIE gekommen sind. Was der Hass für sich beanspruchte, wird der Liebe hingegeben, und die Freiheit erleuchtet jedes Lebewesen und hebt es in den HIMMEL, wo die Lichter mit der Heimkehr eines jeden immer heller werden. Das Unvollständige wird wieder vollständig gemacht, und des HIMMELS Freude mehrt sich, weil ihm das zurückerstattet wurde, was sein Eigen ist. Die blutbefleckte Erde ist gereinigt, und die Wahnsinnigen haben ihre Gewänder des Wahnsinns abgestreift, um sich IHNEN anzuschließen auf dem Boden, auf dem du stehst.

Der HIMMEL ist für diese Gabe dessen dankbar, was so lang zurückgehalten worden war. Denn SIE sind gekommen, um die IHREN einzusammeln. Das, was verschlossen worden war, wird geöffnet, was vom Licht getrennt gehalten wurde, wird aufgegeben, damit Licht darauf scheinen möge und weder Raum noch Abstand zwischen dem Licht des HIMMELS und der Welt verweilen lasse.

Der heiligste von allen Orten dieser Erde ist der, an dem ein alter Hass zu gegenwärtiger Liebe wurde. Und SIE kommen rasch zu dem lebendigen Tempel, in welchem ein Zuhause für SIE errichtet worden ist. Es gibt im HIMMEL keinen heiligeren Ort. Und SIE sind gekommen, um im Tempel, der IHNEN angeboten wird, zu wohnen, der IHR Ruheplatz sein soll, genauso wie der deine. Was Hass der Liebe freigegeben hat, das wird zum hellsten Licht im HIMMEL strahlen. Und alle Lichter im HIMMEL werden heller, in Dankbarkeit für das, was wiederhergestellt worden ist.[9]

Gary: Danke, Pursah. Das ist wirklich wunderschön. Ich weiß, dass es voller Metaphern ist, doch es erinnert mich daran, wie die Welt enden wird.

Pursah: Ja, aber vergiss die Grundlagen nicht. Im Kurs steht:

> *Die Welt wird enden, wenn ihr Denksystem vollständig umgekehrt worden ist. Bis dahin werden einzelne Teile ihres Denkens immer noch vernünftig zu sein scheinen. Die letzte Lektion, die das Ende der Welt bringt, kann von denen nicht begriffen werden, die noch nicht darauf vorbereitet sind, die Welt zu verlassen und über deren winzige Reichweite hinauszugehen.*[10]

GARY: Ich bin bereit, über ihre winzige Reichweite hinauszugehen.

PURSAH: Das hast du bereits getan! Du bist, metaphysisch gesehen, ein Wilder. Es macht Spaß, mit dir zusammenzuarbeiten. Du kannst begreifen, dass das Denksystem der Welt *vollständig* umgekehrt werden muss. Und da kannst du nicht einer Illusion mehr Glauben schenken. Entweder sind sie alle wahr oder alle falsch.

ARTEN: Es ist an der Zeit, unsere Gespräche für diese Besuchsreihe zu beenden. Nimm dir Zeit, all das in dich aufzunehmen, worüber wir gesprochen haben. Lies deine Aufzeichnungen noch einmal durch. Du weißt, dass der Kurs Wiederholung braucht, um verstanden zu werden, und dass alle neuen Erkenntnisse intensiv in die Praxis umgesetzt werden müssen, damit sie ihre Funktion dahingehend erfüllen, den Heiligen Geist das Unbewusste heilen zu lassen.

Wir überlassen es dir, uns zu rufen, wenn du uns brauchst. Wir werden dir immer Trost spenden, genauso wie J es tun würde. Falls es Zeit für eine neue Besuchsreihe wird, werden wir für dich da sein. Falls nicht, werden wir im Geiste stets bei dir sein, so wie der Heilige Geist auch. Wir lieben dich und werden für immer zusammen in Gott sein.

GARY: Vielen, vielen Dank, Arten. Und dir auch, Pursah. Ich liebe euch beide. Worte können niemals ausdrücken, wie dankbar ich euch bin. Aber ich denke, ihr wisst es. Ihr wisst alles. Und übrigens: Ich vergebe euch eine Entscheidung, an die ihr euch seit unserem ersten Treffen immer gehalten habt. Ihr habt gesagt, dass ihr mir nicht viel über meine persönliche Zukunft verraten werdet, weil ihr mich nicht meiner Gelegenheiten zur Vergebung berauben wolltet. Das gefiel mir anfangs gar nicht, aber mittlerweile habe ich verstanden, dass es nur zu meinem Besten war. Meine Vergebungslektionen hätten nicht dieselbe Wirkung gehabt, wenn ich schon vorher gewusst hätte, was passieren würde. Ich denke, der Heilige Geist weiß, was am besten ist. Ihr habt mein Vertrauen verdient.

ARTEN: Die Leiter der Erleuchtung wird von allen erklommen werden, die bereit sind, dem Heiligen Geist zuzuhören. J verspricht, dass du das schaffen wirst:

> *Hoch hinauf schwingt sich die Leiter. Du bist beinahe beim HIMMEL angelangt. Es gibt wenig mehr zu lernen, bevor die Reise nun beendet ist. Jetzt kannst du jedem sagen, der kommt, um sich im Gebet mit dir zu verbinden:* Ich kann nicht ohne dich gehen, denn du bist ein Teil von mir. *Und das ist er in Wahrheit.*[11]

PURSAH: Wenn deine Reise dem Ende zugeht, wirst du Gott gegenüber, den du als deinen Schöpfer und einzige Wirklichkeit anerkennst, eine allumfassende Dankbarkeit empfinden:

> *Damit endet nun die Leiter, denn Lernen wird nicht mehr gebraucht. Jetzt stehst du vor des HIMMELS Pforte, und dein Bruder steht dort neben dir. Tief und still sind die Gefilde, denn hier hat der Ort, der für die Zeit bestimmt war, zu der du kommen solltest, deiner lange geharrt. Hier wird die Zeit auf ewig enden. An dieser Pforte wird die Ewigkeit sich selbst mit dir verbinden.*[12]

Gary, wir bitten dich darum, dich mit uns auf der Ebene des Geistes zu vereinen und Eins in Gott zu werden. Der reine Geist kennt keine Trennung, und wir werden für immer ganz sein. Höre dieses Lied, bevor du keine Ohren mehr zum Hören hast, denn alles Sichtbare wird bald vergangen sein:

> *Wir sind ewig dankbar für die unsterbliche und unzerstörbare Natur unseres Seins. Die Angst hat keinen Zutritt zu einem Geist, der nichts ist als REINER GEIST. Alle alten Gedanken verschwinden, denn es gibt keine Welt, an die man sich erinnern könnte, und nichts bleibt, was man vergeben könnte. Wir steigen hoch hinaus über die Grenzen des begrenzten Denkens. Die Freude ist unvorstellbar. Die Liebe unaussprechlich. Niemals gab es solch eine Fülle. Nichts wurde vergessen, denn alle und alles, die scheinbar die Welt der Illusionen bereisten sind erwacht.*
>
> *Unser Zuhause ist vollkommen, denn wir haben es nie verlassen. Das Lied des HIMMELS hat nie aufgehört. Die kleine Spalte, die es nie gegeben hat, ist schon seit langem geheilt und verschwunden. Es gibt keinen Gegensatz, der die Wahrheit verdeckt. Wir sind für immer hier versorgt. Es gibt nichts als Fülle, Schönheit und Leben im Überfluss. Es gibt weder Schuld noch Vergebung, denn der Unschuldige braucht keines von beiden. Wir haben die Entscheidungen getroffen, die uns in die richtige Richtung gelenkt haben, sodass wir nicht mehr fehlgehen konnten, und wieder dort ankamen, wo wir hingehören. Unser VATER ist froh; ER weiß, dass SEIN EIGEN immer in IHM sein wird.*
>
> *GOTT, CHRISTUS, REINER GEIST: diese Worte sind hier bedeutungslos. In der Vollkommenheit gibt es keine Unterscheidungen mehr. Alles was es hier gibt, ist die Heiligkeit unserer Liebe.*
>
> *Die Zeit ist verschwunden. Wir sind an unseren rechtmäßigen Platz zurückgekehrt.*
>
> *Und so lösen wir uns auf im HERZEN GOTTES.*

ANHANG

ÜBERBLICK ÜBER DIE IN DIESEM BUCH BETRACHTETEN LEBEN

Kapitel 2, Leben Nr. 1

Namen	J: Saka (männlich), B: Hiroji (männlich)
Zeit	700 v. Chr.
Ort	Japan
Religion	Schintoismus
Beziehung	Freundschaft

Kapitel 2, Leben Nr. 2

Namen	J: Shao Li (weiblich), B: Wosan (männlich)
Zeit	600 v. Chr.
Ort	China
Religion	Taoismus
Beziehung	Liebesbeziehung

Kapitel 3, Leben Nr. 3

Namen	J: Harish (männlich), B: Padmaj (männlich)
Zeit	500 v. Chr.
Ort	Indien
Religion	Hinduismus
Beziehung	Cousins

Kapitel 4, Leben Nr. 4

Namen	J: Takis (männlich), B: Ikarus (männlich)
Zeit	500–450 v. Chr.
Ort	Griechenland
Religion	Platonische Akademie
Beziehung	Kommilitonen an der Platonischen Akademie

Kapitel 5, Leben Nr. 5

Namen	J: Rahula (männlich), B: Siddhartha Buddha (männlich)
Zeit	450–380 v. Chr.
Ort	Indien
Religion	Nondualität
Beziehung	Vater-Kind

Kapitel 6, Leben Nr. 6

Namen	J: Jeschua/Jesus (männlich), B: Nadav/Phillip/Philippus (männlich)
Zeit	0–55 n. Chr.
Ort	Jerusalem
Religion	Reine Nondualität
Beziehung	Engster Jünger, J ebenbürtig

QUELLENANGABEN

Die Zitate für die deutsche Übersetzung wurden der 12. Auflage von *Ein Kurs in Wundern®* entnommen, die 2016 vom Greuthof Verlag veröffentlicht wurde. Um die Zitate gemäß dem Ordnungssystem von *Ein Kurs in Wundern®* zuzuordnen, folgen Sie bitte den folgenden Beispielen:

T-26.IV.4:7.	=	Textbuch, Kapitel 26, Abschnitt IV, Paragraph 4, Satz 7.
Ü-T1.169.5:2.	=	Übungsbuch, Teil 1, Lektion 169, Paragraph 5, Satz 2.
H-13.3:2.	=	Handbuch, Frage 13, Paragraph 3, Satz 2.
B-6.4:6	=	Begriffsbestimmung, Begriff 6, Paragraph 4, Satz 6.
P-2.VI.5:1.	=	Psychotherapie: Zweck, Prozess und Praxis, Kapitel 2, Absatz 6, Paragraph 5, Satz 1.
L-1.V.4:3.	=	Das Lied des Gebets, Kapitel 1, Abschnitt 5, Paragraph 4, Satz 3.

Anmerkungen des Autors zu *Ein Kurs in Wundern®*:

Was er lehrt und welche Bedeutung er in Hinblick auf Jesus und Buddha hat

[1] T-1.VI.2:1. [2] Einleitung. [3] Einleitung. [4] H-21.1:9-10. [5] T-31.VI.2:1. [6] Ü-Tl.201.o. [7] T-10.1.2:1. [8] Ü-Tl.158.4:5. [9] T-18.II.5:12. [10] Einleitung. [11] T-6.II.6:1. [12] Ü-Tl.169.12:1. [13] H-28.2:2. [14] T-5.II.o. [15] T-20.VIII.7:3-5. [16] B-1.1:1. [17] T-I.I.29:3.Grundsatz 29. [18] T-22.II.10:1. [19] T-I.I.5:1. [20] T-2.II.I:11-12. [21] Ü-Tl.132.6:2-3. [22] T-12.III.1:1-3. [23] Ü-Tl.201.h. [24] T-8.III.4:2. [25] T-6.II.12:5.

[26] T-31.VIII.6:5. [27] T-21.in.1:5 [28] T-23.III.6:1. [29] T-1.II.3:10. [30] T-3.IV.7:12. [31] T-31.VIII.1:5. [32] T-31.VIII.9:1-3.

Kapitel 1: Die Leiter zur Erleuchtung

[1] T -28.III.1:1-2. [2] T-6.V.C.2:8. [3] T-27.VIII.3:1. [4] T-31.VIII.3:1. [5] T-27.VIII.6:1-5.

Kapitel 2: Vom Schintoismus zu Laotse. Frühe Gipfelerfahrungen

[1] T-31.VIII.9:2.

Kapitel 3: In Zeiten des Hinduismus

[1] T-18.VII.5:7. [2] T-18.VII.5:7-7:3. [3] T-18.VII.7:7-8:3. [4] H-27.7:3.

Kapitel 4: Plato und Freunde

[1] Plato, *Timaios*, in: *Sämtliche Werke*. Band 3, Berlin 1940, S. 91ff, übers. von Franz Susemihl (1856). [2] T-20.III.9:1-2.

Kapitel 5: Siddhartha und sein Sohn

[1] H-4.1.A.6:11.

Kapitel 6: Das letzte Leben von J und Buddha

[1] T-6.V.C.2:8.

Kapitel 7: Gnostizismus

[1] James M. Robinson (Hrsg.): *The Gospel of Truth* in *The Nag Hammadi Library*, Harper Collins, 1.22.12-21, p. 40; dt. Übers. *www.gerd-albrecht.de/Die%20Gnostischen%20Schriften/Das%20Evangelium%20der%20Wahrheit.htm* [2] Ebd., 28. 30-32. 3, p. 43. Beide Passagen werden auch von Dr. Kenneth Wapnick im folgenden Buch zitiert: *Love Does Not Condemn: The World, the Flesh, and the Devil According to Platonnism, Christianity, Gnosticism, and* A Course in Miracles®, p. 251f. [3] B-1.1:1. [4] H-4.I.A.6.4-5.

Kapitel 8: J gechannelt, 1965–1977. Dieses Mal wird die Wahrheit nicht vergraben werden

[1] Ü-T1.200.5:1-2. [2] T-18.II.6:1. [3] T-13.VII.17:7. [4] T18.II.5:12-14. [5] T27.VII.8:1-3. [6] T-10.I.2:1. [7] H-12.6:6-9. [8] Einleitung 6-7. [9] T-27. VII.13:1-5. [10] T27.VII.14:1-8. [11] T-28.II.7:1. [12] T-19.II.6:7-8. [13] Ü-T1.182.1:1-6. [14] T20.VIII.7:3-5. [15] T-27.VIII.10:1-6. [16] T-17.I.5:4-5. [17] T20.IV.1:1. [18] T.30.VI.1:1. [19] T-8.VI.9:8-11. [20] T-5.I.5:1-7. [21] T-9.III.I:1-8:11. [22] T-9.IV.4:1-6. [23] T-9.V.6:3. [24] T2.V.A.11:3. [25] T-1.III.7:1. [26] T-3.IV.7:12. [27] Ü-TII.361-365.h. [28] T-29.VII.1:1-3. [29] Ü-TII.I.4:4. [30] Ü-TII.I.I:1-4. [31] T-8.III.4:2. [32] T-8.III.4:5. [33] T-3.VI.5.5:7. [34] T-16.III.7:7-8. [35] T16.V.14:1-2. [36] Ü-Tl.134.6:I-10:4.

Kapitel 9: Die Bedeutung des Geistes

[1] T-4.IV.8:3-4. [2] Ü-T1.155.1:1-5. [3] Ü-T1.132.6:2. [4] Ü-T1.186.14:2. [5] Ü-T1.188.1:5. [6] Ü-T1.189.1:1-2. [7] Ü-TII.3.1.4. [8] T-31.VIII.6:5. [9] H.26.2:7-9. [10] S-2.II.1:1. [11] H.i.2:1. [12] T-16.VII.3:2. [13] T-6.II.6:1. [14] Ü-T1.23.2:2. [15] T-31.VII.15:5-7. [16] L-3.II.3:1. [17] L-3.II.3:4. [18] T.26.VII.4:7. [19] T.26.VII.3:1-2. [20] Geleitwort xiii. [21] T.26.V.5:4. [22] H-5.III.2:11-3:9. [23] H-6.3:1-2. [24] T-18.IX.13:1-14:5.

Kapitel 10: Die Leiter verschwindet

[1] T.28.II.12:5-7. [2] T.15.IV.3:1. [3] T-12.VIII.3:1-8. [4] Suzanne Berry. [5] T-9.VIII.10:1-11:7. [6] T.16.IV.6:1-2. [7] T3.VII.5:1-4. [8] M-25.6:1-9. [9] T26.IX.3:1-6:6. [10] H-14.4:1-3. [11] L-1.V.3:5-10. [12] L-1.V.4:1-5.

EDITORISCHE ANMERKUNG ZU *Ein Kurs in Wundern®*

Die dritte englische Ausgabe von *A Course in Miracles®* – The Combined Volume, Third Edition – ist die *einzige* Ausgabe, in der alle Schriften versammelt sind, die Dr. Helen Schucman verfasst und zum Druck freigegeben hat. Sie wurde einzig und allein von *The Foundation for Inner Peace* (Stiftung für Inneren Frieden; *https://facim.org*) veröffentlicht, jenem Verband, den Dr. Schucman 1975 zu diesem Zweck ausersehen hatte und der seither die Rechte innehat. Dieser Sammelband enthält auch die Kursergänzungen: »Psychotherapie: Zweck, Prozess und Praxis« sowie »Das Lied des Gebets«, die Dr. Schucman durchgegeben wurden, kurz nachdem sie *Ein Kurs in Wundern®* fertiggeschrieben hatte.

Die Rechte an der deutschen Übersetzung – *Ein Kurs in Wundern®* oder *EKIW®* – hat der Greuthof Verlag inne. Dort sind die oben genannten *Ergänzungen zu Ein Kurs in Wundern®* und *Ein Kurs in Wundern®* – »Textbuch«, »Übungsbuch« und das »Handbuch für Lehrer« – jeweils separat erschienen.

Gary R. Renard erlebte Anfang der 1990er Jahre ein massives spirituelles Erwachen. Über einen Zeitraum von neun Jahren schrieb er unter Anleitung zweier Aufgestiegener Meister, die ihm in körperlicher Gestalt erschienen, seinen ersten Bestseller *Die Illusion des Universums.* Anschließend wurde er dazu inspiriert, öffentlich aufzutreten, und gilt seitdem als einer der interessantesten und mutigsten spirituellen Lehrer der Welt. Auch Garys folgende Bücher – *Deine unsterbliche Realität, Die Liebe vergisst niemanden, Als Jesus und Buddha sich kannten* – wurden zu Bestsellern.

Im Laufe der letzten fünfzehn Jahre hat Gary in vierundvierzig Staaten der USA und einunddreißig Ländern Vorträge und Workshops gehalten und war einer der Hauptredner auf zahlreichen Konferenzen zu *Ein Kurs in Wundern®*. Außerdem hat er den *Infinity Foundation Spirit Award* erhalten, eine Auszeichnung für Menschen, die einen bedeutenden Beitrag zu persönlichem und spirituellem Wachstum geleistet haben. Zu den Preisträgern vor ihm gehörten unter anderen Dan Millman, Ram Dass, Gary Zukav, James Redfield, Byron Katie und Neale Donald Walsch.

In letzter Zeit hat Gary Vorträge und Workshops zu *Ein Kurs in Wundern®* auf der ganzen Welt gehalten (und den Kurs manchmal überhaupt erst bekannt gemacht). Er hat Hunderte von Radio- und Zeitungsinterviews gegeben, ist in neun Dokumentarfilmen aufgetreten, hat zusammen mit Gene Bogart sechzig Podcasts aufgenommen, Dutzende von Videos auf YouTube veröffentlicht, drei Audio-CDs für Sounds True gemacht (eine davon enthält über sieben Stunden unbearbeitetes Material), jeweils eine Musik- und eine Meditations-CD mit Cindy Lora-Renard veröffentlicht, selbst etliche DVDs aufgenommen und arbeitet gerade an einer auf seinen Büchern beruhenden Fernsehserie. Außerdem hat er zu sieben Büchern das Vorwort verfasst, Zehntausende von eMails beantwortet und die weltweit größte Studiengruppe zu *Ein Kurs in Wundern®* ins Leben gerufen (die englischsprachige D.U. Discussion Group zu *Die Illusion des Universums*). Seine Bücher wurden bisher in zweiundzwanzig Sprachen übersetzt. Für seine wachsende treue Leserschaft ist Gary der Ansprechpartner schlechthin, wenn es um neueste Erkenntnisse auf dem Gebiet der Spiritualität geht.

Seine Website lautet *www.garyrenard.de*.

Pavlina Klemm
Lichtbotschaften von den Plejaden Band 6
Leben in der fünften Dimension
224 Seiten, gebunden, oranges Leseband
€ [D] 19,99 • € [A] 20,60 • ISBN 978-3-95447-444-8

Die Plejader unterstützen uns im Kampf gegen Viren, binden uns an die Kraft der Sonne an, fördern den Lichtkörperprozess, führen uns in neue Zeitlinien und schaffen die Voraussetzung für den Einstieg in die Realität der Neuen Erde. Auch die aktuellen Botschaften enthalten wieder zahlreiche Übungen, aufgeladen mit positiver Energie. Ergänzt werden sie durch Meditationen zur Rückkehr unserer Gesundheit.

»Wir reinigen jetzt diese Realität. Wir gehen Schritt für Schritt mit euch voran.« – *Die Plejader*

Pavlina Klemm
Lichtbotschaften von den Plejaden Band 5
Dein Schlüssel zum Goldenen Zeitalter
224 Seiten, gebunden, oranges Leseband
€ [D] 19,99 / € [A] 20,60 • ISBN 978-3-95447-367-0

Das Bewusstsein der Menschheit wächst. Unaufhaltsam nähert sie sich dem Goldenen Zeitalter an. Eine Elite von Lichtwesen hilft bei der Realisierung und bei der Rettung unseres Planeten. Sie hat sich unter uns verteilt, weniger feinstofflich, so dass sie auch in Konfliktbereiche gehen können. Sie verbinden sich mit dem Licht und dehnen es in alle Dimensionen, Räume und Zeiten aus.

Vorwort von Jeanne Ruland

Pavlina Klemm & Sayama:

Übungs-CDs der Plejader

Heilung durch die kosmische Energie der Zentralsonne (CD 7)
78 Min; € [D/A] 19,99 • ISBN 978-3-95447-447-9

Meditationen und Übungen für das Goldene Zeitalter (CD 6)
78 Min; € [D/A] 19,99 • ISBN 978-3-95447-369-4

Rückholung verlorener Seelenanteile und Heilung von Mutter & Kind (CD 5)
78 Min; € [D/A] 19,99 • ISBN 978-3-95447-366-3

Klangmeditation zur Wiederanbindung der DNA-Stränge [Reiner Klang]
70 Min.; € [D/A] 19,95 • ISBN 978-3-95447-332-8

Hörproben aller CDs auf www.AmraVerlag.de